식탁 위의 외교

음식이 수놓은 세계사의 27가지 풍경

식탁 위의 외교

안문석 지음

인물과
사상사

음식은 외교의 윤활유다

외교관이 외국의 대사로 발령받으면 제일 먼저 무엇을 해야 할까? 부임할 현지 대사관에 연락해 현지 정보를 알아보고, 부임해서 우선적으로 만나야 할 외교 파트너들의 면면도 조사하고, 국제 이삿짐센터에도 연락하고, 주변에 이임 인사도 하는 등 준비해야 할 게 한두 가지가 아니다.

그 준비 리스트에 절대 빠지지 말아야 할 게 있다. 바로 셰프를 잡는 일이다. 현지 대사의 관저에서 손님을 접대하는 데 필요한 셰프를 확보해 모셔가는 일이다. 실제 대사들은 대통령에게서 발령장을 받으면 "셰프를 잡아라" 하며 동분서주한다. 현지에서 대사로 활동하는 데 훌륭한 셰프와 좋은 음식이 그만큼 중요한 것이다. 또한 현지에 도착하면, 바로 "좋은 식당을 찾아라" 하며 여기저기 알아본다. 관저에서뿐만 아니라 외부에서 접대를 해야 하는 경우도 많기 때문이다.

먹는 것은 언제나 어디서나 누구에게나 중요하지 않은 적이 없다. 직장인도 사업가도 정치인도 좀 친해지고 싶으면 "밥 한번 같이 먹자"고 한다. 그저 "언제 한번 먹자"고 하면 그냥 하는 소리고, "다음 주 화요일 어때?" 이렇게 구체적으로 나오면 진짜 친해지고 싶은 것이다.

함께 먹는다는 것은 일단 긴 시간을 함께한다는 것이고, 서로 좋아하는 음식을 즐기면서 긴 이야기를 나눈다는 것이다. 그래서 사람을 훨씬 가깝게 만들어 준다. 사업의 세계에서도, 정치를 하는 데에도 그래서 식사는 중요하다. 외국인을 만나 설명하고 설득하고 협상하는 일인 외교의 세계에서는 더욱 그럴 수밖에 없다.

역사와 문화를 달리하는 사람을 만나 자국의 이익을 실현하는 작업을 하는 데 식사를 같이 하는 것만큼 좋은 방법도 드물다. 앞에 있는 음식을 두고 이야기하고, 그와 비슷한 자기 나라 음식을 설명하고, 그와 관련한 사연과 역사를 이야기해주고, 그와 관련되는 상대국의 이야기를 들어주고 하다보면 자연스럽게 가까워진다. 식사를 같이 하면서 술까지 한 잔 같이 하게 되면, "우리끼리 얘긴데……", "여기서만 하는 얘기지만……", 이런 식으로 대화는 깊어질 수 있다.

그래서 고래로 외교에는 음식이 붙어 다녔다. 서양에서건 동양에서건 외교 사절을 진수성찬으로 대접해 자국이 필요한 것을 얻어내려 했다. 그 전통은 현대의 외교에 그대로 전해져 외교 현장에는 늘 음식 이야기가 따라다닌다. 미국과 중국이 정상회담을 했는데, 주 메뉴는 뭐였다, 그 음식에 얽힌 사연은 뭐다, 주최 측이 왜 그 음식을 준비했다 등등의 이야기들이 늘 흘러나온다. 그만큼 외교 현장에서 음식이 차지하는 입지는 분명한 것이다.

세계 최강대국 미국이라고 해서 예외는 아니다. 무서울 것 없는 초강대국이지만 상대국의 정상을 융숭하게 대접하면서 협조를 구할 일이 많다. 상대국의 외교 장관, 국방 장관, 재무 장관에게 특별한 음식을 내놓으면서 미국의 대외 정책, 군사 정책, 경제 정책에 협력해 줄 것을 부탁하는 경우도 많다.

그래서 힐러리 클린턴은 미국 국무 장관으로 일할 때 미국에서 유명한 요리사 80여 명을 '국가 요리사State Chef'로 임명해 중요한 손님을 맞이할 때 적절히 활용했다. 이들은 미국 국기와 국무부 문장이 수놓아진 감청색 요리복을 입고 국가 행사 때 최고의 음식을 준비했다. 해외에 파견되어 미국의 음식 문화를 알리는 역할도 했다.

클린턴은 2012년 9월 이들에게 임명장을 주면서 "요리는 가장 오래된 외교 수단"이라고 강조했다. "국무 장관으로 세계를 돌아다니며 상대국 관계자들과 나눈 가장 의미 있는 대화는 식사하면서 나눈 것이며, 음식을 나눔으로써 장벽을 뛰어넘어 서로 사이에 다리를 놓을 수 있었다"고 말했다.

클린턴은 '국가 요리사' 임명 전에도 실제 외교에서 음식을 잘 활용했다. 2012년 2월 시진핑 중국 부주석을 위한 만찬 때에는 매사추세츠주에 있는 유명 중국 식당의 오너 셰프를 초빙해 미국-중국의 문화를 녹여낸 요리를 준비하도록 했다.

인도 외교 사절이 오면 그들에게 익숙한 향신료 카르다몸cardamom이 들어간 차茶를 내놓았다. 8년 동안 퍼스트레이디로 백악관에서 생활하면서 상대국과 우애를 쌓고, 문화를 교류하고, 나아가 정치적 관계를 돈독하게 다져나가는 데 음식이 매우 중요함을 절실하게 느꼈기 때문에 국무 장관이 되어서는 실제 음식을 외교에 적극 활용하는 '음식 외교(Culinary Diplomacy 또는 Gastrodiplomacy)'를 왕성하게 실행한 것이다.

프랑스의 신학자 자크베니뉴 보쉬에는 일찍이 17세기에 "한 나라의 통치는 식탁에서 이뤄진다"고 이야기했다. 루이 14세의 스승 역할을 하며 왕권신수설의 논리적 기반을 제공한 보쉬에는 왕의 절대 권력은 신에 의해 주어지는 것이라고 보았다. 그런 강력한 왕권도 그냥 가지고 있다고 해서 국가가 잘 운영되는 것은 아니고, 음식과 식사 시간을 잘 활용해 주변 인물들을 잘 다뤄야 제대로 된 통치가 이뤄질 수 있다고 생각했다. 외교에서도 국내 정치에서도 식탁의 중요성은 일찌감치, 그리고 충분히 인식되고 있었던 것이다.

최근에는 외교 영역에서 공공 외교의 중요성이 더욱 커지고 있다. 우리나라가 상대국의 일반인을 상대로 우리의 매력을 홍보하는 것이 공공 외교다. 우리나라가 얼마나 괜찮은 나라인지 다른 나라 사람들이 알도록 하는 것이다. 다른 나라 사람들이 우리나라를 좋아하게 되면 국가 간의 관계도 그만큼 원만하게 운영될 가능성이 높기 때문에 공공 외교의 가치는 점점 높아지고 있다.

K-팝을 세계에 홍보하고, K-드라마를 세계의 많은 젊은이들이 볼 수 있도록 선전하는 게 모두 중요한 공공 외교다. 우리의 음식을 다른 나라 사람들이 좋아하게 만드는 것 역시 공공 외교의 주요 부분이 아닐 수 없다. 음식은 그래서 국가와 국가 사이 직접 협상에서도 중요한 역할을 하지만, 나라 전체의 인상을 개선하고, 나라의 매력을 높여주는 데에서도 무궁무진한 역할을 할 수 있다.

이 책은 그런 음식이 실제 외교 현장에서 구체적으로 어떤 역할을 했는지를 잘 보여준다. 윈스턴 처칠, 이오시프 스탈린, 로널드 레이건, 시진핑 등 각국의 정상들이 실제 주요 협상에서 식탁을 어떻게 활용했는지, 그 현장을 생생하게 전해준다. 그것을 통해 실제 외교가 어떻게 이뤄지고 있는 것인지, 음식과 식탁이 어떤 대목에서 어떤 맥락으로 외교의 윤활유가 되는 것인지를 현장감 있게 설명해준다.

또한 상대를 완전히 이해하지 못한 상태에서 상황에 맞지 않은 음식을 내놓는 것이 얼마나 부정적인 역할을 하는지도 역동적으로 묘사한다. 여기에 나오는 장면들을 감상하면서 독자들이 외교 현장을 재밌게 이해할 수 있다면 좋겠다. 음식이라는 가벼운 소재를 통해 세계 외교와 현대 세계사를 쉽게 이해하는 데 조금이나마 도움이 될 수 있다면 더 바랄 것이 없겠다.

2022년 11월

안문석

Contents

3.
스토리가 있는 음식 외교

4.
역발상 음식 외교

5.
씁쓸한 외교

6.
독한 맛 외교

1.   달콤한 외교

패전국 프랑스를
승전국 지위로 올려준
카렘의 디저트

나폴레옹전쟁 승전국들의 치열한 외교전

1789년 발생한 프랑스혁명은 자유, 평등, 박애의 가치를 프랑스 사회와 유럽 전체에 널리 확산시켜 인간의 인식과 인류 문명을 새로운 차원으로 발전시킨 세계사적 대사건이다.

프랑스혁명은 왕정을 붕괴시킴으로써, 왕정을 견고하게 지키려던 프로이센, 오스트리아, 러시아, 영국 등과 프랑스의 대립을 가져왔고, 이는 곧 유럽의 큰 전쟁으로 이어졌다. 바로 1792년 시작된 나폴레옹전쟁이다. 20여 년 동안 계속된 전쟁에서 나폴레옹은 결국 프로이센과 오스트리아, 러시아, 영국의 연합군에 패했으며, 유럽의 새로운 질서를 정립하기 위한 회의가 소집되었다. 바로 빈 회의(1814. 9. 1~1815. 6. 9)다.

빈 회의에는 유럽의 90개 왕국과 53개 공국에서 대표를 파견했다. 각국 대표들은 가족과 친척들을 동반하기도 했다. 심지어 정부 情婦를 데려온 대표도 있었다. 거지와 부랑자들도 몰려들었다. 당시 빈의 인구가 25만 명이었는데, 빈 회의 즈음에 몰려든 사람이 1만 6,000명에 달했다.

20여 년의 전쟁이 마무리된 후 유럽의 대표들이 모두 모여 국경을 새롭게 정하고, 이후 유럽 운영의 원칙을 정하는 회의가 열리는 만큼 유럽인들의 이목은 빈으로 몰릴 수밖에 없었다. 회의의 주인공은 단연 클레멘스 폰 메테르니히였다. 당시 오스트리아의 외교 장관이었던 그는 회의 의장을 맡아 주요국들의 회담을 주선하고, 중요한 이슈들을 정리해나가는 일을 수행했다. 그는 밤늦게까지 파티도 하고 회의도 하면서 각국의 입장을 조율했다.

영국의 대표로 참석한 로버트 스튜어트 캐슬레이도 회의의 주요 인물이었다. 메테르니히처럼 쾌활하고 외향적인 성격은 아니었지만, 그는 일정한 이슈를 해결하는 구체적인 방안을 구상해내는 데에 남다른 능력을 가지고 있었다. 러시아에서는 황제 알렉산드르 1세와 외교 장관 카를 네셀로데가 참석했다. 프로이센의 국왕 프리드리히 빌헬름 3세, 재상 카를 하르덴베르크도 회의의 주요 참석자였다. 이들은 모두 나폴레옹전쟁 승전국의 대표로 그동안 전쟁을 통해서 나폴레옹이 점령했다가 패전에 따라 내놓게 된 지역을 조금이라도 더 차지하기 위해 외교전을 펴고 있었다.

패전국 프랑스의 대표는 외교 장관 탈레랑이었다. 원래 이름은 샤를 모리스 드 탈레랑페리고르인데, 짧게 탈레랑이라고 불렸다. 프랑스 외교사에 당당히 한 페이지를 장식하고 있는 풍운아 스타일의

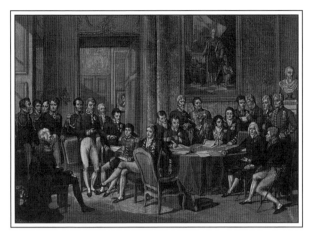

빈 회의에 참석한 유럽 각국의 대표들. 이들은 나폴레옹전쟁을 통해 획득한 영토를 조금이라도 더 차지하기 위해 치열한 외교전을 펼쳤다.

걸출한 외교관이다. 1754년 명문 군인 가문의 아들로 태어난 그는 어릴 적 서랍장에서 떨어져 절름발이가 되는 바람에 군인의 길을 못 가고 신학을 공부해 신부가 되었다. 수도원장을 거쳐 1989년 3월에는 주교가 되었다. 프랑스혁명이 일어나기 4개월 전이었다.

혁명 후에는 혁명에 적극 찬동하면서 주교를 그만두고 공직에 뛰어들었다. 파리의 행정관을 거쳐 1792년에는 프랑스혁명에 대항하는 연합을 구성하려는 영국에 파견되어 영국이 오스트리아, 프로이센과 연합국을 형성하지 않도록 하는 일을 맡았다. 하지만 영국을 설득하는 데 성공하지는 못했다. 1793년 1월 혁명 세력에 의해 루이 16세가 처형되자 혁명의 칼바람이 자신을 향할 수도 있다고 느낀 탈레랑은 영국으로 망명했다. 영국에서도 위험하다고 생각해 1794년 1월에는 미국으로 건너갔다.

1794년 7월 급진 혁명 세력의 대표 로베스피에르가 처형되자 탈레랑은 1796년 9월 프랑스로 귀국했다. 영국과 미국에서의 견문을 바탕으로, 프랑스는 미주로 진출하는 것보다는 아프리카 식민지 개척에 주력해야 한다는 주장을 펴면서 점차 외교 전문가로 명성을 얻어나갔다. 그 덕분에 5명의 총재가 정부를 이끌던 총재정부(1795. 10~1799. 11)의 외교 장관이 되었다.

1799년 11월 나폴레옹이 총재정부를 무너뜨리고 통령정부를 구성했을 때 다시 외교 장관으로 기용되었다. 1804년 12월 나폴레옹이 황제에 즉위한 이후에도 출세가도를 달려 대시종장에 임명되었다. 대통령 비서실장과 같은 자리였다. 나폴레옹은 유럽의 주요 국가들과 전쟁을 계속하면서 유럽 전체를 지배하려 했다. 탈레랑은 전쟁을 계속하는 것보다 휴전을 제안했다. 나폴레옹은 거부했고, 탈레랑은 1807년 8월 사임했다.

음식 외교로 패전국 프랑스를 살린 탈레랑

이후 유럽 정세를 관망하던 탈레랑은 나폴레옹의 패색이 짙어지면서 활동을 재개했다. 유럽 연합군이 파리에 입성한 1814년 3월 31일 그는 자신을 포함한 5인의 임시정부를 구성해 나폴레옹의 폐위를 선언하고 루이 18세를 왕으로 복귀시켰다. 탈레랑은 다시 외교 장관이 되었다.

프랑스혁명 이후 총재정부-통령정부-제정-왕정으로 프랑스의 정치체제는 격변에 격변을 거듭하고 있었지만, 탈레랑은 화려한 외줄타기 능력을 보여주면서 그때마다 외교 장관을 차지하고 있었다. 빈 회의에 참석한 탈레랑은 패전국의 대표였지만 패전국의 대표로만 머물러 있을 생각이 없었다. 승전국들이 프랑스에 어떤 요구들을 할지 주목하면서, 메테르니히, 캐슬레이, 네셀로데, 하르덴베르크 등 승전국 대표들의 움직임을 예의 주시했다. 승전국들 사이를 비집고 들어갈 수 있는 공간을 찾고 있었다. 그런 공간을 찾는데 탈레랑은 아주 밝은 눈을 가지고 있었다. 이때 그가 발견한 공간은 작센이었다. 작센은 폴란드 서쪽의 작은 왕국으로, 나폴레옹전쟁으로 프랑스가 점령했지만, 나폴레옹의 퇴장으로 진공 상태가 되어 있었다.

작센은 그동안 오스트리아와 가깝게 지냈기 때문에 그냥 두면 오스트리아 세력권에 편입될 수 있었다. 이런 가운데 프로이센이 이 땅을 차지하려고 했다. 프로이센의 재상 하르덴베르크는 작센 문제를 '사활적 이익vital interest'으로 간주하고, 작센 병합을 선언해버렸다. 그는 프로이센의 결정을 인정하지 않으면 전쟁의 원인을 제공하는 것이라고까지 말했다. 초강수를 들고 나온 것이다.

오스트리아와 영국도 가만있지 않았다. 메테르니히와 캐슬레이가 손을 잡았다. 둘 다 전형적인 세력 균형론자였다. 그들은 나폴레옹전쟁 이후 유럽에서 더 이상 전쟁이 일어나지 않도록 하기 위해서는 유럽의 강대국들이 힘의 균형 상태를 이루어야 한다고 생각했다. 다시 말하면, 두 사람은 침략국 프랑스의 힘은 빼고, 프랑스-영국-오스트리아-러시아-프로이센이 비슷한 국력을 가지면서 평형을 유지해나가야 유럽의 평화가 오래 갈 수 있다고 본 것이다. 그런 생각으로 메테르니히와 캐슬레이는 폴란드 땅을 차지하려는 러시아와 작센을 가지려는 프로이센에 대해 공동으로 대응했다.

탈레랑이 이런 호재를 놓칠 리 없었다. 그는 메테르니히와 캐슬레이에게 접근했다. 조금이라도 우군이 필요한 둘에게 탈레랑은 천군만마와 같은 존재였다. 셋은 곧 의기투합했다. 1815년 1월 오스트리아-영국-프랑스 3국의 비밀 조약이 체결되었다. 프로이센이 작센 병합을 철회하지 않으면 3국이 병력 15만 명을 동원해 대응하기로 한다는 것이었다.

이렇게 3국이 세게 나오자 프로이센도 고집을 피울 수 없게 되었다. 3국과 프로이센이 협상에 나섰다. 한 달 정도 협상이 계속되어 작센의 북부 지역만 프로이센이 차지하는 것으로 결론을 내렸다. 드레스덴, 라이프치히 등이 위치한 작센 남부는 작센 왕국으로 독립시키기로 했다. 프로이센이 전부가 아닌 절반 정도만 차지하는 것으로 합의가 된 것이다.

폴란드도 프랑스가 점령했다가 내놓게 되었는데, 이 땅은 러시아가 욕심을 내고 있었다. 러시아의 욕심을 오스트리아와 영국, 프로이센은 제어하려 했다. 여기에 프랑스도 가세했다. 결국 러시아는 원래 욕심대로 폴란드를 모두 차지하진 못하게 된다. 러시아가 많은 부분을 차지하지만, 오스트리아와 프로이센도 일부를 차지하는 것으로 합의가 이루어진 것이다.

탈레랑은 이렇게 오스트리아, 영국 등과 협상에 적극 나서면서 왕성한 외교력을 발휘한다. 덕분에 프랑스는 나폴레옹이 전쟁을 통해 점령한 영토 외에 추가로 영토를 내놓지는 않게 되었다. 게다가 승전국들과 대등한 입장에서 협상하고 협력하면서, 영국, 오스트리아, 러시아, 프로이센과 함께, 빈 회의 후 성립되는 유럽 체제, 즉 빈 체제의 주요 구성국이 되어 유럽 정치에서 여전히 강대국으로 역할을 할 수 있게 되었다.

탈레랑은 정세를 파악하는 능력이 뛰어나고 말도 잘했지만, 그의 외교 뒤에는 유럽의 대식가·미식가 외교관들을 사로잡는 음식도 있었다. 메테르니히, 케슬레이, 네셀로데, 하르덴베르크 등 당시 빈 회의에 참석한 유럽 외교의 거물들은 맛있는 것을 즐기면서 많이 먹는 미식가 겸 대식가들이었다. 이들의 입을 사로잡는 것은 탈레랑의 빈 회의 주요 전략 가운데 하나였다.

이때 그는 목적을 달성하기 위해 직접 셰프를 데리고 갔는데,

프랑스 외교사에 당당히 한 페이지를 장식하고 있는 탈레랑.
그는 빈 회의에서 왕성한 외교력을 발휘해 패전국 프랑스가 유럽 정치에서
강대국으로 군림할 수 있는 기틀을 마련했다.

그가 바로 앙투안 카렘이다. 카렘은 당시 파리를 주름잡던 최고의 요리사, 요즘말로 하면 스타 셰프였다. 세계 최초의 스타 셰프로 일컬어지기도 한다.

음식을 외교 수단으로 생각한 나폴레옹

카렘의 원래 이름은 마리 앙투안 카렘이다. 1784년 태어날 당시 아버지가 왕비 마리 앙투아네트를 존경해 아들의 이름을 그렇게 지었다. 통상 앙투안 카렘으로 불렸다. 왕비를 존경한 아버지는 능력 있는 인물은 아니었다. 파리 센강 인근 빈민가에서 살았던 그는 아이를 기르기 어려워 1794년 혁명의 분위기 속에 모인 군중 가운데에 카렘을 버렸다. 카렘이 10세 때였다.

간이식당 주인이 그를 데려갔고, 카렘은 그때부터 식당의 부엌일을 도왔다. 접시닦이 겸 잔심부름꾼이었다. 14세 때부터는 유명 파티셰 실뱅 바이의 조수로 일했다. 일과 시간엔 누구보다 열심히 일하면서 요리도 배웠다. 쉬는 날에는 도서관에 나가 요리와 건축, 역사 등에 대한 책을 열심히 읽었다.

누구보다 부지런히 요리를 배운 카렘은 19세 때 자신의 케이크 가게를 열었다. 맛과 모양이 훌륭한 케이크로 금세 유명 파티셰가 되었다. 특히 그가 유명 성당이나 피라미드 등의 모양으로 만든 케이크는 파리 귀족들의 파티에 자주 등장했다.

나폴레옹은 음식에 그다지 관심이 없었다. 배가 고파야 먹을 것을 찾았다. 먹을 때도 바쁘게 서둘러 식사 시간은 5분이면 충분했다.

전쟁터에서 지휘를 할 때는 보통 서서 식사를 했다. 나폴렝옹은 "잘 먹으려면 캉바세레스(나폴레옹 시대 법률가·정치가. 미식가로 유명하다) 집으로, 대충 먹으려면 르부렝(나폴레옹이 총해하던 관료. 회계담당 장관까지 올랐다) 집으로, 빨리 먹으려면 우리 집으로 오라"고 말하곤 했다.

어느 날은 사냥을 갔다 와서 점심을 먹는데 요리가 바로바로 나오지 않았다. 첫 번째 음식을 다 먹었는데 두 번째 것이 나오지 않았다. 이에 나폴레옹은 동생 루이 나폴레옹을 주방으로 보냈다. 당시 그는 네덜란드의 왕이었다. 그래도 요리가 안 나오자 매제 요아킴 뮈라를 주방에 보내 음식을 재촉했다.

그는 나폴리의 왕이었다. 그래도 음식은 안 나왔다. 그래서 다시 나폴레옹은 자신의 형 조지프 나폴레옹을 보냈다. 그는 당시 스페인의 왕이었다. 그러자 요리가 나왔다. 세 명의 왕이 나서자 요리가 나온 것인데, 이 일화로 나폴레옹은 요리를 재촉하기 위해 세 명의 왕을 부엌으로 보낸 인물이 되었다.

나폴레옹이 좋아한 마렝고라는 요리는 먹는 데 시간 쓰는 것을 아까워한 나폴레옹을 위해 만들어낸 맞춤 요리였다. 1800년 6월 이탈리아 제노바 북쪽 마렝고 평야에서 나폴레옹은 이탈리아 지배권을 놓고 오스트리아군과 맞서 싸웠다. 나폴레옹군은 4만 명, 오스트리아군은 7만 명이었다. 초기에는 나폴레옹이 밀렸다. 그런 상황이니 제대로 식사를 준비하고 먹고 할 시간이 없었다.

당시 나폴레옹의 요리사 뒤낭은 닭 두 마리를 어렵게 구해 손질한 뒤 적절히 자른 후 생닭을 올리브 오일에 살짝 튀겼다. 그리고 양

　　　　　　　　　　　　　　1. 달콤한 외교

파, 파슬리, 토마토와 함께 볶았다. 닭을 통째로 푹 삶거나 구울 시간은 없었다. 나폴레옹이 기다려줄 리 만무했다. 그래서 뒤낭은 기름에 얼른 살짝 튀긴 뒤 주변에서 쉽게 구할 수 있는 채소를 넣고 신속하게 볶아낸 것이다.

나폴레옹은 그래도 외교에 음식이 중요한 수단이라는 것 정도는 이해하고 있었다. 평소에는 짧게 간단히 식사를 했지만, 만찬을 베풀 때는 20~30분 정도 식탁에 머물기도 했다. 1804년에는 외교장관 탈레랑에게 돈을 줘 파리 근교에 있는 발랑세 성을 사도록 했다. 외교 사절을 위한 영빈관으로 쓰기 위해서였다. 2000년 유네스코 세계문화유산으로 지정된 아름다운 건축물이기도 하다.

세계 요리 발전에 지대한 공헌을 한 앙투안 카렘

탈레랑은 여기에서 외교 사절을 위한 음식을 준비할 요리사로 카렘을 선택했다. 당시 탈레랑은 카렘을 테스트하기 위해 1년 치 메뉴를 작성하되 반복되는 메뉴가 있으면 안 되고 모두 계절에 맞는 농산물을 사용하는 것으로 해야 한다고 주문했다. 그 테스트에 통과해 카렘은 발랑세 성에서 일하게 되었다. 나폴레옹이 조세핀과 이혼하고 1810년 오스트리아의 공주 마리 루이스와 결혼할 때 웨딩 케이크을 만든 것도 카렘이었다.

나폴레옹이 망하고 왕정이 복귀한 뒤 카렘은 유럽의 유명한 요리사로 많은 고관대작과 왕들의 초청을 받았다. 빈 회의에 탈레랑의 부름을 받아 다녀온 뒤에는 파리의 주요 외교관, 영국의 조지 4세,

'왕들의 요리사', '요리사의 왕'이라는 별명이 붙은 앙투안 카렘.
이런 거창한 별명에 걸맞게 그는 세계 요리 발전에 지대한 공헌을 했다.

러시아의 알렉산드르 1세 등을 위해 요리를 했다. 그러다 보니 '왕
들의 요리사', '요리사의 왕'이라는 별명이 붙었다.

　거창한 별명에 걸맞게 세계 요리 발전에 대한 카렘의 공헌은 많
다. 우선 소스의 계보를 정리해 요리를 체계화했다. 그는 네 가지 기
본 소스를 정했다. 우유와 밀가루, 버터로 걸쭉하게 만든 베샤멜, 닭
고기나 송아지 고기를 삶은 육수로 만든 화이트 소스 벨루테, 볶은
향신채소와 갈색으로 볶은 루, 소고기 국물로 에스파뇰, 달걀 노른자
위를 넣은 화이트 소스 알망드가 그것이다.

　그는 이 4가지 기본 소스에 와인과 치즈, 허브 등을 넣어 100가
지가 넘는 소스를 만들었다. 이를 통해 다종다양한 요리가 가능하도
록 했다. 특히 카렘은 당과류를 만드는 데 관심이 많았는데, 당시까

지 발달이 잘되지 않았던 페이스트리와 케이크 등 디저트 요리는 그를 통해 혁신적으로 발전할 수 있게 되었다.

카렘은 요리사 복장도 표준화했다. 그가 만들어서 쓰던 요리사 모자 토크toque는 오늘날 세계 어디서나 요리사 모자로 통용되고 있다. 토크를 만든 이유는 물론 음식에 머리카락이 떨어지는 것을 방지하기 위한 것이었다.

그런가 하면 토크에는 101개의 주름이 있는데, 이는 달걀 요리법 101가지를 의미하는 것이다. 웬만한 요리는 다 할 수 있다는 요리사의 자부심을 하얀 모자에 담은 것이다. 역시 그가 입기 시작한 두 줄 단추의 흰색 코트도 오늘날 요리사의 전형적인 복장이 되었다. 코스 요리를 만찬 문화에 도입해 정착시킨 인물도 카렘이다. 당시 프랑스식 만찬은 여러 가지 요리를 식탁 위에 올려놓고 먹는 것이었다.

하지만 러시아에는 코스 요리가 있었다. 러시아 궁전에서 일하면서 이를 본 카렘이 이를 프랑스에 도입했고, 이것이 점차 유럽 만찬 문화의 전형으로 자리 잡게 된 것이다. 그렇게 19세기 초 유럽 음식 문화를 주도하던 카렘도 열악한 부엌 환경은 개선하지 못했다. 당시 대부분의 키친은 지하에 있었고, 환기가 잘되지 않았다. 연료로는 주로 숯을 썼다. 그러다 보니 요리사들의 건강이 나빠지기 십상이었다. 카렘도 그런 환경을 피해가지 못했다. 폐가 나빠져 1833년 49세로 숨졌다.

1814년 빈 회의 얘기로 다시 돌아가보자. 당시 카렘이 만든 최고의 디저트 음식들은 각국 대표들을 매료시켰다. 디저트는 카렘이 특히 관심 많고 잘하는 요리였다. 쿠키와 마카롱을 쌓아서 만들어낸 피에스 몽테, 긴 슈페이스트리 내부에 커스터드 크림을 넣고 초콜릿 또는 캐러멜을 입힌 에클레르, 비스킷을 손가락 모양처럼 만들고 그 내부에 바바리안 크림을 넣은 샤를로트, 페이스트리의 칸칸을 과일이나 휘핑크림 등 다양한 속 재료로 채워 만든 밀푀유, 동그란 페이스트리 내부를 고기와 볶은 채소, 크림소스를 버무린 것으로 채운 볼-로-방 등이 특히 인기였다. 대부분 달콤한 디저트들이었다. 탈레랑은 패전국의 대표였지만 이런 달콤한 고급 디저트로 외교관들의 마음을 사로잡으면서 어깨를 펴고 각국 대표들과 협상했고, 패전국 프랑스를 승전국 못지않은 지위에 올려놓았다.

탈레랑이 빈 회의에 참석하기 위해 파리를 떠날 때 루이 18세는 이런 저런 주문을 많이 했다. 패전국 입장이니 걱정도 되었을 것이다. 되도록 프랑스의 부담을 더는 쪽으로 협상을 해야 한다는 주문이었을 것이다. 이때 탈레랑은 루이 18세에게 말했다. "저에게는 지시보다는 냄비가 더 필요합니다. 제가 저의 일을 하도록 해주시고 카렘을 믿으십시오."

나름의 회담 전략을 갖고 있었고, 좋은 음식을 십분 활용해 나름의 성과를 거둘 수 있을 것이라는 확신이 있었던 것이다. 그 자신 대단한 미식가이기도 했던 탈레랑은 실제 그날 자신이 먹을 것, 그리고 손님들에게 대접할 음식을 생각하고 식단을 짜는 데 한 시간 정도는 썼다고 한다. 탈레랑은 음식이 외교고, 외교는 또한 음식임을 너무 잘 이해하고 있던 인물이었다.

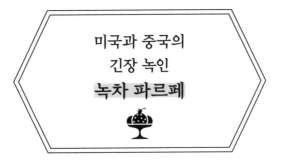

미국과 중국의
긴장 녹인
녹차 파르페

냉전 해체와 중국의 급속한 성장

1990년대 초 냉전이 해체되고 세계는 새로운 조류를 맞게 되었다. 미국의 맞수 소련은 망했다. 소련은 여러 나라로 분리되고, 그중 가장 큰 러시아가 소련의 명맥을 그나마 잇게 되었다. 하지만 영토는 훨씬 작아지고 체제는 달라졌다. 사회주의는 사라졌고, 자본주의를 수용해 소련과는 완전히 다른 나라가 되었다. 작아진 러시아, 자본주의 체제 러시아는 더 이상 미국의 적이 되지 못했다.

대신 중국이 급속하게 성장했다. 1978년 개혁·개방을 시작한 이래 높은 경제성장률을 보이며 성장 일로를 걷기 시작했다. 1980년대에는 수출을 확대하고, 외국 기업을 유치하면서 경제 전반이 크게 성장했다. 1990년대 들어서는 외국인의 직접 투자를 더욱 확대하고, 수출 주도 성장 전략에 더 박차를 가하면서, 민영 기업 육성을 통한 민간 부문의 역할 확대 전략도 적극 추진해 초고속 성장을 이어 갔다.

그러면서 미국과는 껄끄러운 관계가 되었다. 미국의 클린턴 행정부는 중국에 대해 최혜국 대우(무역에 있어서 한 나라가 외국에 부여하고 있는 가장 유리한 대우를 상대국에 부여하는 것)를 계속 주는 것을 꺼렸다. 성장하는 중국을 견제하겠다는 생각이 있었고, 중국의 열악한 인권 상황에 대해 문제를 제기하고 싶은 생각도 있었다.

미국은 실제 1993년 5월 중국이 수감자 학대, 티베트 탄압 등의 문제를 개선하지 않으면 최혜국 대우를 중단할 수 있다고 밝혔다. 이 문제는 결국 미국이 최혜국 대우를 계속 해주는 쪽으로 결론이 나지만, 한동안 미국과 중국 관계를 긴장 관계로 몰아넣었다. 더욱이 미국이 중국의 2000년 올림픽 개최와 세계무역기구WTO 가입도 반대하면서 양국 관계는 더 나빠졌다. 1995년 5월에는 중국의 반대에도 불구하고 미국이 리덩후이 타이완 총통의 방미를 허용해 긴장은 더 고조되었다.

1996년 3월에는 타이완해협에서 큰 위기가 발생했다. 타이완의 대선을 앞두고 중국이 타이완해협에서 군사 훈련을 실시했기 때문이다. 미국이 가만있을 리 없었다. 항공모함을 포함하는 항모 전단을 파견했다. 이렇게까지 위기가 고조되자 미중 양국이 서로 위기관리의 필요성을 절감해 대화와 협력을 추진한 결과 관계는 차츰 개선되었다.

1997년 10월에는 장쩌민 중국 국가주석이 미국을 방문했다. 이듬해인 1998년 6월에는 클린턴 미국 대통령이 중국을 답방했다.

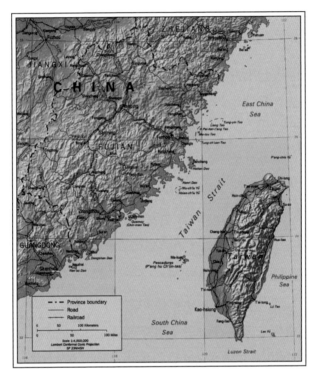

1996년 3월 타이완의 대선을 앞두고 중국이 타이완해협에서
군사 훈련을 실시함으로써 미중 간 갈등이 크게 고조되었다.

이렇게 관계가 개선되어 가긴 했지만, 미국은 중국이 경제성장을 바
탕으로 기존의 국제 질서에 현상 변경을 시도할 가능성이 높은 것으
로 보고, 중국에 대해 다방면의 압박을 늘려나갔다.

국제사회에 '중국 위협론'을 제기하며 대중국 경계 분위기를
형성해나갔다. 1999년부터는 중국이 미사일과 핵무기 등 전략무기
증강에 나서면서 미국과 중국 사이의 긴장이 군사 분야로까지 확장
되었다. 한마디로 1990년대 말 미중 관계는 여리박빙如履薄氷, 그야

말로 살얼음을 밟는 것과 같은 상황이었다.

이런 상황에서 주룽지 중국 총리가 방미에 나섰다. 1999년 4월 6일부터 14일까지 워싱턴을 방문한 것이다. 주룽지가 방문한 첫 번째 목적은 중국의 WTO 가입을 가로막고 있던 중국 시장의 개방 문제에 대해 미국과 합의하는 것이었다. 4월 8일 클린턴과 주룽지가 마주보고 앉았다. 미국은 중국이 WTO에 가입하려면 시장을 완전 개방해야 한다고 주장하고 있었다. 시장 개방뿐만 아니라 미국은 중국에 대해 시민의 자유 확대, 노동자 보호 강화, 사법체계 강화 등 민감한 문제도 여전히 제기하고 있었다.

이런 가운데 클린턴과 주룽지가 이런 핵심 현안을 해결하기 위해 정면으로 마주한 것이다. 회담은 길었다. 서로 주장하는 바가 천지차이니 그럴 수밖에 없었다. 하지만 서로 협상의 진전을 이뤄야 한다는 데에는 공감하고 있었다. 그런 만큼 긴 협상의 결과는 꽤 생산적이었다. 핵심 쟁점에 대해 상당한 진전을 이룬 것이다. 중국이 미국산 감귤과 육류, 소맥 등에 대해 시장을 개방하고, 모든 정부기관의 컴퓨터에 소프트웨어를 정품만 사용하도록 한다는 데 합의한 것이다. 정체된 미국, 성장하는 중국이 서로의 미래를 걸고 견제, 대결하고 있던 상황인 만큼 이 정도의 진전도 큰 성과가 아닐 수 없었다.

미국과 중국의 관계 개선에 기여한 달달한 디저트

이렇게 어려운 양국 관계를 조금은 부드럽게 만들어 놓은 뒤 4월 10일 클린턴이 주룽지를 백악관으로 초대했다. 백악관 이스트

룸이 200여 명의 귀빈들로 채워졌고, 세계적인 연주자들의 공연이 이어졌다. 중국계 미국인 첼리스트 요요 마는 양국의 화해를 상징하는 음악을 연주했다. 클린턴, 주룽지 모두 음악에는 조예가 깊고 일가견이 있었다. 동서양의 음악에 대해 서로 할 얘기가 많았다. 피겨스타 미셸 콴, 소설가 에이미 탄 등 유명한 중국계 미국인이 많이 참석해 양국의 화해를 촉진하는 분위기를 연출했다.

파티 분위기가 무르익은 가운데 만찬 메뉴들이 하나하나 나왔다. 애피타이저는 풍성한 야채였다. 아스파라거스를 비롯한 20여 가지의 야채가 입맛을 돋웠다. 마침 무르익은 봄을 만끽하는 의미이기도 했고, 싱싱한 야채를 좋아하는 주룽지를 배려하는 식단이기도 했다. 메인 요리는 레드 와인을 곁들인 연어와 비델리아 양파를 얹은 숯불구이 치킨이었다.

이 요리도 정성껏 준비한 것이지만, 그날 만찬의 실제 하이라이트는 디저트였다. 오렌지 셔벗과 녹차 파르페, 금귤 파이, 망고 푸딩이 화려하게 세트로 차려졌다. 파르페에 첨가된 녹차는 중국에서 공수한 것이었다. 모두 달콤하기 이를 데 없는 것들이다. 달달한 디저트를 고상한 음악과 함께 즐기며 클린턴과 주룽지는 부드러운 관계를 형성해갔다.

음식, 그중에서도 달콤한 디저트를 같이 먹으면서 쓴소리를 하기는 어렵다. 아주 단 초콜릿을 준 사람에게는 달달한 얘기를 해주지 않을 수 없다. 미국과 중국이 역사와 문화, 이념을 달리하고, 경제적 이해관계도 크게 달라 긴장 관계를 이어가는 상황이었지만, 클린턴과 주룽지는 달달한 녹차 파르페를 같이 즐기면서 서로 관계를 개선하자는 희망적인 얘기를 주고받았다.

그 연장선상에서 1999년 9월 아시아태평양경제협력체APEC 회의 당시 클린턴과 장쩌민이 만나 중국의 WTO 가입 문제를 더 깊이 논의할 수 있었다. 이런 과정을 거쳐 양국은 1999년 11월 중국의 WTO 가입 협상을 마무리할 수 있었다. 2001년 12월에는 실제로 중국이 WTO에 가입해 세계경제 질서에 완전히 편입할 수 있게 되었다.

1999년 4월 클린턴과 주룽지의 백악관 만찬을 부드럽게 만들어준 풍성한 디저트의 요리사는 롤랑 메니에르였다. 프랑스 출신으로 미국에서 오랫동안 활동해온 걸출한 파티셰다. 메니에르는 제2차 세계대전 중이던 1944년 프랑스 북부의 보네라는 작은 마을에서 태어나 14세부터 요리사 견습을 시작했다. 처음엔 청소와 접시 닦기를 했고, 1년 후부터 크로와상을 비롯한 빵, 케이크, 쿠키 등을 만드는 법을 차례차례 배웠다.

프랑스와 독일, 영국에서 일하면서 자신의 요리를 만들어나갔고, 버뮤다를 거쳐 미국으로 건너갔다. 1979년 카터 행정부 때 영부인 로절린 카터의 스카우트로 백악관에 들어가 이후 25년 동안 대통령 5명의 디저트를 책임졌다. 지미 카터, 로널드 레이건, 조지 H. W. 부시(아버지 부시), 빌 클린턴, 조지 W. 부시(아들 부시)에게 빵과 케이크, 파이, 쿠키, 아이스크림, 셔벗 등 달달한 것들을 제공했다.

그는 백악관 생활 25년 동안 같은 디저트를 두 번 내놓은 적이 없다. 매번 새로운 것을 만들었다. 25년간 실제 3,000종이 넘는 작품들을 만들어 대통령의 식탁에 내놓았다. 특별한 행사에는 거기에 맞는 특별한 것을 선보였다. 2003년 7월 아들 부시 생일 때에는 초콜릿으로 항공모함과 거기에 착륙하는 전투기 모양의 케이크를 만들어냈다. 생일 두 달 전 부시가 전투기를 타고 항공모함에 내려 이라크전쟁 종전 선언을 하는 모습을 묘사한 것이다. 부시가 좋아하는 애완견까지 추가해 부시 가족의 찬사를 받았다.

메니에르는 큰 외교 행사에는 또 거기에 어울리는 디저트를 창작해 내놓았다. 외국의 대통령과 왕, 여왕, 총리 등 40여 정상들을 접대했는데, 그때마다 그들의 취향을 모두 파악해 참고했다.

'최고의 디저트 외교관'으로 불린 메니에르

1995년 7월 김영삼 대통령이 백악관을 방문했을 때에는 천도복숭아 디저트를 대접했다. 1998년 6월 김대중 대통령이 갔을 때에는 설악산을 배경으로 성조기와 태극기가 복숭아 셔벗을 품고 있는 모양으로 디저트를 만들어 냈다. 한국에서 복숭아가 신성함과 풍요로움, 장수를 상징하는 과일임을 참고한 것이다. 실제 당시 메니에르는 워싱턴의 한국 대사관을 통해 한국의 문화와 음식에 대한 정보를 수집했다. 클린턴 대통령은 그를 '최고의 디저트 외교관'이라고 불러줬다. 메니에르는 그런 찬사가 잘 어울리는 요리사가 아닐 수 없다.

메니에르가 쓴 『대통령의 과자: 백악관에서의 25년』에는 그가 모신 5명의 대통령과 음식에 얽힌 재밌는 얘기가 많이 나온다. 특히 단 것을 좋아한 대통령은 레이건과 클린턴이었다고 한다. 레이건은 고령인 70세에 대통령이 되었기 때문에 부인 낸시 레이건이 대통령

로널드 레이건은 초콜릿을 특히
좋아했는데, 부인 낸시 레이건은 남편의
건강을 고려해 초콜릿을 먹지 못하게 했지만
레이건의 초콜릿 사랑을 막을 수는 없었다.

의 식단에 신경을 많이 썼다. 레이건은 특히 초콜릿을 좋아했는데, 낸시는 초콜릿을 감추기에 여념이 없었다. 낸시는 "롤랑! 저도 대통령이 초콜릿을 사랑한다는 걸 잘 알아요. 하지만 안 됩니다"라고 강조하곤 했다.

그래도 레이건의 초콜릿 사랑을 막을 수는 없었다. 낸시가 백악관을 비우면, "기회는 이때다" 하며 레이건은 초콜릿무스를 찾았다. 메니에르는 큰 그릇에 초콜릿무스를 만들어 줬다. 설탕에 졸인 생강을 넣어주면 더 좋아했다. 초콜릿 수플레 케이크를 만들어 주기도 했다. 식사로는 두꺼운 스테이크와 치즈, 마카로니를 요구했다. 부인 없는 틈을 타 평소 못 먹던 걸 먹는 레이건은 그 어느 때보다 즐거워했다.

그런 걸 보고 메니에르는 레이건이 요구하는 것을 만들어주지 않을 수 없었다. 그런데 남편의 초콜릿 사랑을 감시하던 낸시도 초콜릿을 좋아하는 건 마찬가지였다. 특히 코코넛이 들어간 초콜릿바를 좋아했다. 레이건 임기 당시 메니에르의 부엌에는 초콜릿 향이 늘 넘치고 있었을 것 같다.

『대통령의 과자: 백악관에서의 25년』에 레이건 못지않게 자주 등장하는 클린턴은 기본적으로 대식가였다. 포크찹 5~6개를 앉은 자리에서 해치우기도 했다. 맥도널드 햄버거, 엔칠라다(옥수수로 만든 전병 토르티야의 사이에 고기, 해산물, 야채, 치즈 등을 넣어서 구운 멕시코 요리)도 즐겨 먹었고, 달콤한 디저트도 좋아했다. 초콜릿과 밀가루, 버터에는 알레르기가 있어 피했다.

그래서 메니에르도 클린턴을 위한 디저트를 만들 때는 조심조심했다. 체리파이와 딸기케이크도 좋아해서 가끔 만들어 줬다. 하루는 클린턴에게 딸기케이크를 만들어줬는데 아주 좋아했다. 큰 케이크의 절반을 순식간에 먹었다. 다음 날 아침 달콤한 맛을 잊지 못하고 나머지 반을 찾았다. 그런데 없었다. 클린턴은 "제기랄! 내 케이크 어디 있어?" 소리치며 식탁을 내리쳤다. 그런데도 결국 찾을 수는 없었다.

요리사들은 부통령 앨 고어가 먹은 게 틀림없다고 생각할 수밖에 없었다. 그 시간에 거기를 다녀갈 사람은 고어밖에 없었기 때문이다. 이렇게 단 것을 좋아하다 보니 체중이 늘어 부인 힐러리 클린턴은 클린턴 대통령이 지방이나 설탕이 많이 든 음식을 먹는 것을 통제했다. 1993년 11월 24일 백악관에서 김영삼 대통령과 정상 만찬을 할 때에도 메니에르는 "디저트를 뭘로 해야 하나?" 고민을 많이 했다. 그 결과 나온 디저트가 저지방 우유로 만든 아이스크림이었다. 지방 2퍼센트짜리 저지방 우유를 넣고 생강-아몬드 아이스크림을 만들어 내놓은 것이다.

남편의 단 것을 통제하고 있었지만, 힐러리 클린턴도 실은 모카

케이크를 좋아했다. 특히 일이 잘 안 풀리거나 기분이 우울할 때는 으레 모카케이크를 찾았다. "롤랑! 모카케이크를 좀 만들어주실래 요?"하는 날은 틀림없이 뭔가 안 좋은 일이 있는 날이었다.

카터 대통령 부부는 향신료를 첨가한 린저쿠키를 좋아했고, 아 버지 부시는 블루베리 케이크를 특히 좋아했다. 정도의 차이는 조금 씩 있었지만, 다른 대통령이나 영부인들도 케이크나 타르트, 파르페, 무스 등 디저트는 대부분 좋아했다. 영국 속담에 "자신의 집사에게 까지 영웅인 사람은 아무도 없다Nobody is a hero to his butler"라는 말이 있는데, 아무리 훌륭한 영웅이라도 집에서 생활하는 것은 일반 사람 과 별다를 것이 없다는 의미다.

메니에르가 5명의 미국 대통령 가족을 지켜본 뒤 전해주는 것 처럼, 지위가 아주 높고 만인이 부러워하는 위치에 있는 사람들도 단 것, 고소한 것, 맛있는 것을 먹고 즐거워하며, 그런 것이 없으면 우울해하는 것은 우리들과 별반 다를 바가 없다.

1999년 4월 클린턴과 주룽지의 만찬은 셔벗과 파르페, 파이, 푸딩이 모두 포함된 메니에르 디저트 세트로 화려한 피날레를 장식 했다. 그중 녹차 파르페는 중국 문화의 상징을 녹여 넣어 미국과 중 국의 화해를 촉진하는 효과를 겨냥하고 있었다. 그런 것이 만찬 분 위기를 더 부드럽게 해줬고, 그게 밑거름 되어 이후 양국은 민감한 문제도 더 깊이 논의해 결국 해결점을 마련할 수 있었다. 작은 음식 이 실제로는 결코 작지 않은 역할을 하는 경우는 예나 지금이나 숱 하게 많다.

2.

깊은 풍미의 외교

캉브레 동맹과 베네치아의 전쟁

영국 역사에 유명한 인물들은 많다. 브리튼 섬을 유럽의 일부로 편입시킨 윌리엄 1세, 대영제국을 이룬 빅토리아 여왕, 제2차 세계대전을 승리로 이끈 윈스턴 처칠 등등. 16세기 전반기 잉글랜드를 통치한 헨리8세(재위 1509~1547)도 영국 역사의 유명인 가운데 하나다.

헨리 8세가 유명한 이유는 여럿이다. 190센티미터의 큰 키에 힘이 장사였고, 사냥과 승마, 활쏘기, 테니스를 잘했으며 춤도 잘 췄다. 게다가 독서도 많이 해 학식이 풍부했고, 프랑스어와 스페인어, 라틴어를 구사할 수 있었다. 다혈질에 성격이 변덕스러운 단점도 있긴 했다. 헨리8세는 헨리7세의 차남이었다. 하지만 그의 형 아서가 일찍 죽어 1509년 4월 왕좌에 오르게 되었다.

중세 유럽은 가톨릭교를 중심으로 운영되고 있었다. 헨리 8세가 잉글랜드의 왕이 된 16세기 초 가톨릭의 수장 로마 교황은 율리우스 2세(재위 1503~1513)였다. 율리우스 2세는 영토 욕심이 많았고, 권위적이었으며, 직접 군사를 지휘해 전쟁에 참여할 만큼 세속적인 인물이었다.

그런 율리우스 2세에 독립성 강한 도시국가 베네치아는 눈엣가시였다. 베네치아는 서유럽과 동지중해를 잇는 중개무역으로 돈을 벌어 경제력을 갖추고 있었고, 이를 바탕으로 군사력도 상당했으며, 외교적인 능력도 갖고 있었다. 이 경제력과 군사력, 외교력을 활용해 영토 확장을 꾀하고 있었다. 하지만 율리우스 2세에게는 베네치아를 혼내줄 힘이 없었다. 교황청이 직접 군대를 갖고 있긴 했지만, 그 규모가 1,000명 정도에 불과했다. 다른 나라의 도움이 필요했다.

교황 율리우스 2세는 신성로마제국의 황제 막시밀리안 1세, 프랑스의 루이 12세, 스페인 왕 페르디난트 2세에게 도움을 청해 캉브레 동맹the League of Cambrai을 결성했다. 1508년 12월의 일이다. 캉브레 동맹은 베네치아를 공격해 1509년 5월 항복을 받아냈다. 헨리 8세가 잉글랜드의 왕이 된 지 한 달 후의 일이었다.

캉브레 동맹이 베네치아와의 전쟁에서 승리한 뒤 프랑스가 문제를 일으켰다. 동맹국들과 협의 없이 베네치아에 간섭하기 시작한 것이다. 율리우스 2세는 페르마, 모데나 등도 점령하려 했지만, 프랑스는 이들 지역에 대해서도 욕심을 내고 있었다. 그래서 교황청과 프랑스 사이의 갈등은 깊어졌다. 율리우스 2세는 1511년 7월 초부터 신성로마제국과 스페인, 잉글랜드를 상대로 적극 외교를 펼쳐 프

영토 욕심이 많았던 율리우스 2세. 독립성 강한 도시국가 베네치아를
눈엣가시로 여긴 그는 캉브레 동맹을 결성해 베네치아의 항복을 받아냈다.

랑스에 대항하는 동맹 결성에 나섰다. 먼저 스페인은 이탈리아 반도
에서 프랑스의 세력이 커지는 것을 싫어해 교황을 돕기로 했다.

잉글랜드의 헨리 8세는 율리우스 2세를 존경했고, 스페인의
페르디난트 2세가 장인이었다. 헨리 8세의 부인 아라곤의 캐서린
이 페르디난트 2세의 딸이었다. 그래서 헨리 8세는 교황 쪽에 호의
적이었다. 하지만 율리우스 2세 입장에서는 그 정도로 안심할 수
는 없었다. 보다 확실하게 영국의 지원을 확보할 필요가 있었다. 그
래서 1511년 8월 헨리 8세에게 큰 선물을 보낸다. 바로 파르메산

Parmesan 치즈와 와인이다.

파르메산 치즈는 무려 100개, 와인은 3배럴(약 480리터) 정도를 교황의 범선에 실어 보냈다. 치즈 만드는 법은 이미 고대 로마시대에 로마로부터 브리튼 섬으로 전해졌고, 11세기쯤부터는 브리튼 사람들도 나름의 기술로 체셔치즈, 체다치즈 등을 만들어 먹고 있었다.

헨리 8세가 다스리던 16세기 초반 잉글랜드는 종교적으로 가톨릭으로부터 독립해 성공회를 세운 것처럼 음식 문화에 있어서도 나름의 전통을 세웠다. 꾸밈없이 요리한 고기, 구운 치즈, 맥주, 그리고 푸딩이 한 세트를 이루는 식사였다. 오늘날에도 전형적인 영국식 식사로 여겨지는 것이다.

헨리 8세는 체격만큼 식욕이 왕성했다. 식사의 양태는 유럽 대륙과 달리 단순한 것으로 정리되어 갔지만, 헨리 8세는 워낙 먹는 양이 많았다. 하루 5,000칼로리 정도의 음식을 먹었던 것으로 전해진다. 요즘 보통 사람이 1,800칼로리 정도를 섭취하고 있으니까 엄청 많이 먹은 것은 분명해 보인다. 헨리 8세는 고기, 빵과 함께 치즈도 즐겼던 것으로 알려졌다.

고급 치즈를 받고 전쟁에 참여한 헨리 8세

당시 잉글랜드 사람들은 야채는 농민들의 음식으로 여겼고, 귀족들은 고기와 빵, 치즈를 주로 먹었다. 물은 그냥 먹기에는 냄새가 많이 났고 여과 장치도 개발되지 않았기 때문에 와인과 에일맥주가 상류층의 음료로 이용되고 있었다. 헨리 8세도 그런 육식 위주의 식

사 때문에 통풍, 당뇨, 고혈압 등의 지병을 갖고 있었다. 허리둘레가
54인치에 달했다.

율리우스 2세는 먹는 것을 좋아하는 헨리 8세에게 고급 치즈와
와인을 보냈고, 1511년 10월에는 스페인, 잉글랜드와 함께 신성동
맹the Holy League을 결성할 수 있었다. 1512년 3월에는 루이 12세에
게 주어져 있던 '가장 기독교적인 왕the Most Christian King'이라는 칭
호도 빼앗아 헨리 8세에게 주었다.

국제 관계에서도 개별적 자위권the Right of Individual Self-Defense
은 인정된다. 한 국가가 무력 공격을 받은 경우 필요한 무력행사를
할 수 있는 것이다. 개별적 자위권과는 다른 집단적 자위권the Right of
Collective Self-Defense이라는 것도 있는데, 동맹국이 공격을 받았을 때
그 공격에 대응하는 무력행사를 하는 것을 말한다. 개별적 자위권은
통상 인정되는 것이지만, 집단적 자위권은 좁은 범위 내에서만 제한
적으로 인정된다. 한 나라가 다른 나라들의 전쟁에 개입함으로서 국
제 분쟁이 확대되는 것을 되도록 막기 위해서다.

일본은 아베 정권 이전까지만 해도 자국 헌법이 집단적 자위
권을 인정하지 않는 것으로 해석해 집단적 자위권 없는 상태로 방
위 정책을 수립해왔었다. 하지만 아베 정권은 헌법 해석을 바꿔(이를
'해석개헌'이라고 한다) '집단적 자위권 있음'을 선언하고, 이를 바탕
으로 방위 정책을 수립했다.

이후 이 입장을 견지하고 있다. 이는 우리의 안보와도 직결된
문제가 아닐 수 없다. 미군이 북한과 군사적 충돌의 상황에 돌입하
는 경우 일본군이 한반도에도 들어올 수 있음을 시사하기 때문이다.

당시 우리 정부가 이런 것을 염려해 일본의 집단적 자위권 보유에 반대했지만, 일본은 아랑곳하지 않았다. 미국도 일본을 지지했다.

각설하고, 헨리 8세는 고급 치즈를 받고, 교황-프랑스 알력 관계에 개입해 '집단적 자위권 있음'을 선언한 결과가 되었다. 교황이 프랑스와 전쟁에 돌입하면 잉글랜드도 프랑스를 공격하겠다는 선언을 한 것이다. 물론 치즈가 모든 것을 만들어 낸 것은 아닐 테지만, 어느 정도는 역할을 하지 않았을까? 더욱이 헨리 7세는 먹는 걸 즐기는 왕이었으니 말이다.

교황청 입장에서는 신성로마제국을 끌어들이는 것도 중요했다. 1511년 9월 피사에서 공의회(Council: 가톨릭 지도자와 신학자들이 모여 교회의 원칙 문제를 결정하는 회의)가 열렸는데, 여기서 프랑스의 루이 12세는 교황에 대항하는 세력을 구축하려 했다.

하지만 신성로마제국의 막시밀리안 1세는 이에 협조하지 않았다. 그 바람에 양국 사이는 멀어졌다. 교황은 프랑스와 멀어진 신성로마제국에 다가가 역시 자기 쪽에 가담시키는 데 성공했다. 교황 율리우스 2세는 군사적 활동에도 적극 나섰지만, 외교에도 적극적이었다. 충동적이면서 변덕스럽고 복수심 강해 장기 전략에는 약했지만, 외교적 수완은 좋았다. 그런 수완을 활용해 스페인과 잉글랜드, 신성로마제국을 설득했고, 1513년 4월 신성로마제국도 신성동맹에 참여하게 되었다.

이후 프랑스에 대한 공격이 본격화되어 1513년 6월 헨리 8세는 4만 명의 대규모 병력을 이끌고 도버해협을 건넜다. 헨리 8세는 최전방에서 전투를 직접 지휘해 8월에는 스퍼스 전투에서 결정적인 승리를 거두고, 내륙으로 진격해 테루안과 투르네도 점령했다. 곧 신성로마제국도 잉글랜드의 깃발 아래 함께 싸우기로 합의해 프랑스를 더 강하게 몰아붙였다. 결국 프랑스는 이탈리아를 떠날 수밖에 없었다.

그런데 군사력을 앞세워 프랑스를 응징하려던 율리우스 2세가 서거한 후 후임 레오 10세는 프랑스와 화해를 추진했다. 먼저 스페인, 신성로마제국, 프랑스 사이의 평화 조약이 1514년 2월 체결되고, 잉글랜드와 프랑스의 평화 조약은 1814년 8월 이루어졌다. 대신 잉글랜드는 투르네를 계속 소유하는 조건이었다. 헨리 8세의 여동생 메리와 루이 12세가 결혼한다는 내용도 평화 조약에 포함되어 있었다.

은행이 대출 담보물로 받은 파르메산 치즈

16세기 초 교황청과 잉글랜드 사이 외교의 주요 매개 중 하나가 파르메산 치즈인데, 교황 율리우스 2세가 헨리 8세에게 100개씩이나 보낸 파르메산이라는 치즈는 도대체 어떤 치즈일까? 통상 파르메산 치즈라고 부르지만, 정확하게는 파르미지아노 레지아노Parmigiano Reggiano다. 이탈리아 북서부 파르마Parma 지역에서 생산된다.

이 치즈의 역사는 12세기로 거슬러 올라간다. 이탈리아 북부를 서에서 동으로 흐르는 강이 포Po 강이다. 서쪽 알프스산맥에서 발원해 토리노, 크레모나, 페라라를 거쳐 아드리아 해로 흘러들어간다. 강을 따라 길게 형성된 지역을 '포 강 계곡'이라고 하는데, 이곳에는

파르메산 치즈. 프랑스를 응징하고자 했던 교황 율리우스 2세는
파르메산 치즈를 활용해 헨리 8세를 자기편으로 끌어들였다.

클로버와 자주개자리가 잘 자란다. 소들이 좋아하는 풀이다. 이 풀을
먹고 자란 소들은 양질의 우유를 생산한다.

　이 지역의 베네딕트 수도회와 시토 수도회의 수도사들이 이 우
유를 가열해 반죽처럼 만든 다음 고품질의 치즈를 생산하기 시작했
다. 세계 최고의 맛으로 알려진 파르메산 치즈는 이렇게 북이탈리아
의 신선한 풀과 양질의 소, 거기서 나온 우유, 그리고 여기에 수도사
들의 정성이 더해져 탄생했다. 빛깔은 엷은 노랑, 맛은 달콤하면서도
견과류 향이 섞여 있다. 반半 탈지우유를 쓰기 때문에 지방이 적다.
하얀 결정들이 있어 아삭한 맛이 나고, 파스타나 수프, 샐러드 등에
넣어 먹기에 좋다. 오래 숙성된 것은 말린 포도와 같은 과일 향이 난
다. 맛이 좋을 뿐만 아니라 보관성도 좋다.

　14세기에 활동한 이탈리아 작가 보카치오는 그의 대표 소설

『데카메론』에서 파르메산 치즈 가루로 된 산에서 살면서 마카로니와 라비올라를 만드는 것 말고는 다른 일을 하지 않는 사람들이 사는 신화적 왕국을 설정하기도 했다. 이탈리아에서는 오래전부터 은행들이 대출 담보물로 파르메산 치즈를 받아주고 있다. 대략 30만 개 정도의 파르메산 치즈(약 2,200억 원 상당)가 은행의 금고에 담보로 잡혀 있는 것으로 전해진다.

12세기부터 만들어지던 파르메산 치즈는 14세기 초쯤 피렌체와 피사, 시에나, 루카, 리보르노 등이 있는 토스카나 지방으로 전해진다. 그리고 피사와 리보르노의 항구에서 배에 실려 브리튼 섬과 프랑스에도 전해진다. 16세기가 되면서 잉글랜드 사회에서 파르메산 치즈는 아주 값비싸고 귀중한 음식이 되어 있었다.

이런 치즈를 100개나 받은 헨리 8세가 교황을 지지하지 않을 수 있었겠는가? 게다가 1511년 당시에는 헨리 8세가 교황을 따르면서 가톨릭을 믿고 있었다. 훗날 왕비 캐서린이 아들을 낳지 못하면서 이혼 문제로 교황과 갈등을 겪자 결국은 가톨릭과 결별하고 독립적인 교파 성공회를 만들지만 말이다.

헨리 8세는 1533년 캐서린과 이혼하고 궁녀 앤 불린과 결혼했지만 아들을 낳지 못하자 1536년 간통 협의를 씌워 처형했다. 앤 불린 처형 11일 후 헨리 8세는 역시 궁녀 출신인 제인 시모어와 결혼했지만, 그녀는 1537년 출산 후 산욕열로 사망했다. 1840년에는 클레베의 앤과 결혼했지만 평범한 외모에 독일어만 말하고 궁중의 예법을 모르는 점에 실망해 이혼하고, 같은 해 궁녀 캐서린 하워드와 결혼했다.

하지만 캐서린 하워드는 간통을 저질러 1542년 참수되었다. 헨리 8세는 1543년 왕실의 가정교사 캐서린 파와 결혼해 1547년 사망할 때까지 원만한 관계를 유지했다. 6번의 결혼과정에서 수많은 얘깃거리를 낳아 헨리 8세는 지금도 많은 소설과 영화의 주인공으로 등장하고 있다.

1511년 당시는 헨리 8세가 교황을 따르던 시기였지만, 그런 상황에서 소중한 음식까지 대량으로 받았으니 교황의 신성동맹에 가담해 4만 명의 군사를 몸소 이끌고 바다 건너 전장으로 달려 나갈 수밖에 더 있었겠는가?

하얀 신부 드레스를 유행시킨 빅토리아 여왕

'군림하되 통치하지 않는다'. 영국식 입헌군주제가 운영되는 원칙이다. 이 원칙을 정립한 인물이 빅토리아 여왕(재위 1837~1901)이다. 당시 영국은 나폴레옹전쟁에 돈을 너무 많이 써 경제적으로 어려웠다.

1832년 선거법 개정으로 중산층에게 선거권이 부여되면서, 노동자들의 요구도 높아져갔다. 이는 노동자들의 성인 남자의 보통선거권과 의회 의원의 재산 자격 철폐 등을 요구하는 차티스트운동(1938~1948)으로 확대되었다. 여왕은 이에 대한 강경 탄압 정책을 지시했다. 아프가니스탄 전쟁, 아편전쟁, 크림전쟁, 보어전쟁 등 많은 전쟁을 치르면서 식민지도 확대해 대영제국의 전성기를 이끌었다.

이러한 시기 영국의 왕으로 63년 동안(엘리자베스 2세 다음 두 번째로 긴 재위) 재임하면서 정치와 외교에 관여하되 지나치지 않게 관여했다. 관여하되 당시의 양대 정당인 휘그당과 보수당, 그리고 수상의 역할과 입지를 충분히 인정하면서 관여했다. 왕으로 군림하되 모든 통치를 혼자서 하지는 않은 것이다. 그래서 빅토리아 여왕은 오늘날까지 영국식 왕정의 전통을 확립한 왕으로 기억되고 있다. 물론 민중운동에 대한 탄압, 아편전쟁과 같은 침략 전쟁을 이끈 부분은 비판받지 않을 수 없는 부분으로 남아 있다.

빅토리아 여왕에 대한 전반적인 평가는 그렇고, 지금은 음식에 얽힌 얘기를 하고 있는 것이니 그쪽으로 말머리를 돌려보자. 우선은 빅토리아 여왕의 개인사를 먼저 얘기해야 할 것 같다. 빅토리아 여왕에게 왕위를 물려준 윌리엄 4세(재위 1830~1837)는 슬하에 두 딸을 두었지만 모두 요절했다. 그 바람에 윌리엄 4세의 동생인 켄트 공작 에드워드의 장녀인 빅토리아가 왕위를 잇게 되었다.

1819년에 태어난 빅토리아는 이듬해 아버지를 여의고, 어머니와 어머니의 정부情夫 존 콘로이 밑에서 교육을 받았다. 빅토리아가 왕위 계승권을 갖게 되자 이들의 교육은 감시와 같은 것이 되었다. 라틴어, 프랑스어, 음악, 미술 등을 가르치면서 왕가의 다른 인물들은 접촉하지 못하게 했다. 강력한 섭정을 확보하려는 것이었다.

하지만 빅토리아는 호락호락하지 않았다. 18세에 왕위에 오르자 어머니와 콘로이를 멀리했다. 정치는 멜버른 수상과 상의했다. 경제 침체 타개책, 차티스트운동에 대한 대응책도 모두 수상과 논의해 마련해 나갔다.

미혼으로 왕위에 올랐으니 곧바로 결혼 문제가 논의될 수밖에 없었다. 그녀의 외사촌 앨버트 공이 신랑감으로 선택되었다. 빅토리아와는 동갑이지만 생일은 석 달 뒤였다. 앨버트의 아버지는 독일의 작센고타 지역의 영주였다. 앨버트의 어머니는 그가 7세였을 때 간통 사실이 드러나 스위스로 추방되었고, 앨버트는 이후 어머니를 볼 수 없었다. 1939년 10월 윈저 성에서 앨버트를 처음 만난 빅토리아는 잘생긴 외모에 반했고, 이듬해 2월 둘은 결혼했다.

빅토리아는 결혼식에 하얀 드레스를 입고 등장했는데, 이것이

대영제국의 전성기를 이끈 빅토리아 여왕의 결혼식. 그녀는 결혼식 전통으로
자리 잡은 하얀 신부 드레스를 유행시킨 주인공이기도 하다.

2. 깊은 풍미의 외교

오늘날 세계 곳곳에서 신부들이 하얀 웨딩드레스를 입는 관례로 발전했다. 빅토리아보다 먼저 하얀 웨딩드레스를 입은 인물이 있긴 했다. 스코틀랜드의 여왕 메리 스튜어트(재위 1543~1567)가 1559년 프랑스 왕자와 결혼할 때 하얀 웨딩드레스를 입었다.

당시 프랑스에서는 검정색이나 흰색 옷은 죽은 사람을 의미하는 것이어서 유행을 낳지는 못했다. 하지만 빅토리아의 흰 드레스는 달랐다. 당시 영국 상류층 신부들은 보통 빨간색 등 화려한 드레스를 입고 하얀 베일을 쓴 채 결혼식을 했다. 화려한 드레스는 부와 권력을, 하얀 베일은 순결을 상징하는 것이었다. 하얀 드레스는 너무 단순하고 초라한 것으로 여겨져 결혼식 의상으로는 입지 않은 것이다.

하지만 빅토리아는 영국의 방직공업 진흥에 기여할 방안으로 하얀 드레스를 고안해 냈다. 런던에서 만든 하얀 실크에 호니턴 지방에서 만드는 레이스를 올려 새하야면서 화려한 웨딩드레스를 만들어낸 것이다. 산업 육성 차원이니 재료를 많이 쓰도록 해야 해서 길이도 5미터가 넘게 만들었다. 하얗지만 화려한 드레스를 입은 빅토리아의 결혼식 장면은 그림으로 그려져 유럽 대륙에 널리 퍼져 나갔고, 그 바람에 하얀 신부 드레스도 유행하면서 하나의 결혼식 전통으로 자리 잡아나갔다.

영국 왕실의 메뉴에 포함된 카레

결혼 후 앨버트는 20여 년 동안 여왕에게 정치적 조언도 하고 외조도 하면서 좋은 관계를 유지해 나갔다. 자녀도 9명(4남 5녀)이나 낳았다. 빅토리아는 제국을 다스리는 격무를 수행하면서도 앨버트와 따뜻한 가정을 가꾸어나가면서 위로받았다. 하지만 앨버트는 장티푸스에 걸리는 바람에 1861년 12월 갑자기 사망하게 되었다.

사랑하는 남편을 잃은 빅토리아는 우울증에 걸려버렸고, 스코틀랜드의 발모럴 성과 영국 남해안에 있는 와이트 섬의 오즈번궁에서 두문불출했다. 4개월쯤을 그렇게 지내다 정무에 복구하는데, 당시 수상 벤저민 디즈레일리의 꾸준한 설득 덕분이었다. 디즈레일리는 복잡한 사안을 대부분 자신이 처리하고 정리해 단순화한 뒤 여왕과는 최종 단계에서 협의해 결정하는 식으로 여왕을 도왔다.

디즈레일리는 여왕의 관심 사항인 영토 확장을 적극 추진하면서 여왕에게 활력을 주었다. 수에즈운하의 주식을 사들이고, 인도를 대영제국에 편입시키고, 러시아의 지중해 진출을 막기 위해 키프로스를 확보하는 등의 대형 프로젝트가 여왕과 수상의 협력 속에 적극 추진되었다.

정치적·공식적인 활동은 이렇게 디즈레일리의 도움을 받아 재개했지만, 여왕의 마음을 위로해주는 사람은 따로 있었다. 바로 스코틀랜드 출신 시종 존 브라운이었다. 남편이 사망한 뒤 여왕은 가까이서 시중을 들던 브라운과 친해졌고, 왕실에서는 여왕을 미시즈 브라운Mrs. Brown이라고 부르는 이들까지 있을 정도였다. 그런데 브라운도 1883년 사망했다.

존 브라운이 사망한 뒤 한동안 그 자리를 채워줄 사람은 없었다. 그런데 몇 년 후 압둘 카림이라는 인물이 나타났다. 카림은 1863년 인도 북중부 아그라에서 태어났다. 무굴제국의 황제가 아내를 추모하는 의미에서 건설한 타지마할이 있는 곳이다.

카림 집안은 이슬람교도였다. 그의 아버지는 병원 직원으로 일했는데, 벌이가 괜찮아 자녀들 교육에 신경을 쓸 수가 있었다. 카림에게는 가정교사를 붙여 우르두어와 페르시아어 가르쳤다. 그 덕에 카림은 아그라에 있는 교도소에서 사무직으로 일할 수 있게 되었다.

1886년 런던에서 식민지 전시회가 있었는데, 카림이 일하던 교도소는 죄수들을 파견해 인도 카펫을 짜는 모습을 보여줬다. 인도에 관심이 많던 빅토리아 여왕은 그 모습을 보고 교도소장에게 인도인 두 명을 1887년 즉위 50주년 기념행사 보조원으로 보내달라고 요청했다.

카림이 그 중 한 명으로 선정되어 1887년 런던으로 가게 되었다. 여왕은 기념 연회 셋째 날 아침식사를 서비스하는 카림을 처음 만났다. 여왕이 인도의 고위 관리들에게 연회를 베푸는 자리였다. 그 날 여왕의 일기에 카림은 '아주 심각한 얼굴fine serious countenance'이었던 것으로 기록되어 있다. 당시 카림은 24세, 여왕은 68세였다.

연회가 모두 끝나고 여왕은 와이트 섬의 오즈번궁으로 휴가를 갔다. 카림도 따라갔다. 거기서 카림은 인도식 요리를 여왕에게 만들어 주었다. 치킨 카레였다. 고향 아그라에서 직접 가져온 향신료를 이용한 요리였다. 렌즈 콩에 향료를 섞은 달dahl, 인도식 볶음밥 필라프와 함께 내놓았다. 카레는 이미 18세기부터 영국 사회에 널리 알려진 음식이었지만, 여왕은 카레를 거의 먹어본 적이 없었다. 카림의 카레를 맛본 여왕은 "excellent(아주 좋아)"라고 감탄하면서, 바로 왕실의 메뉴에 포함시키도록 했다.

이후 여왕은 일요일 점심에는 치킨 카레, 화요일 저녁에는 피시 카레를 먹곤 했다. 빅토리아는 단 것을 좋아했다. 브뤼셀 비스킷과 과일을 특히 좋아했다. 새로운 음식에 대한 호기심도 많아 중국식 제비집 수프도 좋아했다. 인도의 망고도 먹고 싶어 했다. 그래서 인도에서 배에 실어 보내기도 했다. 당시 인도에서 영국까지 가는 데에는 6주가 걸렸다. 배에 실린 망고는 6주를 견디지 못했다. 영국에 도착했을 때에는 모두 썩어 있었다. 결국 빅토리아는 망고 맛을 보지는 못했다. 소화불량 증세가 있어서 주치의로부터 소식을 주문받고 있었지만 잘 지키진 못했다.

카레를 좋아하게 된 여왕은 카림을 가까이에 뒀다. 여왕은 식민지로 지배하고 있던 인도의 사람들과 언어, 지리에 모두 관심을 갖고 있었다. 인도에 직접 가보고 싶어 했다(결국 가지는 못했지만). 카림에게 당시 인도에서 널리 쓰이던 우르두어를 가르쳐 달라 했다. 매일 열심히 배웠다. 카림도 영어를 부지런히 익혔다. 여왕이 궁금해하는 인도의 일상들에 대해 많은 얘기들을 해줬다. 아그라의 노점 시장과 종교 축제, 그리고 타지마할에 얽힌 이야기 등을 들려줘 여왕을 즐겁게 해줬다.

인도 문제에 대한 조언도 했다. 정치뿐만 아니라 경제, 철학에 걸쳐 토론의 상대가 되어 주기도 했다. 『쿠란』의 구절 가운데 여왕에게 위안이 될 만한 것을 골라 들려주기도 하고, 신비주의적 시인 루미의 시구를 알려주기도 했다. 여왕은 그를 'Munshi(선생)'이라고 불렀다.

치킨 카레에서 시작된 빅토리아와 카림의 우정

여왕의 선생이 되면서 시종이 하는 식사 서비스 등 하찮은 일은 하지 않게 되었다. 공식 사무원이 된 것이다. 월 12파운드의 월급도 받았다. 당시 귀족 집안의 유모가 1년에 12파운드 정도를 받았으니 큰돈이다. 여왕 옆에서 대화 상대가 되는 것이 그의 주요 업무였다. 식사를 같이 하는 경우도 많았고, 여행을 할 때도 함께 했다.

둘은 친구와 같은 관계가 되어 갔다. 여왕은 카림에게 쓴 편지에 '너의 가장 가까운 친구your closest friend'라고, 또는 '너의 다정한 엄마, 빅토리아 여왕your affectionate mother, VRI[Vicroria, Regina et Imperatrix]'라고 사인을 했다. 일기에는 카림을 이렇게 묘사해 놓기도 했다. "그는 아주 훌륭하고 온화하면서도 내가 원하는 모든 것을 알고 있으며, 나에게 진정한 위안을 주는 사람이다He is so good and gentle and understanding all I want and is a real comfort to me." 스코틀랜드에 있는 외딴 별장에서 여왕과 카림은 하룻밤을 보내기도 했다. 여왕이 존 브라운과 머물던 곳이었다.

이렇게 여왕이 카림을 우대하자 왕실 내에서 그에 대한 질투와 비난도 심해졌다. 인도인을 귀족처럼 대우하는 것은 '채신머리없는 undignified' 행위라는 비난이었다. 왕세자와 여왕의 주치의도 비난 대열에 가담하고 있었다. 왕세자는 자신의 어머니 빅토리아를 정신이 상자로 규정하려 하기도 했다. 하지만 여왕은 '인종적 편견'이라며 이들의 말을 무시했다.

가족을 인도에 두고 영국에 와 있던 카림은 어느 순간 인도로

빅토리아 여왕을 시중 들고 있는 카림. 카림의 치킨 카레에 매료된
빅토리아 여왕은 카림을 항상 곁에 두고 사망할 때까지 돈독한 관계를 유지했다.

돌아가고 싶어 했다. 낯선 땅에서 낯선 사람들 속에서 지내면서 이
방인임을 문득 느끼게 된 것이다. 고향에 두고 온 아내와 어머니, 아
버지가 그립기도 하거니와 왕실에서 자신을 두고 벌어지는 갈등과
자신에 대한 이런 저런 비난에 지쳤는지도 모른다.

그러자 여왕은 카림의 아내와 부모를 모두 영국에 데려오도록
했다. 카림의 아버지에게는 연금도 주었다. 카림에게는 개인 마차도
주고, 오페라 최고급 좌석을 배정해 주기도 하고, 기사 작위까지 주
었다. 게다가 카림의 고향 아그라에 넓은 땅까지 할애해 주었다. 원
래 그 땅은 전쟁 영웅들에게 주도록 되어 있었는데, 여왕이 관료들
을 설득해 카림에게 돌아가도록 했다. 카림은 이렇게 많은 것들을
얻을 수 있었다. 어떤 것은 왕의 호의로, 어떤 것은 카림이 직접 왕에
세 요청해서 얻었다.

죽기 직전 여왕은 친한 친구와 친척으로 구성되는 상주단에 카림이 포함되도록 하기까지 했다. 여왕의 유언이니 그것까진 지켜졌다. 치킨 카레에서 시작해 인도인 얘기, 인도 정치 얘기, 철학적 대화까지 이어지면서 가까워진 카림은 기사 작위까지 받고 왕의 사후 상주단에도 이름을 올린 것이다. 하지만 1901년 여왕이 사망하자 왕이 된 에드워드 7세는 우선 여왕과 카림 사이에 오갔던 편지를 모두 불태웠다. 그리고는 카림을 인도로 추방했다. 카림은 고향에 돌아가 여왕이 준 땅에서 46세까지 살다가 1909년 숨졌다.

63년을 영국의 왕으로 지내면서 빅토리아는 남편 앨버트를 잃고, 좋아하던 시종 브라운도 잃었다. 자식들은 왕위 계승을 놓고 다퉜다. 그 와중에 카림은 이런 저런 얘기를 쉽게 할 수 있는 편한 얘기 상대가 되어 주었고, 힘든 여왕에게 위안을 주는 존재가 되었다. 덕분에 카림은 당시 식민지 인도의 평범한 주민으로는 얻기 힘든 것들을 얻었다. 그의 대영제국 여왕과의 깊은 인연은 치킨 카레 한 접시로 시작된 것이었다.

소련에게
진짜 승리를 가져단 준
캐비아

얄타회담과 스탈린의 회담 전략

1939년 9월 소련의 폴란드 침공으로 시작된 제2차 세계대전은 1944년 6월 노르망디 작전에 따라 영미 연합군이 프랑스에 상륙해 독일군에 대해 대대적인 공격을 가하면서 대세가 연합국 쪽으로 기운다. 그해 가을에는 소련이 독일군을 자기 영토에서 몰아내고 서쪽으로 진군하면서 10월에는 유고슬라비아의 베오그라드를 해방시킨다.

1945년 2월에는 헝가리 부다페스트에서도 소련군이 독일군을 몰아낸다. 소련군은 독일 베를린에서 40킬로미터 떨어진 지점까지 접근해 있었다. 이제 곧 독일 베를린으로 진주할 태세를 갖추고 있었다. 이렇게 되자 연합국의 수뇌들이 모여 회담을 할 필요가 있게 되었다. 전후 유럽과 세계 질서를 정리해야 하는 상황이 된 것이다.

동부전선의 대규모 독일군을 몰아치면서 베를린을 향해 진군하는 소련의 공산당 서기장 이오시프 스탈린은 의기양양해 있었다. 그의 목소리가 회담 소집 단계부터 컸다. 일단 회담을 소련 땅에서 하자 했다. 장거리 여행을 피하라는 의사들의 권고를 핑계로 삼았다.

비행기 타기를 싫어한 것도 하나의 이유가 되었다. 안전상의 이유로 그는 비행기를 싫어했다. 비행기를 처음 탄 것은 1943년 11월 이란 테헤란에서 미·영·소 3국 정상이 회담을 할 때였다. 모스크바에서 볼고그라드를 거쳐 바쿠까지는 기차로 갔다. 거기서 더 이상 기차로 갈 수 없어 비행기를 타고 테헤란으로 갔다. 회담을 마치고 테헤란에서 모스크바로 돌아갈 때 비행기를 탔는데, 귀에 통증이 생겨 2주 동안 고생했다. 이후 기차 타는 것을 싫어했다.

1944년 6월 6일 영미 연합군이 프랑스 노르망디 해안에 상륙하고 있다. 노르망디 상륙 작전은 제2차 세계대전에서 연합군이 승리하는 결정적인 계기가 되었다.

그래서 프랭클린 루스벨트 미국 대통령과 윈스턴 처칠 영국 총리를 크림반도의 얄타로 초대했다. 지중해성의 온화한 기후로 제정 러시아 당시부터 부자들의 휴양지로 널리 알려진 곳이다. 당시 스탈린은 66세, 처칠은 71세였다. 처칠은 혈압이 높았다. 루스벨트는 63세였지만, 역시 혈압이 높았고, 심장확대증도 앓고 있었다.

루스벨트는 4선 고지를 넘기 위한 선거운동, 취임식으로 지친 몸을 순양함 퀸시 호에 싣고 버지니아 뉴포트를 출발해 7,812킬로미터를 항해한 뒤 몰타에서 처칠과 만나 비행기로 소련 땅으로 들어가 다시 자동차를 5시간을 달려 얄타에 도착했다. 초주검의 상태였다 해도 그다지 과언은 아니었다. 루스벨트는 실제 회담 끝나고 두 달 뒤 숨을 거뒀다.

게다가 얄타의 항구는 난파선 잔해 등이 제대로 정리되지 않아 미국과 영국의 배들은 90킬로미터 떨어져 있는 세바스토폴에 정박해야 했다. 본국과 수시로 교신하면서 정보를 파악하고, 그걸 바탕으로 회담 전략도 세워가야 하는 상황인데도 여건은 열악했다. 루스벨트와 처칠은 얄타까지 오는 데 체력 소모가 많았고, 본국과의 의사소통도 쉽지 않은 상황에서 세기적인 회담을 해야 했다. 반대로 스탈린은 자신에게 익숙한 곳이어서 여유 있게 회담을 끌어갈 수 있었다.

루스벨트, 처칠을 융숭하게 대접해 이야기를 쉽게 풀어가는 것도 스탈린의 회담 전략에 들어 있었다. 루스벨트에게는 흰색 화강암으로 만든 리바디아 궁전이 숙소로 제공되었다. 리바디아 궁전은 모가비 산의 산등성이에 위치한 신르네상스식 건축물로 흑해의 아름다운 풍광을 온전히 감상할 수 있는 곳이요, 제정 러시아의 마지막

　　　　　　　　　　　　　2. 깊은 풍미의 외교

황제 니콜라이 2세가 1911년 건축해 여름 궁전으로 이용하던 곳이다. 좋은 가구들을 여기저기서 수집해 우아하게 꾸민 뒤 루스벨트를 맞았다. 처칠의 숙소는 보론초프 궁전이었다. 1917년 러시아혁명 전까지 보론초프 가문이 살던 곳으로 내부 장식이 화려했다.

아직 전쟁 중인데도 연회도 리바디아 궁전에서 화려하게 준비했다. 좋은 식재료를 소련 각지에서 가져왔고, 미국과 영국에 대한 지식이 있는 웨이트리스까지 동원해 서빙을 하도록 했다. 메인 요리는 캐비아였다. 세계 어디서든 귀한 음식으로 대접받는 캐비아를 언제든 먹을 수 있게 준비했다.

처칠을 따라 갔던 딸 사라는 레몬주스와 캐비아의 조합을 새삼스럽게 깨달아 이걸 즐겼다. 샴페인과 훈제 연어, 보드카도 차려졌다. 샴페인은 제정 러시아의 황실 와인을 생산하던 마산드라 와이너리의 소장품들이었다. 리바디아 레드 포트와인, 수로츠 코쿠르 디저트 와인, 레드 스톤 뮈스까 등이 정상들의 입을 즐겁게 해줬다. 지금도 전설적인 마산드라 컬렉션으로 와인 애호가들의 입에 오르내리는 것들이다.

기관총이 불을 뿜듯 올라온 캐비아와 샴페인

기후가 좋은 크림반도는 기원전부터 와인을 만들기 시작했는데, 그중에서도 마산드라는 1894년부터 오랫동안 와인을 생산해오면서 크림반도 와인의 역사와 전통을 여실히 보여주는 와이너리로 유명하다. 주로 달콤한 와인을 생산해왔다. 지금도 100만 병 이상의 와인이 저장고에 있고, 비싼 와인도 많다. 1775년 생산된 '헤렌스프란 떼라'는 한 병에 100만 달러가 넘는다고 한다.

얄타회담 당시 처칠을 수행하던 비서 존 마틴은 "캐비아와 샴페인이 마치 기관총이 불을 뿜듯 끊임없이 올라왔다"고 당시 연회 장면을 묘사하기도 했다. 캐비아를 좋아하는 처칠의 마음을 사려는 것이었다. 전쟁으로 황폐화된 영국에서는 버터와 과일을 구하기도 어려웠는데, 그런 사정을 알고 있던 스탈린은 버터와 오렌지도 충분히 제공했다. 처칠이 즐기는 진토닉, 루스벨트가 좋아하는 마티니에 넣을 레몬을 충분히 제공하기 위해 흑해 너머로 수송기를 보내기까지 했다.

스탈린의 캐비아 외교는 이미 1942년 8월 처칠이 모스크바를 방문했을 때부터 펼쳐지고 있었다. 스탈린은 처칠의 아침 식단에 캐비아와 케이크, 초콜릿, 포도, 말린 과일을 올리도록 했다. 만찬으로는 어린 양의 고기와 샴페인에 절인 철갑상어, 크림 치킨 등 15가지의 음식을 차려냈다. 처칠이 모스크바를 떠날 때 스탈린은 처칠의 트렁크에 캐비아와 샴페인을 넉넉히 넣어 주었다.

당시 스탈린은 처칠을 설득해 빨리 영국군이 서쪽에서 독일을 공격하도록 하려 했다. 영국의 준비가 덜 되어 공격은 1944년 6월 노르망디 상륙작전으로까지 미뤄지지만, 스탈린으로서는 캐비아 외교, 그리고 호소와 설득 등으로 처칠의 마음을 돌리려 했던 것이다.

얄타회담 당시는 독일과의 전쟁이 끝나가는 상황이었으니 루스벨트도 처칠도 전쟁 이후 세계를 어떻게 운영할지, 자국의 이익을 어떻게 확보할지 생각이 많을 수밖에 없었다. 루스벨트는 세계의 정

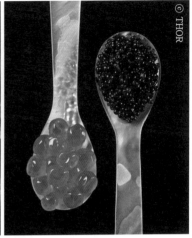

얄타회담에서 스탈린의 외교적 승리를 일군 일등 공신은 마산드라 와이너리와
캐비아였다. 얄타회담 당시 처칠을 수행하던 비서 존 마틴은
"캐비아와 샴페인이 마치 기관총이 불을 뿜듯 끊임없이 올라왔다"고 했다.
마산드라 와이너리 지하 저장고(왼쪽)와 캐비아(오른쪽).

치·경제 질서를 미국 중심으로 새로 짜고 싶어 했다. 국제연합을 만
들어 큰 전쟁을 예방하는 동시에 미국의 이익을 실현하는 데 도움이
되도록 하겠다는 생각도 하고 있었다.

처칠은 식민지를 유지하고 유럽에서의 영향력을 유지하면서,
힘 떨어진 영국의 세력권을 최대한 연장하려 했다. 그런 가운데 스
탈린은 소련이 제2차 세계대전에서 최대의 피해를 입었고, 독일군
을 패전으로 몰아가는 데 결정적으로 기여한 것을 내세워 최대한 많
은 것을 얻어내려 하고 있었다.

1945년 2월 4일부터 11일까지 8일 동안 진행된 얄타회담은
그래서 당시 세계를 주무르던 세 거물과 에드워드 스테티니어스 미

국 국무장관, 뱌체슬라프 몰로토프 소련 외교 담당 인민위원, 앤서니 이든 영국 외교 장관 등 그들을 둘러싼 참모들의 치열한 외교 전쟁이었다. 다루는 주제들은 모두 크고 중요한 것들이었다. 전후 독일 처리, 전쟁 배상금, 동유럽 국경선, 발칸반도 국가 처리, 소련의 대일전 참전, 국제기구 창설 등등.

그러니 젖 먹던 힘까지 모두 쏟아 붇지 않을 수 없었다. 세 정상의 회담장은 담배연기가 가득했다. 루스벨트는 궐련, 처칠은 시가, 스탈린은 파이프담배를 끊임없이 피우고 있었다. 때론 협의하고 때론 토론하고 때론 말로 전쟁을 했다. 그걸로 안 되면 편지를 쓰기도 했다. 스탈린은 그 말의 전쟁에서 분명한 목표와 화려한 캐비아 외교로, 큰 승리를 얻어냈다.

첫째, 동구에 대한 소련의 권리를 인정받았다. 폴란드 동부 영토를 차지했고, 폴란드와 유고슬라비아 정부 구성에 친소 세력이 참여하는 것을 인정받았다. 그리고 동유럽 국가들이 친소 정권이 되어 동구권이 소련의 세력권이 되는 것에 대해 미국과 영국의 동의를 얻어냈다. 대신 서유럽의 공산주의 운동을 독려하지는 않겠다고 약속했다.

둘째, 1904~1905년 러일전쟁으로 일본에게 빼앗겼던 사할린 남부 지역과 쿠릴열도를 되찾았다.

셋째, 당시 새로 만들어지고 있던 국제연합에서 거부권을 얻어냈다. 미국, 영국 등과 함께 거부권을 갖게 됨으로써 소련은 국제사회 운영에 결정적인 영향력을 확보할 수 있게 되었다.

넷째, 몽골의 독립을 인정받았다. 몽골은 칭기즈칸이 리더십을 발휘하던 13세기에 유럽까지 위협하는 대제국을 이뤘지만 이후 세력이 약화되어 17세기에는 청나라에 복속되었다. 1911년 신해혁명이 일어나자 러시아의 지원 아래 독립을 선언했고, 1921년 혁명군이 조직되어 중국군과 러시아군을 몰아내고 신정부를 수립해 독립을 쟁취했다. 이후 소련의 도움을 받아 사회주의 체제를 확립해 나갔지만, 중국은 줄곧 이를 인정하지 않고 있었다. 이에 스탈린은 얄타회담에서 미국과 영국에 몽골의 독립을 인정해달라고 요청해 인정받았다. 즉, 몽골은 중국으로부터 독립되어 친소 국가가 된 것이다.

소련의 대일전 참전을 강권한 루스벨트

소련은 이런 것을 얻는 대신 독일이 항복한 뒤 2~3개월 내 동아시아에서 일본과의 전쟁에 참여하기로 했다. 루스벨트가 소련의 대일전쟁 참여를 요구했고, 스탈린이 수용해 그렇게 결정되었다.

당시 미국은 일본을 점령하는 과정에서 미군 100만 명의 사상자가 날 것으로 예상하고 있었다. 그래서 소련의 참전을 강력 주장해 관철시킨 것이다. 하지만 소련은 참전을 늦추다가 1945년 8월 9일 0시 일본에 선전포고를 하고 그날 북한으로 군대를 진주시킨다. 8월 6일 히로시마가 핵무기로 폐허가 된 뒤, 9일 나가사키에 다시 핵폭탄이 떨어지기 직전 선전포고를 하고 참전한 것이다.

소련군은 별다른 저항 없이 북한으로 들어온다. 그러자 미국도 서둘러 일본에 있던 군대를 인천을 거쳐 서울로 보낸다. 그러면서 북은 소련, 남은 미국의 지배하에 들어가게 된다. 그것으로 남북한 분단의 역사는 시작된다. 루스벨트가 소련의 대일전 참전을 강권하지 않았더라면 우리 현대사는 완전히 다른 길을 가지 않았을까? 역사에서 '만약'은 의미 없는 얘기인줄 알면서도 다시 '만약'을 가정해보지 않을 수 없다.

또 하나 루스벨트의 의견이 관철된 것이 한국의 신탁통치였다. 미국은 일본 식민지 지역에 대해 신탁통치를 해야 한다는 정책 방향을 가지고 있었다. 루스벨트는 1943년 3월 영국 외교장관 앤서니 이든과 면담하면서 한국에 대한 신탁통치 문제를 처음 공식적으로 제기했다. 1943년 11월 22일에서 26일까지 열린 카이로회담에서 다시 루스벨트는 한국에 대한 신탁통치를 주장했다.

하지만 중화민국 총통 장제스의 반대로 신탁통치안을 관철시키지 못하고, 루스벨트, 처칠, 장제스 세 정상은 "한국인들의 노예 상태에 유의해 적절한 시기에 한국을 독립시키기로" 합의했다. 곧바로 11월 28일부터 12월 1일까지 열린 테헤란회담에서 루스벨트는 스탈린과 단독 회담을 열고 한국에 대해 40년 신탁통치를 제안했다. 스탈린도 여기에 동의했다.

그 연장선상에서 루스벨트는 얄타회담에서 또 다시 한국의 신탁통치 문제를 꺼냈다. 2월 8일 루스벨트는 처칠은 빼고 스탈린하고만 만나 한국에 대해 신탁통치를 해야 한다고 주장했다. 미국과 소련, 중국이 신탁통치를 하자는 것이었다. 필리핀은 자치정부를 구성하는 데 50년 정도 걸렸다면서 한국에 대한 신탁통치도 20~30년 정도는 되어야 할 것이라고 얘기했다. 1년 2개월 전 테헤란에서 주장하던 40년이 20~30년으로 조금 줄어 있었다.

루스벨트는 테헤란회담에서 스탈린과 단독 회담을 열고 한국에 대해
40년 신탁통치를 제안했으며, 스탈린도 이에 동의했다.
왼쪽부터 스탈린, 루스벨트, 처칠.

이에 대해 스탈린은 기간은 짧을수록 좋다면서 '외국 군대는
주둔하는 거냐'고 물었다. 루스벨트는 이에 대해서는 부정적으로 답
했다. 신탁통치 주체로 영국을 참여시키는 문제에 대해서는 루스벨
트는 불필요하다고 주장했고, 스탈린은 '처칠이 우리를 죽일지도 모
른다'면서 영국 참여를 주장했다.

그래서 결국 한국 신탁통치 문제는 미·중·소 3국에 의한
20~30년 신탁통치, 영국은 참여 주장할 때만 포함, 외국 군대 비주
둔으로 합의되었다. 어디까지나 루스벨트, 스탈린 사이 구두 합의였
다. 둘이 이런 얘기를 하는데 걸린 시간은 30분이 안 되었다.

현대 세계사의 주요 장면들을 보면 강대국 지도자 한둘이 약소
국의 역사를 가볍게 결정하는 경우가 너무 많다. 남북한 분단, 신탁

통치도 대표적인 경우다. 그런 가벼운 결정이 이후 약소국의 운명을 어떻게 바꿔놓았는지를 생각하면 가슴이 답답하기 이를 데 없다. 지금 이 순간에도 그런 일들이 전개되고 있을 것이라 생각하면, '역사는 과연 진보하는가?' 하는 물음을 새삼 다시 제기하지 않을 없다. 국제정치의 약육강식 속성을 다시 여실히 확인하면서, 분단을 극복하고 하나로 합쳐서 휘둘리지 않는 국가를 만드는 게 우리에게 얼마나 중요한 일인가를 또 절실히 느끼게 된다.

스탈린은 서로 침략하지 않기로 협약했던 아돌프 히틀러에게 배신당해 엄청난 피해를 입었으면서도 다시 일어서 독일군을 몰아내고 그 힘을 바탕으로 외교전에서도 많은 성과를 얻어냈다.

다시 음식 외교 얘기로 돌아가보면, 노회한 전략가 스탈린은 그런 성과를 얻어내기 위해 상대국 정상들을 유서 깊은 궁전, 화려한 연회로 환대했다. 거기에는 그들이 즐기는 귀한 음식이 빠질 수 없었다. 그런 점에서 스탈린의 외교전 승리 뒤에는 1922년 집권 이후 오랜 기간 권좌를 유지하면서 터득한 음식 외교 마인드가 있었다고 할 수 있겠다.

냉전을
데탕트로 이끈
베이징 덕

미국과 소련의 전략무기제한협정 체결

제2차 세계대전은 지구상의 대부분의 나라를 전쟁에 관여시켰다는 점에서 이전의 어떤 전쟁보다 크고 잔인한 전쟁이었다. 연합국 측에 가담한 나라는 49개, 동맹국 측에 참여한 나라는 8개, 중립을 지킨 나라는 스위스를 비롯한 6개였다. 전쟁에 개입한 나라가 57개였다는 이야기다. 지금처럼 나라가 많을 때가 아니었으니 세계의 거의 모든 나라가 전쟁에 참여한 것이다.

1945년 10월 24일 유엔이 공식 출범할 때 회원국이 51개에 불과했으니, 57개국이 참전한 제2차 세계대전은 지구상의 거의 모든 나라를 전쟁의 소용돌이로 밀어 넣었다고 할 수 있다. 이렇게 세계 전체가 전쟁에 휩쓸려 5,200만 명이 죽었다. 그중 절반에 가까운 2,500만 명은 민간인이었다. 소련에서만 군인, 민간인 합쳐서

2,000만 명이 불귀의 객이 되었다.

이런 끔찍한 전쟁이 마무리되면 '전쟁은 싫다', '이제 전쟁은 절대 하지 말자' 하는 세계 여론이 지구를 덮을 만도 한데, 그렇지 않았다. 일부 그런 움직임이 있었다. 장 모네, 로베르 쉬만 같은 선각자들이 유럽 평화의 중요성을 깨닫고 통합을 운동을 주도해 유럽석탄철강공동체(ECSC)를 창설하고 유럽 통합의 기초를 닦기도 했다.

하지만 세계 전체의 기류는 또 다른 전쟁, 즉 냉전으로 치닫고 있었다. 제2차 세계대전이 끝나갈 무렵부터 소련은 군대를 독일 베를린으로 진군시키면서 중간에 폴란드, 루마니아 등 동유럽 국가들은 친소련 사회주의 국가로 만들었다. 이때부터 미국은 소련을 더 이상 친구가 아닌 적으로 바라보기 시작했다.

제2차 세계대전을 치르는 동안 미국과 소련은 연합국을 구성해 독일과 이탈리아, 일본 등 동맹국에 대항했다. 하지만 전쟁이 끝나가면서 양국은 다른 길을 가게 된다. 동맹을 유지하게 해주는 핵심 요소가 적을 공유하는 것인데, 이제 공유하던 적이 사라지게 되었으니, 미국과 소련의 동맹 관계는 와해될 수밖에 없었다.

소련의 팽창을 걱정한 미국은 1947년 3월 트루먼 독트린을 발표해 공산주의 세력의 확대를 막고 자유주의 세계를 수호하겠다는 의지를 분명히 한다. 이를 실제 실행하기 위해 서독을 비롯한 유럽의 경제 부흥에 돈을 투입하는 마셜 플랜도 곧 실행한다. 이에 대항해 소련과 동유럽 국가들은 1947년 10월 코민포름이라는 공산주의 국제 조직을 구성해 서로 정보와 경험을 교환하면서 대서유럽 전선을 강화한다.

1947년 3월 12일 트루먼 독트린을 발표하고 있는 미국 대통령 해리 트루먼.
트루먼은 미 의회에서 소련을 거부하고 자본주의를 선택한 국가들에 대해
큰 지원을 하겠다고 약속했다.

　　1948년 6월 소련의 베를린 봉쇄, 1949년 4월 서방의 북대서
양조약기구NATO 설립, 1955년 5월 소련·동구의 바르샤바조약기
구 설립, 1962년 10월 쿠바 미사일 위기 등의 과정을 거치면서 미
국과 소련을 중심으로 한 냉전은 심화 일로를 걷게 된다. 1960년대
말까지 그런 양상은 계속되다가 이후 역사의 조류는 또 달라진다.

　　군비 경쟁을 계속하던 미국과 소련이 1969년 전략무기 보유를
제한하는 협상에 돌입한다. 미국은 베트남전쟁에 따른 경제적 부담
과 반전 풍조 때문에, 소련은 경제적 압박과 핵군비 경쟁에 따른 불
안감 때문에 협상에 들어가게 된 것이다(양측의 핵무기 보유 숫자를 제
한하는 전략무기제한협정SALT I이 타결된 것은 리처드 닉슨 미국 대통령
이 모스크바를 방문하는 1972년 5월이다).

이렇게 소련과 핵무기 제한 협정을 벌이고 있던 미국은 중국과의 관계 개선도 시도한다. 중국을 이용해 소련을 견제하도록 하려는 전략이었다. 당시 소련과 중국은 사회주의 이념을 공유하면서도 국경을 두고 갈등하면서 관계가 악화되어 있었다. 그 틈을 이용해 미국은 중국과 관계 개선을 하려 한 것이다.

첩보 영화를 방불케 한 키신저의 중국 방문

중국의 최고 지도부와 긴밀한 관계를 구축하고 있던 니콜라에 차우세스쿠 루마니아 대통령, 야히야 칸 파키스탄 대통령이 미국의 부탁을 받고 움직였다. 특히 칸이 적극적이었다. 닉슨이 중국과 관계 개선을 원한다는 얘기를 적극 전달한 것이다. 중국은 불감청고소원이었다. 미국과 관계 개선을 희망하고 있던 참이었다. 특히 저우언라이 총리는 미국과의 관계 개선 없이는 중국이 국제사회에서 제대로 된 역할을 할 수 없음을 일찌감치 깨닫고 있었다. 그래서 중국 외교부 내에 미국 전문가들을 양성하고 있었고, 1954년 제네바 정치 회담 당시에는 존 덜레스 미국 국무장관과 회담하기 위해 애를 썼다.

하지만 철저한 반공주의자 덜레스는 저우언라이가 악수를 청하자 손을 뒤로 돌리면서 자리를 떠버렸다. 그런 분위기에서도 저우언라이는 앤서니 이든 영국 외교 장관과 친해져 그를 통해 중미 실무급 회담을 성사시켰고, 4차례 실무 회담을 통해 중미 대사급 비밀 채널을 구축했다. 이 채널은 이후 중미 간 갈등을 조정하는 데 매우 중요한 역할을 했다.

그렇게 미국과 중국이 서로 대화를 원하는 상황이 되어 1971년 7월 백악관 국가안보 보좌관 헨리 키신저가 방중 길에 오른다. 그의 중국 여행에는 '폴로'라는 암호명이 붙어 있었다. 일찍이 13세기에 이탈리아 출신으로 중국 각지를 여행하고 『동방견문록』을 쓴 마르코 폴로의 이름을 따서 붙인 것이었다.

닉슨 행정부의 외교 안보 정책을 쥐락펴락하던 키신저였기에 그의 일거수일투족은 언론의 주목거리였다. 키신저의 목적지는 베이징이었지만, 그걸 밝힐 수는 없었다. 키신저가 적대국 중국에 간다고 밝히는 순간 세계의 모든 매체들이 달려들게 되고 이후 협상은 더 이상 비밀이 될 수 없었다. 적대국과의 협상은 결과를 알 수 없는 만큼 비밀리에 진행되고, 결과가 아주 좋을 때만 일부 공개하는 것이 보통이다.

키신저는 파키스탄 대통령과의 면담을 위해 이슬라마바드로 간다고 밝혔다. 그의 진짜 행선지를 아는 사람은 딱 둘뿐이었다. 닉슨과 국가안보 부보좌관 알렉산더 헤이그. 당시 육군 준장이던 헤이그는 나중에 레이건 행정부에서 국무장관에까지 오르는 인물이다. 키신저는 7월 1일 워싱턴을 떠나 사이공, 방콕, 뉴델리를 거쳐 7월 8일 이슬라마바드에 도착했다. 그날 저녁 파키스탄 대통령과 만찬을 가질 예정이었다.

하지만 키신저는 여기에 나타나지 않았다. 미국에서부터 따라온 기자가 3명이었는데, 이들에게 통지된 이유는 '키신저는 복통이 생겨 참석 못 한다'는 것이었다. '수도 이슬라마바드가 너무 더워 수도에서 90킬로미터 떨어져 있는 휴양지 나티아갈리에 있는 파키스탄 대통령 별장으로 이동해 쉬고 있다'는 내용도 전해졌다.

대통령 별장에는 키신저가 미국에서 타고 온 비행기가 대기 중이었고, 키신저 전용 차량은 경찰 호위를 받으며 주변을 돌고 있었다. 의사들이 대통령 별장을 드나들었다. 파키스탄 국방 장관과 육군 참모총장도 대통령 별장을 방문했다. 병문안을 하는 것처럼 위장한 것이다. 그렇게 기자들 눈을 피한 키신저는 대통령 별장이 아니라 이슬라마바드에 있는 파키스탄 정부의 영빈관에서 쉬고 있었다.

기자들의 시선을 다른 곳에 머물게 한 키신저는 다음 날인 7월 9일 새벽 3시 반 영빈관을 나섰다. 동쪽에서 소리를 내고 서쪽을 공격하는 성동격서였다. 작은 차가 대기하고 있었다. 운전자는 다름 아닌 파키스탄 외교 장관. 공항으로 향했다. 파키스탄 대통령 전용기가 서 있었다. 그 옆에는 베이징에서 건너온 4명의 중국 외교관이 대기하고 있었다. 영어를 잘했다. 저우언라이가 양성해놓은 미국 문제 전문가들이었다.

이들의 안내를 받아 탑승한 키신저는 히말라야 산맥을 훌쩍 넘어 적대국 중국의 수도 베이징에 이내 도착했다. 공항에는 중국공산당 중앙군사위원회 부주석 예젠잉이 나와 있었다. 베이징의 영빈관 댜오위다오 6호루에 짐을 풀고 잠시 휴식을 취했다. 그러자 오후 4시쯤 저우언라이가 직접 키신저를 찾아와 손을 잡았다.

1954년 존 덜레스에게 내민 손이 외면을 당한 경험이 있는 저우언라이의 심경이 어땠을까? 악수도 거부하던 미국이 이제 대화를 위해 베이징까지 찾아왔으니 격세지감을 몸으로 느끼지 않을 수 없었을 것 같다. 이런 마음을 담아 저우언라이는 키신저에게 "이것이 미중 양국의 고위 관료가 20여 년 만에 처음으로 나누는 악수입니다"라고 말했다. 실로 1949년 중화인민공화국이 출범한 지 22년 만에 미국과 중국의 고위 관료가 처음으로 반갑게 나누는 악수였다.

베이징 덕은 중국 황실에서 즐기던 음식

키신저는 저우언라이와 바로 회담에 들어갔다. 타이완 문제는 양측의 이해가 첨예하게 엇갈리는 것이어서 깊이 들어가면 곤란했다. 중국이 '하나의 중국 정책', 즉 '중국은 하나이고, 타이완은 중국의 한 부분이다'라는 입장을 고수하고, 미국이 이를 인정하지 않는 상황이 전개되면 회담은 결렬되는 것이었다. 그래서 타이완 문제는 키신저가 타이완 주둔 미군을 축소할 용의가 있다고 밝히는 선에서 정리했다.

7월 9일 회담은 그 정도로 마치고 이튿날 오후 다시 만났다. 저우언라이는 초강대국에 대한 중국의 입장 등을 강경한 모습으로 강의하듯 말했다. 마오쩌둥이 그렇게 하도록 지시해서였다. 그 바람에 회담 분위기는 싸늘해졌다. 닉슨의 방중 문제를 논의할 분위기가 아니었다. 그러자 저우언라이가 제안했다. "밥 한 끼 같이 먹고 합시다." 식사 자리로 옮겼다.

저우언라이가 준비한 메뉴는 베이징의 대표 요리 베이징 덕, 즉 북경오리였다. 유명한 '취안쥐더'라는 베이징 덕 전문 요리 집에 주문해 가져오게 했다. '취안쥐더'는 오리 마니아 건륭제가 좋아하던 오리 요리법을 배워 1864년 개점한 베이징의 대표적인 베이징 덕 전문점이다. 북한의 김정일 국방위원장도 여길 좋아해서 베이징을 갈 때면 찾곤 했다. 북한 측이 김정일이 방문하는 날 영업을 중지해 줄 것을 요청했는데, 이를 거절했다고 한다. 저우언라이가 여기 단골 손님이었다.

저우언라이는 키신저에게 베이징 덕의 유래, 특성, 먹는 법 등을 자세히 설명했다. 명나라 태조 주원장은 오리를 매일 한 마리씩 먹을 정도로 좋아했다. 그러다 보니 황실의 요리사들이 요리를 맛있게 요리하는 법을 계속 개발했다. 명나라 3대 황제 영락제가 수도를 난징에서 베이징으로 옮기면서 오리 요리법도 베이징 황실로 그대로 옮겨갔다. 청나라의 전성기를 연 건륭제는 오리를 워낙 좋아해 열흘 동안 계속 오리를 먹은 적도 있다고 한다.

이런 과정을 통해 요리 한 마리를 가지고 부위별로 요리하는 법이 지속 발달했고, 그것이 지금의 베이징 덕이라는 요리를 만들어냈다. 황실에서 즐기던 음식이다 보니 베이징 덕을 대접하는 것은 상대를 황제와 같은 존재로 모신다는 의미도 내포되어 있다.

베이징 덕은 껍질부터 시작해 고기와 탕, 알을 차례로 먹는다. 특히 바삭하게 구운 껍질을 양념장, 생파, 오이와 함께 밀전병에 싸 먹는 맛은 그 어떤 요리와 비교할 수 없을 만큼 천하일미다. 19세기 말 청나라 조정을 좌지우지 했던 서태후는 껍질만 먹고 고기는 아랫사람들에게 줬다고 한다.

마오쩌둥은 1949년 10월 1일 중화인민공화국을 세운 뒤 보름 만인 16일 자신이 세운 나라를 처음으로 인정해준 소련의 중국 대사 니콜라이 로슈친으로부터 신임장을 제정 받으면서 베이징 덕을

베이징 덕은 껍질부터 시작해 고기와 탕, 알을 차례로 먹는다. 특히 바삭하게
구운 껍질을 양념장, 생파, 오이와 함께 밀전병에 싸 먹으면 천하일미가 된다.

대접했다. 그때부터 베이징 덕은 중국 최고의 외교 음식으로서의 역
할을 해왔다.

중화인민공화국이 출범할 때부터 1976년 사망할 때까지 총리
를 계속 맡은(1958년까지는 외교부장 겸직) 저우언라이는 베이징 덕
을 특히 사랑했다. 그래서 중요한 외교 행사나 중요한 외교 사절을
맞이할 때면 베이징 덕을 내놨다. 1954년 4월 제네바에서 세계주요
국의 외교장관들이 모여 정치회담을 했는데, 저우언라이는 막간을
이용해 영화배우 찰리 채플린을 만났다.

채플린은 당시 공산주의자로 낙인찍혀 미국에서 스위스로 망
명을 와 있었다. 저우언라이는 자신이 좋아하는 베이징 덕을 대접하
려 했다. 그때 채플린이 말했다. "제가 연기한 우스꽝스런 걸음걸이
는 바로 오리한테서 아이디어를 얻을 것입니다. 오리에 감사하는 마

음으로 오리는 먹지 않습니다." 분위기가 좀 어색해졌다. 그러자 채플린이 상황을 반전시켰다. "하지만 오늘은 예외로 하겠습니다. 이건 미국 오리가 아니잖아요." 그렇게 둘은 베이징 덕을 놓고 유쾌한 연회를 즐겼다.

저우언라이와 키신저의 세기적 회담

1960년에는 미얀마와 네팔의 총리에게 잇따라 베이징 덕 외교를 펼쳐 국경 문제를 해결했다. 1969년에는 병을 앓고 약해진 호치민 베트남 공산당 주석에게 베이징 덕 두 마리를 보냈다. 이런 식으로 저우언라이가 베이징 덕 외교를 벌인 것이 임기 중 모두 27번이나 된다. 베이징 덕은 가히 저우언라이 외교의 제1동반자라고 할 만하다.

키신저에게 베이징 덕을 내놓은 저우언라이는 베이징 덕에 얽힌 이런저런 얘기를 자세히 해줬다. 가볍고 재밌는 얘기를 하다 보니 서로를 보면서 웃기도 하고 그러면서 굳어졌던 마음이 풀렸다. 저우언라이는 밀전병에 오리 한 점을 싸서 키신저에게 직접 건네주기도 했다. 워낙 유명한 장면이라 인터넷 포털에서 '키신저 저우언라이 오리'라고 바로 이 사진이 나온다. 음식은 문화이니 중국 문화에 대한 얘기도 곁들여져 분위기는 더없이 좋았다.

식사 후 양측은 다시 협상장에 들어섰다. 이제 한 숨 돌렸고 좋은 음식을 함께 나누며 가벼운 얘기로 마음이 서로 포근해져 있었다. 그래서 어려운 문제에 대한 협상도 시작할 수 있었다. 키신저-저우언라이 회담 후 발표할 성명서에 정상 회담의 성사 과정을 어떻게 담을 것인지는 양측의 자존심이 걸린 문제였다.

중국은 "닉슨 대통령의 방중 요청을 중국이 수락한다"는 내용을 담으려 했다. 닉슨이 먼저 요청하고, 이를 중국이 수용한 것으로 해 대국 중국의 자존심을 살리려 한 것이다. 키신저는 이걸 그대로 받아들일 수 없었다. 미국이 저자세로 중국에 정상 회담을 요청한 꼴이 되는 것이니 세계 최강대국 미국으로선 용납하기 어려운 것이었다. 협상은 제자리걸음을 계속할 뿐 진전되지 않았다.

7월 11일 회담 3일째 오전부터 만나 이 문제를 다시 논의했다. 베이징 덕으로 훈훈해진 분위기 덕분에 민감한 문제에 대한 긴 논의에도 양측은 협상을 계속 이어갈 수 있었다. 오래 얘기한 만큼 서로 정리의 필요성을 느끼게 되면서 구체적인 문안을 만드는 작업에 들어갔다. 머리를 맞대고 서로를 자극하지 않는 문장을 오래지 않아 만들어냈다. "닉슨 대통령이 중국 방문을 희망한다는 사실을 안 저우언라이 총리는 중화인민공화국 정부를 대표해 닉슨 대통령이 1972년 5월 이전 적당한 시기에 중국을 방문해 달라고 초청했고, 닉슨 대통령은 이 초청을 흔쾌히 받아들였다."

이렇게 정리했다. 미국이 방중 의사가 있음을 짐작하고 중국이 초청했으며, 이를 미국이 수용해 정상회담이 이뤄졌다는 애기였다. 미국도 중국도 모두 저자세는 피하고 자존심은 세울 수 있게 한 것이다. 그렇게 성명서 내용이 합의되면서 저우언라이와 키신저의 회담은 세기적 회담으로 남을 수 있게 되었다.

키신저는 3일간의 회담을 마치고 7월 11일 오후 1시 베이징을 출발했다. 파키스탄에 잠깐 들렀다가 이란에 도착한 키신저는 닉슨에게 전보를 보냈다. '유레카' 한마디뿐이었다. 회담이 성공하면 그렇게 전보를 보내기로 닉슨과 사전에 약속을 해두었다. 키신저가 미국에 돌아온 뒤 닉슨은 7월 15일 NBC를 통해 '내년(1972년) 5월 이전 적당한 시기에 중국을 방문해 관계 정상화를 논의한다'는 내용으로 회담 결과를 발표했다. 세계인들은 갑자기 큰 망치로 얻어맞은 것 같은 충격을 받지 않을 수 없었다. 그래서 그 발표는 지금도 '닉슨 쇼크'로 불린다.

키신저나 저우언라이나 모두 외교의 달인 반열에 오를 만한 인물들이다. 특히 저우언라이는 사회주의 실현이라는 이념적 지향점을 가진 중국이 세계로 그 활동 폭을 넓혀가도록 해야 한다는 어려운 일을 해나가는 입장이었다. 철저한 혁명가이면서 제왕과도 같은 이미지를 가진 마오쩌둥과 원만한 관계를 유지하면서 실제로 실현 가능한 외교정책을 만들고 실행하는 역할이 그에게 주어져 있었다.

그런 어려운 위치에 있으면서도 그는 국가의 미래 비전을 제시하고, 그 비전을 실현하기 위한 외교를 능숙하게 해나갔다. 어려운 일도 마다하지 않았다. 1971년 7월 15일 '닉슨 쇼크'에 북한도 긴장하고 있을 때 직접 북한으로 가 김일성에게 상황을 설명한 것도 저우언라이였다.

김일성도 그의 말이라면 신뢰하지 않을 수 없었다. 북한에 있는 유일한 외국인 동상이 저우언라이 동상이다. 북한과의 깊은 신뢰관계를 형성하는 데 도움을 줬음을 기념하기 위해 세워진 것이다. 함경남도 함흥의 흥남화학비료공장에 있다. 1958년 2월 저우언라이가 김일성과 함께 눈보라를 맞으며 이 공장을 방문한 적이 있어 여기에 동상이 세워지게 되었다.

저우언라이는 상대의 마음을 편안하게 해주면서도 고담준론에서 가벼운 이야기까지 종으로 횡으로 이야기를 이어가는 능력이 뛰어났다. 집중력과 인내력도 누구보다 강했다. 70이 넘은 나이에도 마라톤협상장에서 자세를 흩트리는 법이 없었다. 그가 가장 싫어하는 말이 '대충差不多'이었다. 중국 사람들이 가장 많이 쓰는 말 중 하나인 '대충'을 저우언라이를 정면으로 거부한 것이다. 하나부터 열까지 세밀하게 준비하고 철저하게 실행했다.

그래서 협상을 위한 준비에는 누구보다 용의주도했다. 중요한 외교 만찬이 있을 때는 식당에 들러 음식 준비 상황을 세밀히 살폈다. 어떤 음식이 어떻게 준비되고 있는지 체크하고 일일이 맛을 봤다. 그러고는 식탁에 앉아 국수 한 그릇을 청했다. 국수 맛으로 그날 음식이 전반적으로 잘 준비되고 있는지를 확인했다. 그리고 그걸로 요기를 했다. 실제 만찬장에서는 먹는 데 신경 쓰지 않고 상대의 식사와 대화에 오롯이 신경을 썼다. 맛있는 요리를 권하고 젓가락으로 직접 집어주기도 했다. 허기를 채우지 않아도 되니 마음의 여유를 가질 수 있었고, 외교적으로 꼭 해야 할 얘기를 잊지 않고 할 수 있었다.

'베이징 덕을 먹은 후 중국의 제안에 동의할 수밖에 없었다'

'주공토포 전하귀심周公吐哺 天下歸心'. 주공의 일화에서 나온 고사성어다. 기원전 12세기 강태공과 같은 천하의 인재를 얻어 주나라의 기초를 굳건하게 한 주나라 왕 주공은 손님이 찾아오면 먹던 것을 뱉고 손님을 맞았고, 그렇게 진심으로 사람을 대하다 보니 천하의 마음이 그에게로 돌아섰다고 한다. 『삼국지』에 조조의 시 「단가행」이 나온다.

이 시에 "산은 아무리 높아도 만족할 줄을 모르고, 바다는 아무리 깊어도 만족할 줄을 모르네. 주공이 먹던 것을 토하니 천하의 마음이 그에게 돌아섰구나山不厭高 水不厭深 周公吐哺 天下歸心" 하는 대목이 있다. 여기서 '주공토포 천하귀심'이란 유명한 말이 생겨났다. 중국 고전에 밝은 저우언라이는 이런 교훈을 토대로 진심을 다한 외교를 전개했고, 1971년 7월 키신저와의 회담에서도 그런 면은 유감없이 발휘되었다.

저우언라이-키신저 회담 이후 세계사는 이전과는 완전히 다르게 흘러갔다. 회담 3개월 후인 1971년 10월 25일 중국은 유엔의 회원국이 되었다. 타이완은 중국을 회원국으로 수용하는 유엔 총회 표결이 진행되기 직전 유엔 탈퇴를 선언했다. 이듬해 2월 닉슨은 베이징을 방문해 마오쩌둥과 정상회담을 가졌다. 미국 대표단의 방중 기간 동안 저우언라이와 키신저는 마라톤협상을 계속했다.

미국과 중국의 의견이 가장 첨예하게 대립한 부분은 '하나의 중국' 문제와 타이완에서의 미군 철수 문제였다. 미국 대표단이 베이징-항저우-상하이로 이동하는 동안 협상을 계속했다. 결국 합의는 상하이에서 이뤄졌다. '하나의 중국' 문제와 관련해서는 '타이완 해협을 사이에 둔 모든 중국인이 중국은 단 하나밖에 없다고 주장한다는 것과 타이완은 중국의 일부라는 것을 미국은 인식하고 있다.

1972년 2월 닉슨과 마오쩌둥의 역사적 만남. 이 만남 이후 세계사는
이전과는 다른 방향으로 흘러가기 시작했다.

미국 정부는 그 입장에 이의를 제기하지 않는다'라고 정리했다.

미군 철수 문제는 '양국은 타이완에서 미군 철수가 최종 목표
라는 점을 확인한다'로 매듭지었다. 이게 미중 관계사의 큰 변곡점
이 되는 '상하이 코뮈니케'의 핵심 내용이다. 이런 문안에 대해 구체
적으로 아이디어를 내고 정리하는 작업을 주도한 쪽은 키신저였다.
협상이 완료된 뒤 저우언라이는 키신저에게 "역시 박사가 쓸모가 있
군요"라고 너스레를 떨었다.

이런 과정을 거쳐 미국과 중국의 관계는 적대에서 협력의 관계
로 크게 변화했다. 미국은 여기에 머물지 않고 소련과의 전략무기
제한 협정도 적극 추진해 1972년 5월 닉슨이 모스크바를 방문해 브
레즈네프와 정상 회담을 갖고 협정을 체결한다. 이로써 세계는 냉전
일로에서 크게 방향을 바꿔 데탕트의 시대로 접어든다.

1979년 1월 1일 미국은 중국과 수교를 하고, 타이완과는 단교한다. 1월 28일 덩샤오핑이 미국을 방문해 미국과 중국의 협력을 본격화한다. 그해 5월에는 타이완 주둔 미군이 철수해 1954년 12월 3일 상호방위조약 체결 이후 유지해왔던 미국과 타이완의 군사 동맹은 실질적으로 종결된다.

세계 역사의 이 같은 전환점은 물론 당시 미국, 소련, 중국이 냉전의 물줄기를 바꿔야 한다는 필요성을 공유했기 때문에 마련될 수 있었다. 세계 정치는 누가 뭐래도 강대국 중심으로 흘러가고 있는 것이 사실 아닌가. 케네스 월츠가 제창한 구조적 현실주의라는 것이 그런 내용이다.

국제정치는 큰 구조에 의해 움직이는 것이고, 그 구조를 결정하는 것은 힘이 어떻게 분배되어 있는가 하는 것이라는 얘기다. 한 나라에 힘이 쏠려 있는 단극 체제이면 세계 정치는 그 나라를 중심으로 움직이는 것이고, 두 강대국이 양극 체제를 구축하고 있으면 그 양극에 의해 세계 정치는 결정적으로 영향을 받는다는 것이다. 1970년대 초는 미국과 소련 중심의 냉전 체제였고, 중국은 강대국이 되어가고 있었다. 이런 나라들이 냉전을 데탕트로 바꾸자 했으니 그렇게 된 것이라 할 수 있다.

하지만 디테일로 들어가 보면 중요한 모멘텀에서 중요한 역할을 한 회담들이 있고, 그 회담들에서도 결정적 대목들이 있다. 키신저가 미중 관계 개선을 생각하고 베이징에 갔지만, 저우언라이를 대화상대로 여기지 못했다든지, 회담의 과정에서 만난 장애를 극복하지 못하고 당초 목표를 조정하거나 포기했다든지, 이런 상황이 발생

2. 깊은 풍미의 외교

했다면 역사는 또 다른 모습으로 전개되지 않았을까.

회담이 난관에 봉착했을 때 저우언라이가 내놓은 베이징 덕 한 마리는 그런 장애를 극복하는 데 기여하는 정도의 역할은 충분히 한 것으로 여겨진다. 실제로 키신저는 몇 년 후 공개된 보고서에 "베이징 덕을 먹은 후 나는 어떤 제안에도 동의할 수밖에 없었다"고 실토했다. 좀 과장된 것 같기는 하지만 저우언라이의 진심 어린 대접을 받은 이후 키신저의 속마음이 어떻게 변화했는지를 그대로 털어놓은 표현으로 읽힌다. 그런 점에서 베이징 덕은 데탕트의 숨은 공로자라고 해도 크게 잘못된 얘기는 아닐듯하다.

중국-미국
해빙 촉진한
송아지 고기

미국의 발전상을 두 눈으로 관찰한 덩샤오핑

사회주의 중국을 건설한 지도자 마오쩌둥과 저우언라이는 미국에 가본 적이 없다. 둘 다 미국과의 관계 개선은 중국의 장기 발전을 위해 꼭 필요하다고 생각했고, 그래서 1970년대 초 실제 미국과 관계 개선을 이뤘지만, 죽을 때까지 미국을 가보진 못했다. 이들의 바로 다음 세대로 중국의 미래를 책임진 덩샤오핑은 달랐다.

직접 미국 땅을 밟아보고 미국의 발전상을 두 눈으로 관찰했다. 덩샤오핑이 처음 미국을 간 것은 1974년이다. 1966년부터 10년 동안 계속된 온건파(주자파) 타파 운동 문화대혁명(1966~1976)이 진행되는 동안 덩샤오핑은 주자파로 몰려 죽을 뻔했다. 저우언라이의 도움으로 간신히 죽을 고비를 넘기고 장시성의 트랙터 공장으로 하방을 갔다. 그러다가 복권된 것이 1973년 12월이다. 복권 역시 당시 총리 저우언라이의 도움으로 가능했다.

복권된 지 4개월 만인 1974년 4월 덩샤오핑은 미국에 갔다. 유엔의 특별 회의에 참석하기 위해서였다. 당시에는 마오쩌둥도, 저우언라이도 모두 살아 있을 때여서 이들의 결심이 없으면 덩샤오핑의 방미는 불가한 것이었다. 이들은 미국, 유엔과 보다 원만한 관계 형성의 필요성을 절감하고 있었고, 그 일을 해줄 사람으로 덩샤오핑이 최적이라고 생각한 것이다.

유엔을 찾은 덩샤오핑은 특별 회의에 참석해 "중국은 제3세계 편에 서 있으면서 패권 추구는 영구히 하지 않을 것"이라고 밝혔다. 당시 유엔 사무총장 발트하임의 안내를 받아 중국이 유엔 산하의 국제기구에 가입하는 문제들을 논의하기도 했다. 그렇게 덩샤오핑은 중국이 세계로 나아가는 길을 선두에 서서 개척하고 지휘하는 역할을 해나갔다.

덩샤오핑이 자신의 생각을 마음껏 펼치는 것은 1976년 마오쩌둥과 저우언라이의 시대가 저물어가면서부터이다. 저우언라이는 그해 1월, 마오쩌둥은 9월에 중국식 사회주의 완성의 꿈을 후세에 맡기고 사망했다. 권력은 덩샤오핑에게로 넘어왔고, 1978년 12월 제11기 중국공산당 중앙위원회 3차 전체회의(11기 3중전회)를 열어 개혁·개방 정책을 공식화했다.

그리고 이듬해 1월 1일 미국과 수교했다. 1971년 헨리 키신저가 극비리에 베이징을 방문해 미중 관계 개선에 합의하고, 1972년 닉슨-마오쩌둥 정상 회담으로 실제 관계를 개선한 뒤, 미국과 중국은 문화·경제 교류를 증진해오다 드디어 1979년 1월 1일 외교 관

중국의 개혁·개방 정책을 디자인한 덩샤오핑. 덩샤오핑은 문화대혁명 시절 주자파로 몰려 죽을 뻔한 위기에서 저우언라이의 도움으로 구사일생했다.

계를 완전 정상화한 것이다. 1월 28일에는 덩샤오핑이 미국 방문에 나선다. 1943년 중국의 퍼스트레이디 쑹메이링(중국 국민정부 주석 장제스의 부인)이 미국을 방문한 이후 가장 고위급 인사의 미국 공식 방문이었다.

덩샤오핑의 방미는 중국과 미국이 새로운 관계에 접어들었음을 세계에 알리고, 추후 중국이 미국을 향해 어떤 외교를 전개할지를 가늠해보기 위한 것이었다. 당시 덩샤오핑은 중국공산당 중앙위원회 부주석, 중국공산당 중앙군사위원회 부주석, 국무원 부총리, 인민해방군 총참모장의 직책을 가지고 있는 등 중국 통치의 실권을 틀어쥐고 있었다. 1월 28일 방미 길에 올라 9일 동안 미국에 머물면서 미국 대통령 지미 카터와 5차례 회담을 가지고, 미국의 주요 지도자들과 회담이나 주요 회견을 80여 차례나 했다.

덩샤오핑은 1월 28일 워싱턴에 도착해 즈비그뉴 브레진스키 국가안보 보좌관과 비공식 만찬을 하며 아시아의 문화, 미중 수교에 따른 타이완의 반발 등에 대해 의견을 교환했다. 29일 백악관에 들어선 덩샤오핑은 남쪽 잔디밭(사우스론)에서 열린 환영식에 참석한 뒤 바로 카터 대통령과 오전 오후 두 차례 회담을 가졌다. 중국의 인권, 소련의 확장주의에 대한 공동 대응 문제 등을 집중 논의했다. 미국과 중국 사이 세계정세를 놓고 벌인 회담인 만큼 서로 중압감은 컸다.

미·중 만찬의 메인 요리가 된 송아지 등심구이

하지만 양측은 소련이라는 적대국을 공유하고 있었고, 경제·문화·인적 교류에 있어서는 서로 필요성을 느끼고 있어서 우방국 사이의 회담처럼 진행되는 면도 있었다. 공식 회담이 끝난 뒤에는 덩샤오핑과 카터, 월터 먼데일 부통령, 사이러스 밴스 국무장관, 브레진스키 국가안보 보좌관, 그리고 통역 한 명만 참석하는 비밀 회담도 열렸다.

비밀 회담에선 중국의 베트남 공격 문제(1978년 12월 베트남이 캄보디아를 침공했고 이를 소련이 지지했다. 이를 계기로 베트남이 소련과 더 가까워지는 것을 막기 위해 중국은 베트남을 공격하려 했다. 실제 1979년 2월 17일 중국이 베트남을 공격한다)를 논의했다. 덩샤오핑은 공격의 필요성을 말했고, 카터는 평화의 파괴를 우려하면서 공격에 반대했다. 합의에 이를 수 없는 사안이었지만, 서로의 입장을 깊이 얘기하는 기회는 되었다.

무거운 회담이 끝난 다음 만찬이 이어졌다. 브레진스키의 말에 따르면, 이날 만찬은 카터 재임 중의 만찬 가운데 가장 품격이 높은 것이었다. 덩샤오핑의 요청에 따라 중미 관계 개선의 막을 연 리처드 닉슨 전 미국 대통령도 초대되었다. 카터는 중국 최고 실력자를 위해 다양한 음식을 준비했다. 생선 팀블(생선을 다져 틀에 넣어 구운 것), 사프란 라이스, 트라피스트 치즈, 브로콜리 스피어(끝을 뾰족하게 깎은 브로콜리), 꽃상추·물냉이 샐러드, 그리고 디저트로는 밤 무스와 초콜릿 트뤼플 등 성의를 다한 메뉴를 차렸다.

그중에서도 메인 요리는 송아지 등심구이였다. 덩샤오핑은 시고 매운 맛의 산둥 요리 오징어알국을 아주 좋아했지만, 송아지 등심도 그에 못지않게 좋아했다. 공군 군악대가 〈당신을 알아가고 있어요Getting to Know You〉를 연주하고 있는 가운데, 또 카터 대통령의 막내딸 에이미가 덩샤오핑의 애창곡을 중국어로 부르는 가운데, 덩샤오핑과 카터는 맛깔난 음식을 즐기면서 서로 가까워지는 기회를 가졌다.

미국 측은 워싱턴을 거쳐 조지아주 애틀랜타로 가서까지 끼니때마다 덩샤오핑의 식탁에 송아지 고기를 올렸다. 중국 못지않게 미국도 양국 관계의 발전이 필요했고, 덩샤오핑의 방미를 계기로 양국 관계의 업그레이드를 이루려 했다. 그래서 덩샤오핑이 뭘 좋아하는지, 특별히 싫어하는 것은 없는지 등등을 면밀히 조사했다. 덩샤오핑이 송아지 등심구이를 좋아한다는 사실을 파악한 후 식사의 메뉴는 이걸 중심으로 짰다. 덩샤오핑에게는 침을 뱉는 타구가 필요함도 알고, 필요한 곳에 타구도 준비해 두었다.

이런 세심한 배려가 중국 측을 만족스럽게 했고, 양측의 회담은 원활하게 진행되어 나갔다. 30일 다시 만난 덩샤오핑과 카터는 중국의 베트남 공격 문제를 더 깊이 논의했고, 31일 회담에서는 양국의 무역을 확대하기로 합의하고, 미국 내 중국 자산과 중국 내 미국 자산 동결 해제, 연락 사무소의 대사관 승격, 영사관 추가 개설, 학술 교류 확대 등에도 합의했다. 중국과 미국이 함께 발전하는데 필요한 정치·경제·문화적 교류를 크게 확대하기 위한 분명한 기반을 마련한 것이다.

이렇게 양국의 주요 협의 사항을 정리해놓고 덩샤오핑은 미국을 크게 한 바퀴 도는 여정에 들어갔다. 워싱턴에서 조지아주 애틀랜타로 갔다가 텍사스주 휴스턴, 워싱턴주 시애틀 등으로 미국을 U자형으로 돌았다. 미국의 발전상과 그 동력이 되는 현장들을 관찰하는 여정이었다. 방미를 논의하는 과정에서 만난 주중 미국 연락 사무소 소장 레너드 우드콕이 "미국 가서 보고 싶은 것이 무엇이냐"고 물었을 때에도 덩샤오핑은 "우주 탐사 시설과 기타 선진기술을 보고 싶다"고 말했다.

실제로 애틀랜타에서는 헨리 포드 2세 포드자동차 최고 경영자의 안내를 받아 포드자동차의 최신 생산 설비를 관찰했다. 조지아주지사 조지 버스비가 관저에서 만찬을 냈는데, 여기서도 메인 요리는 얇게 썬 송아지 고기였다. 조지아주에서도 미리 덩샤오핑의 식성을 면밀히 조사한 것이다. 덩샤오핑이 버스비에게 농을 건넸다. "미국인들이 매 끼니마다 송아지 고기를 먹는 줄은 몰랐다"라고. 농담이지만 덩샤오핑이 그렇게까지 말하자 이후 덩샤오핑의 식탁에 송아지 고기는 올라가지 않았다.

검은 고양이든 흰 고양이든 쥐만 잘 잡으면 된다

휴스턴으로 이동해서는 항공우주국 시설을 둘러보면서 우주선 시뮬레이터를 직접 타보기도하고, 최첨단 유정 굴착 시설도 참관했다. 시애틀에 가서는 보잉의 신형 제트 여객기 생산 시설을 탐방했다. 몇 년간 미국에서 생활하며 미국을 현장에서 배운 외교 부장 황화, 미국의 역사와 문화를 깊이 연구한 중국사회과학원 미국 연구소장 리선즈가 덩샤오핑의 곁에서 미국 공부를 도왔다. 덩샤오핑은 미

카터와 덩샤오핑은 1979년 1월 31일 양국 간 무역 확대, 미국 내 중국 자산과 중국 내 미국 자산 동결 해제, 연락 사무소의 대사관 승격, 영사관 추가 개설, 학술 교류 확대 등에 대해서 합의했다.

국의 선진 과학기술 개발의 현장과 밤에도 형형색색을 조명으로 빛나는 도시의 야경을 보면서 '미국을 따라잡아야 한다'는 마음을 새삼 가슴에 새겼다고 한다.

휴스턴에서 로데오 경기장에 들렀을 때에는 관객으로부터 카우보이모자를 스스럼없이 받아 쓰고, 마차를 타고 주변을 둘러보면서 친근한 모습을 보여주기도 했다. 당시 미국에는 아시아의 사회주의 국가 중국을 경계하는 분위기도 존재했다. 친타이완 세력은 중국과의 관계 개선에 반대하는 시위를 벌였다. 이런 상황에서 덩샤오핑의 소탈한 모습은 중국과 미국이 협력의 기반을 만들어 가는 데 큰 도움이 되는 것이었다.

미국에서 돌아온 덩샤오핑이 내놓은 것이 흑묘백묘론이다. 덩샤오핑은 '부관흑묘백묘不管黑猫白猫 착도로서捉到老鼠 취시호묘就是好猫', 즉 '검은 고양이든 흰 고양이든 상관없다 오로지 쥐만 잘 잡으면 좋은 고양이다'라며 흑묘백묘론을 강조했다.

덩샤오핑의 고향 쓰촨성에는 원래 '검은 고양이든 누런 고양이든 쥐만 잘 잡으면 된다(흑묘황묘[黑猫黃猫])'는 속담이 있다. 덩샤오핑을 이를 원용해 자본주의든 사회주의든 인민을 잘살게 하면 된다는 의미로 흑묘백묘론를 들고 나온 것이다. 이는 '능력 있는 자가 먼저 부자가 되라'는 선부론先富論과 함께 덩샤오핑식 개혁·개방 정책의 핵심 모토가 된다. 이런 구호와 함께 실용적인 경제 정책을 실행해 오늘날 G2 중국을 만들어낸 것이다.

방미 직후 우선 덩샤오핑은 미국 대학에 물리학, 공학 등을 배우도록 유학생을 파견했다. 5년간 1만 9,000여 명이 미국 유학길에 올랐다. 그때 배운 학생들이 중국 과학기술과 산업 발전의 핵심 인력이 되었다. 미국으로부터는 중국에 대한 최혜국 대우(무역에서 가장 좋은 조건을 제공하는 나라와 같은 수준의 대우를 해주는 것)를 얻어냈다. 이를 통해 중국은 미국과의 교역을 확대한다. 미국은 재계의 요구가 미중 경제 관계 확대였고, 중국을 세계경제 체제에 편입시켜 경제 개혁과 인권 신장을 추동할 수 있다고 보고 최혜국 대우를 줬지만, 중국에게는 무역을 늘려 경제를 성장시키는 중요한 계기가 되었다.

지금 세계는 미국과 중국이 투톱으로 경제와 국제 관계를 이끌면서 경쟁도 하고 있는 상황이다. 1970년대 초까지만 해도 이런 구도를 예측한 사람은 별로 없었다. 헨리 키신저 백악관 안보 보좌관이 1971년 비밀리에 중국을 방문해 미중 관계 개선 협상을 할 때만 해도 '중국을 더 키워야 한다'는 생각을 하고 있었다. '중국을 키워 소련을 견제하도록 하겠다'는 게 미국의 의도였다.

중국과 소련은 이념적으로는 사회주의를 공유하고 있었지만, 1956년 흐루쇼프의 스탈린 격하 운동 이후 갈등하기 시작했고, 이후에도 오랫동안 국경 분쟁을 계속했다. 그런 상황에서 커지는 중국은 소련의 경계 대상이 되고, 중국이 성장할수록 양국의 갈등은 심화되는 것이었다.

키신저는 그런 포석을 가지고 중국과의 관계를 개선했다. 중국 입장에서는 경제를 성장시키고, 국제사회에서 역할을 확대하기 위해서는 미국과 협력하지 않으면 안 되는 상황이었다. 1970년대 초가 미중 관계 개선의 출발이라면 1970년대 말 덩샤오핑의 방미는 협력의 단계를 한층 높이는 모멘텀이 되었다.

미국도 정치적 포석과 함께 경제적 협력의 필요성도 느끼고 있었다. 그래서 중국의 실권자 덩샤오핑을 성의를 다해 접대했다. 송아지 등심구이는 미국이 다한 성의의 상징적인 부분이었다. 상대의 기호를 살펴 그에 맞는 준비를 하면서 관계발전을 추구한 것이다.

이후 중국과 미국은 때론 갈등하고 때론 협력하면서 교류의 장을 차츰 넓혀왔다. 특히 정치와 인권 문제에서는 대립하면서도 경제 협력은 지속적으로 확대해왔다. 미국은 중국에 물건을 팔고 중국의 싼 제품들을 수입했다. 중국은 미국의 자본과 기술을 도입하고 미국에 물건을 팔아 경제를 성장시켰다. 다만 그 속도는 저개발국으로부터 상승 국면에 있던 중국이 훨씬 빨랐다. 그 결과가 지금의 미중 전략 경쟁이라는 세계 정치의 구도다. 관세나 지적재산권 등 경제 문제뿐만 아니라 북핵 문제, 남중국해를 놓고 심한 경쟁을 계속하고 있다.

경쟁은 날로 첨예화하는데 양국 간 긴밀한 협의는 잘 보이지 않는다. 덩샤오핑과 카터가 참모 몇 명만을 데리고 베트남 공격 문제를 깊이 논의하던 수준의 협의가 지금의 미중 사이에 과연 진행되고 있는 것일까? 그 가능성이라도 있는 것일까?

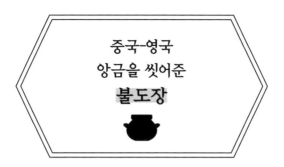

중국-영국
앙금을 씻어준
불도장

중국을 처음으로 방문한 엘리자베스 2세

서양의 역사를 보면, 세기별로 주역이 분명하게 바뀌어왔다. 15세기 서양의 중심은 포르투갈이었다. 16세기에는 스페인이 해군을 앞세워서, 17세기에는 네덜란드가 해양 무역으로, 서양 세계의 중심 역할을 했다. 18세기에는 프랑스가 강국이었고, 19세기에는 영국이 그 위치를 차지했다. 20세기가 되면서 서양 세계는 미국 중심으로 돌기 시작했고, 지금도 그 연장선상에 있다.

이렇게 서양의 주인공이 바뀌어오는 동안 동양은 다른 모습이었다. 기원전 221년 진나라가 중국 대륙을 통일한 이후 줄곧 동양의 중심은 중국이었다. 1840년 아편전쟁이 일어날 때까진 그런 흐름이 계속되었다.

18세기 말부터 영국은 인도산 아편을 중국에 팔았다. 아편이 대량으로 중국에 보급되면서 아편중독자가 증가해 큰 사회문제가 되어갔다. 관청과 군에도 아편중독자가 많아질 정도였으니 이만저만한 문제가 아니었다. 영국이 아편 대금으로 은을 가지고 나가자 중국에서는 은값이 올라 재정이 악화되고 경제 전반이 휘청거렸다.

이에 중국은 아편 수입을 금지했다. 그러자 1840년 영국이 중국을 공격했다. 중국은 영국군을 당해내지 못하고 패했다. 그 결과 1842년 영국 군함 위에서 난징조약이 체결되었다. 내용은 중국이 영국에 홍콩을 넘겨주고, 2,100만 달러의 배상금을 지급하며, 5개 항구를 개항한다는 것이었다. 난징조약으로 중국은 동양의 중심 지위를 잃었다. 이후 동양 세계의 강국은 일본이었다.

1945년 일본제국이 패망하고 1949년 중화인민공화국이 건국되면서 중국은 다시 동양의 중심 지위를 회복해간다. 일본과 경쟁하면서 아시아의 패권 지위를 확보하려는 노력을 계속한다. 1978년 덩샤오핑이 개혁·개방을 시작하면서 그 노력을 가속화한다. 1984년 홍콩 반환을 두고 영국과 실랑이를 벌였지만, 덩샤오핑이 일국양제(중국이라는 하나의 국가 안에 사회주의와 자본주의 두 가지의 제도가 모두 존재하도록 하는 것)라는 구상을 제시해 양국이 이에 합의하면서, 중국은 아편전쟁 이후 형성된 영국과의 불편한 관계도 청산하고 국제사회로 적극 진출한다.

1986년 중국이 엘리자베스 2세 영국 여왕을 베이징으로 초청한 것은 서양과의 화해, 세계로의 진출을 좀더 명료하게 하려는 적극 외교의 모습이었다. 영국은 중국으로 수출을 더 해야겠다는 생각을 하고 있었다. 당시 중국의 수입은 연간 550억 달러에 달했고, 그

액수는 빠른 속도로 증가하고 있는 상황이었다. 영국은 늘어나는 중국의 수입에 편승해 자국의 수출을 더 늘리겠다는 전략을 가지고 있었다. 이러한 양국의 필요에 따라 이뤄진 엘리자베스 2세의 중국 방문은 1986년 10월 12일부터 18일까지였다.

영국 왕의 첫 방중이었다. 방중 셋째 날 중국의 최고 지도자 덩샤오핑이 직접 여왕을 위해 만찬을 마련했다. 덩샤오핑은 당시 중국공산당 중앙군사위원회 주석직을 유지하며 중국을 통치하고 있었다. 만찬 장소는 댜오위다오釣魚臺 18호각이었다. 댜오위다오는 베이징 북서부에 있는데, 13세기 금나라 때부터 황제의 낚시터로 이용되다가 18세기 청나라 건륭제가 행궁으로 조성한 곳이다.

1986년 10월 영국 왕으로서는 중국을 처음으로 방문한 엘리자베스 2세. 덩샤오핑은 여왕을 위해 직접 만찬을 마련했다.

2. 깊은 풍미의 외교

1950년대 말 저우언라이 총리가 국빈 영빈관으로 개축해 지금은 주요 외교행사에 두루 활용되고 있다. 세계와의 대화를 중시한 실용주의자 저우언라이의 멀리 보는 안목을 확인할 수 있는 곳 중 하나가 아닐 수 없다. 베이징의 중앙에 있는 중난하이中南海가 중국 공산당 중앙당사, 주석 집무실, 국무원 청사 등이 위치해 있는 중국 내치의 심장이라면, 댜오위다오는 중국 외치의 중심이라고 할 수 있겠다.

중국인에게 마오타이는 술이 아니라 문화다

댜오위다오에는 모두 16동의 별채가 있는데, 정문에서 시계 반대 방향으로 2호각부터 18호각까지 들어서 있다. 1호각과 13호각은 없는데, 영국이나 유럽 대륙에서 1층이란 용어를 사용하지 않는 점, 서양인들이 예수가 십자가에 못 박힌 13일을 싫어하는 점을 고려한 것이다.

16개 별채 중에서도 18호각은 특급 영빈관으로 총통루라는 별칭이 붙어 있다. 우리나라의 노태우·김영삼·김대중·노무현·이명박·박근혜 대통령이 방중 당시 머물렀고, 김일성 주석, 김정일 국방위원장, 리처드 닉슨 미국 대통령도 묵었던 곳이다. 김정은 북한 국무위원장도 2018년 3월 첫 방중 당시 여기에 묵으며 시진핑 중국 주석과 오찬 회담을 했다.

18호각 바로 옆에 있는 17호각은 문화대혁명 당시 혁명의 주도 세력이었던 장칭, 장춘차오, 야오원위안, 왕훙원 등 4인방이 모여 앉아 덩샤오핑 등 중국공산당 내 온건파 제거 방안을 논의하던 곳으로 유명하다.

혁명의 전위대 청년 조직인 홍위병과 4인방으로부터 자본주의를 추구하는 주자파로 몰려 실각했던 덩샤오핑은 1976년 4인방이 몰락하면서 재기에 성공해 실권을 장악하고 중국을 개혁·개방으로 이끌었다. 그런 사연이 있는 17호각 바로 곁의 18호각에서 덩샤오핑은 영국의 여왕을 초대해 중국이 국제사회에 주도적으로 참여하는 의식을 치른 것이다.

덩샤오핑이 영국 여왕을 위해 마련한 만찬의 메인 요리는 불도장佛跳牆이었다. 길 가던 스님이 냄새를 맡고 담을 넘을 수밖에 없었다는 요리다. 샥스핀과 전복, 해삼, 자라, 잉어 부레, 조개, 새우, 사슴 꼬리, 비둘기 알, 메추리 알, 돼지 힘줄, 닭 염통, 오리 염통, 닭고기, 오리고기, 죽순, 구기자, 동충하초, 표고버섯, 용안, 인삼 등 30여 가지의 재료를 중국의 명주 가운데 하나인 소흥주가 담긴 항아리에 넣고 연잎으로 밀봉해 약한 불에 다섯 시간 정도 달여서 만들어낸다.

로널드 레이건과 캄보디아 국왕 시아누크가 1984년 베이징을 방문했을 때에도 만찬의 메인 메뉴가 불도장이었다. 덩샤오핑은 신맛의 오징어알국을 좋아했지만, 서양인들도 좋아할 만한 음식 불도장으로 여왕을 접대했다.

중국식 진미를 함께 즐기면서 덩샤오핑은 여왕에게 음식의 이름, 그에 얽힌 스토리를 함께 얘기했을 것이다. 외교에서 음식이 힘을 발휘하기 위해서는 스토리가 엮여 있어야 한다. 스토리를 섞어 음식을 얘기하고, 그 음식을 함께 음미하면서, 그와 연결된 상대국의

2. 깊은 풍미의 외교

음식, 상대국의 스토리를 함께 주고받으면서 공감을 형성해가도록 하는 것이 외교에서 음식의 역할이다. 불도장은 그러기에 안성맞춤이 아닐 수 없다. 여왕은 불도장을 맛보며 아주 좋아했다.

게다가 덩샤오핑은 20여 년 동안 소장하고 있던 마오타이를 여왕 앞에 내놓았다. 마오타이는 중국의 국주國酒라고 할 만큼 중국 사람들이 사랑하는 술이다. 특히 중국공산당이 초기에 조직한 군대 홍군紅軍의 주역들은 당의 명운을 건 대장정(1934.10.~1935.10.)의 길에서 구이저우성 마오타이진에서 그곳에서 만들어지는 마오타이를 맛볼 수 있었다.

마을 주민들의 것은 털끝 하나도 손대지 않는다는 홍군의 원칙에 따라 홍군은 주민들이 빚은 술에 눈길을 주지 않았지만, 주민들이 홍군에게 술을 건네주었다. 국민당군에 쫓겨 산 넘고 물 건너 목숨 건 행군을 계속하는 중 맞은 마오타이의 맛은 세상의 그 어떤 것과도 견줄 수 없을 정도였을 것이다. 그걸 마시고 홍군 병사들이 힘을 냈다. 게다가 알코올 도수가 50도가 넘는 마오타이는 홍군 병사들의 상처를 치료하는 데에도 큰 역할을 했다.

1949년 중국공산당이 국민당을 타이완으로 몰아내고 중화인민공화국을 창건한 이후에도 이들은 마오타이를 잊지 못했다. 초대 총리를 맡은 저우언라이는 1935년 대장정 당시 맛본 마오타이를 잊을 수 없어 1950년 건국 기념 연회를 준비하면서 구이저우성에 직접 전화해 마오타이를 준비했다.

이후 마오타이는 중국의 주요 행사에 빠지지 않는 필수품이 되었다. 홍군, 마오타이 지방의 붉은 토양, 여기서 나는 붉은 수수, 그

덩샤오핑이 엘리자베스 2세를 위해 마련한 만찬의 메인 요리 불도장.
약 30여 가지의 재료를 중국의 명주 가운데 하나인 소흥주가 담긴
항아리에 넣고 연잎으로 밀봉해 약한 불에 다섯 시간 정도 달여서 만들어낸다.

것으로 만드는 마오타이의 붉은 병, 붉은 바탕의 중국과 중국공산당
깃발, 이 모든 하나로 연결되어 중국 문화의 주요 부분이 되었다.

중국인에게 이제 마오타이는 술이 아니라 문화다. 그래서 마
오타이는 중국 외교의 현장에 중국 문화의 한 부분으로 참여한다.
1954년 제네바 정치 회의에도, 1972년 미중 정상회담 시에도,
1984년 홍콩 반환을 위한 덩샤오핑-대처 회담에도 마오타이는 빠
지지 않았다.

런던에서 가장 비싸게 팔리는 요리가 된 불도장

스님을 파계시킨 불도장, 중국의 문화 마오타이가 있는 1986년

10월의 만찬은 화기애애했다. 덩샤오핑은 중국이 그리는 미래를 차분하게 얘기했고, 여왕은 중국의 최고 지도자가 인민을 새롭고 웅대한 미래로 이끌어가기 위해 보여준 열정과 능력에 깊은 감명을 받았다. 농담도 주고받고 가벼운 얘기도 나눴다.

당시 베이징 날씨가 건조했는데, 이를 두고 덩샤오핑은 "런던처럼 촉촉한 날씨라면 더 좋았을 텐데……"라고 말하면서, 1920년대 프랑스 유학 시절 얘기를 꺼냈다. "파리의 에펠탑에 두 번이나 올라갔었어요. 꼭대기에 가면 런던을 볼 수 있다고 해서요. 그런데 두 번 다 날씨가 안 좋아서 런던은 못 봤어요"라고 말했다. 이에 여왕은 "날씨가 좋았어도 못 봤을 거예요. 너무 멀거든요"라고 응해 줬다. 혁명가적 낭만성의 덩샤오핑, 합리적 성격의 엘리자베스 2세가 좋은 음식을 놓고 이런 가벼운 얘기를 주고받았던 것이다.

여왕은 베이징에 오기 전 중국과 덩샤오핑에 대해 많은 자료를 보면서 사전 조사를 했다. 중국의 역사와 중국인의 관습뿐만 아니라 덩샤오핑의 습성에 대해서도 사전 스터디를 많이 했다. 젓가락질까지 몇 개월 동안 집중적으로 연습했다. 덩샤오핑이 줄담배를 피우고, 브릿지 게임을 좋아한다는 것도 알고 있었다.

만찬 중 담배를 못 피워 답답해하는 덩샤오핑을 보고는 피워도 된다고 했다. 덩샤오핑은 너무 행복해하는 얼굴로 담배 한 대를 피웠다. 물론 분위기는 더 좋아졌다. 덩샤오핑이 옆에 둔 타구唾具에 침을 뱉어도 미동하지 않았다. 남편 필립 공이 눈치 없이 크게 웃는 것과는 너무 대조되는 모습이었다. 최고 수장들의 식탁 위 가벼운 외교를 통해 그렇게 중국과 영국은 과거의 역사 속에 가라앉아 있는 앙금을 조금씩 씻어내고 있었다.

여왕은 화려한 만찬뿐만 아니라 중국의 역사와 문화에 대한 이해의 폭을 넓히려는 모습도 보여줬다. 자금성, 만리장성 등 베이징의 자랑거리들을 두루 둘러보았다. 시안西安의 진시황릉을 방문해 병마용에 감탄하기도 하고, 멀리 남쪽의 윈난성까지 찾아가 소수민족 여성들과 함께 사진을 찍기도 했다. 여왕의 남편 필립의 요령부득, 눈치 부재는 옥에 티였다.

덩샤오핑이 타구에 침을 뱉을 때 크게 웃어서 분위기를 좀 어색하게 했던 필립은 시안을 방문했을 때 유학 중인 영국학생들을 만났는데, 그 자리에서 농담을 한다는 것이 "여기서 오래 지내면 짝 째진 눈이 된다"라고 말해버렸다. 서양인들이 아시아인을 경멸적으로 표현할 때 '째진 눈'이라고 한다. 필립은 그런 표현을 외교적으로 중요한 시기에 해버렸다. 그런데도 중국은 특별한 반응을 내놓지 않았다. 중국은 국제사회로 외교 지평을 넓혀나가려는 심모원려를 하고 있었고, 그 길을 가는 데에서 만나는 작은 장애들은 그냥 훌쩍 넘어가고 있었다.

방중 당시 한 번은 엘리자베스 2세가 중국 고위 관리들을 위해 만찬을 냈다. 국가원수가 어느 나라를 방문하면 상대국에서 오찬과 만찬을 준비하는 경우가 많지만, 방문하는 쪽에서도 한 번씩은 낸다. 영국이 준비한 것이니 서양식이었다. 식사와 함께 핑거 볼finger bowl이 식탁 위에 올라왔다. 식사 후 손으로 과일을 먹는 경우 손가락을 씻을 수 있도록 마련된 물그릇이 핑거볼이다.

중국의 한 고위 관리가 이를 마시는 물로 알고 마셔버렸다. 이를 본 여왕은 태연하게 핑거 볼을 들고 물을 마셨다. 중국 관리를 무안하지 않게 하려는 순간적 기지였다. 물론 핑거 볼을 들고 마시는 것은 궁중 에티켓에는 크게 어긋나는 것이다. 하지만 여왕은 에티켓에 얽매이는 것보다는 상대를 배려하는 것이 우선이라고 생각한 것이다. 그렇게 음식, 문화재, 생활 현장, 배려의 마음이 연결되면서 외교는 이루어지고 있었다.

1986년 엘리자베스 2세 방중 당시 외신들을 찾아보니 불도장이 영어로는 'Buddha Leaping Over the Wall'이라고 번역되어 있다. 사연 설명을 덧붙이지 않으면 무슨 소린가 하는 서양인들이 부지기수였을 것 같다. 이름에 얽힌 사연을 알고는 입가에 엷은 미소를 지은 사람들도 많았을 것이다. 여왕의 방중과 불도장이 세계 언론에 많이 소개되면서 불도장은 더 유명해졌다. 여왕 방중 직후 한동안 불도장은 런던에서 가장 비싸게 팔리는 요리가 되었다.

불도장은 그 이름이 재밌어 더 유명해진 음식이다. 그런데 실제 스님이 담을 넘어서 생긴 이름일까? 그렇지는 않다. 다른 중국의 유명 요리가 수백 년 또는 수천 년의 역사를 가진 것과는 달리 불도장은 청나라 말기인 19세기 말에 생겼다. 푸젠성의 성도 푸저우 지역의 화폐 관리 담당 기관인 관전국(官錢局: 오늘날 중앙은행의 지점에 해당하는 기관)의 관리가 성을 다스리는 포정사布政司의 마음을 사기 위해 만들어낸 음식이라고 한다.

맛으로 포정사를 감동시키려 했으니 고급재료를 아낌없이 사용해 만들었던 것이다. 이 음식의 맛에 반한 포정사가 성의 관청 요리사에게 이 요리를 배우게 했다. 이 요리사가 나중에 독립해 식당을 차린 뒤 그 요리를 그대로 만들어 팔았다. 그러면서 이 요리가 푸저우 지역에 널리 알려지게 되었다. 어느 날 이 요리를 먹고 감동한 손님이 시 한 편을 지었다.

항아리 뚜껑을 여니 감미로운 향취 사방에 퍼지고壇啟葷香飄四鄰
향내 맡은 스님 참선 포기하고 담장을 뛰어 넘네佛聞棄禪跳墻來

해학적이고 은유적인 내용의 이 시를 통해 불도장이라는 운치 있고 재미있는 이름이 생겨난 것이다. 이렇게 재밌는 사연을 가진 불도장은 그 맛과 스토리로, 중국과 영국이 과거 역사의 상처를 치유하는데, 또 중국이 국제사회로 더 활기차게 나아가는데, 유쾌하게 기여했다고 할 수 있겠다.

이란 핵문제
풀어준
이란 빵 라바쉬

친미·친영 노선을 견지한 팔레비 국왕

이란은 지금 우리가 보기엔 그저 그런 나라인 것 같지만, 찬란한 문화와 역사를 자랑한다. 이란의 역사는 기원전 550년 세워진 페르시아제국에서 시작한다. 페르시아는 지금의 터키에서 인도의 인더스 강에 이르는 광대한 지역을 호령했고, 그리스까지 점령하기 위해 페르시아전쟁을 일으키기도 했다.

기원전 490년과 480년 두 차례 원정에 실패하면서 그리스 점령에는 실패했다. 이후 셀레우코스, 파르티아, 사산, 사파비, 카자르, 팔레비 등 수많은 왕조를 거치면서 1979년까지 왕국을 유지하다가, 1979년 이슬람 혁명이 일어나 회교 신정체제가 되었다.

이란은 사우디아라비아와 함께 중동의 2대 강국으로 지역 질서에 지대한 영향을 미치고 있다. 사우디아비아는 이슬람 수니파의 리더로, 이란은 시아파의 종주국으로 중동에 버티고 서 있다. 미국이 사우디아라비아와 손잡고 중동을 관리하려 하면서 이란은 미국과 맞서 있다. 하지만 미국과 척진 것이 그리 오래된 것은 아니다.

1939년 제2차 세계대전이 발발하자 이란은 중립을 선언했다. 하지만 연합국이 가만두지 않았다. 연합국의 물자는 주로 미국이 지원했는데, 미국에서 영국으로 건너온 물자를 소련으로 전달하는 통로로 이란이 필요했다.

그래서 1941년 영국과 소련이 이란을 점령했다. 연합국의 병참기지 역할을 수행했지만, 제2차 세계대전 중 이란 경제는 악화돼 생필품 부족과 물가 급등으로 국민들의 생활은 아주 어려워졌다. 그 바람에 외국 혐오와 민족주의는 강해졌다. 전쟁이 끝난 뒤 이런 요구는 더 높아졌다. 팔레비 국왕은 민족주의자 모하마드 모사데크를 총리로 임명해야 했다. 1951년의 일이다. 모사데크는 취임 직후 유전 국유화를 단행해 민족주의적 경제 발전 전략을 추진했다.

당시 영국의 '영국-이란 석유사'가 이란의 유전 대부분을 관리하고 있었는데, 이 회사의 자산이 모두 '국영이란석유사'로 흡수되었다. '영국-이란 석유사'가 졸지에 엄청난 피해를 보게 된 것이다. 이렇게 되자 영국은 이란 석유 수입 금지 등 경제 제재를 시작했다. 뿐만 아니라 미국과 손잡고 모사데크 제거에 나섰다.

미국의 중앙정보국CIA이 적극 개입했다. 이란의 정치인과 언론인, 성직자를 매수해 반反모사데크 선동 작업을 펼쳤다. 거물 폭력배들을 사주해 방화, 약탈을 자행하도록 했다. 폭력 시위도 일으켰다. 혼란을 빌미로 군부가 모사데크 축출 쿠데타를 일으키도록 했다.

2. 깊은 풍미의 외교

팔레비 왕조에서 총리로 임명된 모사데크는 취임 직후 유전 국유화를 단행하는 등 민족주의적 경제 발전 전략을 추진하다가 영국과 미국에 의해 축출당했다.

팔레비 국왕도 모사데크와는 충돌하고 있었으니 CIA의 모사데크 축출 작전을 반대할 이유가 없었다. 쿠데타는 성공했고, 모사데크는 체포되었다. 1953년 8월이었다(이후 모사데크는 반역죄로 유죄판결을 받고 감옥살이를 하다가 1956년 석방되어 가택 연금 상태로 지내다 1967년 사망했다).

모사데크 축출 후 팔레비 국왕은 친미·친영 노선을 철저히 견지했다. 주요 정당을 해산하고 언론을 통제했으며 비밀경찰을 통해 반대파를 탄압했다. 1963년에는 토지 개혁을 실시해 토지를 기반으로 수백 년 동안 지배적 지위를 유지해오던 성직자들의 힘을 떨어뜨렸다. 물론 성직자들은 반발했다. 아야톨라 호메이니가 그들의 리더였다. 그는 곧 가택 연금되었고 정부의 탄압에 국외로 망명해야 했다. 팔레비는 미국의 후원 아래 독재 정권을 유지했지만, 국민의 지지는 약해졌고, 1976년부터는 경제 상황이 악화되었다.

이에 따라 국민들의 반정부 시위가 시작되었고, 정부가 유혈 진압에 나서면서 상황은 더욱 악화되었다. 1979년에 이르러서는 높아지는 하야 압력을 이기지 못하고 팔레비가 망명길에 오르고, 1979년 2월 호메이니가 귀국해 이란의 지도자가 되었다. 이슬람 혁명이 성공한 것이다.

이슬람 혁명과 이란·미국의 냉전

1950년대부터 팔레비 왕은 미국과 경제적·정치적 협력뿐만 아니라 원자력 개발을 위한 협력도 적극 진행했다. 1953년 아이젠하워 미국 대통령이 '평화를 위한 원자력Atoms For Peace' 정책으로 평화적인 원자력 활용 기술을 제공하면서, 이란도 1957년 미국과 원자력협정을 체결하고 원자력 개발을 시작했다. 미국의 지원으로 연구용 원자로도 건설했고, 1968년에는 핵확산금지조약NPT에 서명했다. 미국의 도움으로 핵을 이용한 에너지 개발을 적극화한 것이다.

하지만 1979년 이슬람 혁명으로 양국 관계는 완전히 달라졌다. 이슬람 지도자 호메이니가 이란의 최고 지도자가 된 데다가, 1979년 11월 이란 대학생 500여 명이 테헤란의 미국 대사관 담을 넘어가 점거하는 사건이 발생했다. 이란 사람들은 당시 미국 대사관을 '간첩의 소굴Den of Espionage'로 보고 있었다.

학생들의 요구는, 췌장암 치료차 미국에 입국한 팔레비를 인도하라는 것이었다. 미국이 그의 권좌 복귀를 도모할지도 모르니 아예 팔레비를 자신들한테 보내라는 것이었다. 학생들의 요구에는 뿌리 깊은 반미 감정이 배어 있었다. 민족주의자 모사데크를 축출하고, 독재자 팔레비를 지원한 미국에 대한 진한 반감이었다.

미국은 팔레비 인도 요구를 들어주지 않았다. 학생들은 미국 외교관 등 90명을 인질로 잡고 버텼다. 여성과 흑인 군인 등을 풀어주기도 했지만 52명을 붙들고 해를 넘겼다. 미국은 1980년 4월 이란과 국교를 단절했다. 그리고는 곧 구출 작전을 실시했다. 하지만 완전실패였다. 이란 동남부 사막지대를 통해 특공대원을 비밀 침투시키는 작전이었는데, 헬기와 수송기가 모래폭풍에 꼬꾸라지는 바람에 대원 8명이 사망했다.

세계 최강대국 미국의 자존심이 땅에 떨어졌고, 그만큼 미국의 이란에 대한 적대감도 커졌다. 사태는 로널드 레이건의 미국 대통령 취임일인 1981년 1월 20일 이란이 인질을 석방하면서 해결되었다. 1980년 9월 이란-이라크 전쟁 발발로 이란이 미국과 극한 대립 관계를 끌고 갈 수 없게 되어 인질을 풀어준 것이다.

인질 사건은 그렇게 일단락되었지만 이란-미국 관계는 계속 냉전이었다. 미국이 이란에 대해 경제 제재를 가하면서 갈등 관계가 계속되었고, 2002년 말에는 이란 반정부 단체의 폭로로 이란이 비밀 핵 프로그램을 진행해온 것이 드러났다. 미국과의 적대 관계, 이라크로부터의 안보 위협, 이스라엘의 핵무장 등의 요인이 종합적으로 작용하면서 이란이 핵 개발에 나선 것이다.

이란의 핵 프로그램이 수면 위로 떠오르면서 이란-미국 관계는 더욱 악화되었다. 미국의 경제 제재는 강화되었고, 미국과 보조를 맞춘 유럽연합EU은 이란의 원유 수출을 어렵게 함으로써 이란을 압박했다. 원유 수출은 유조선을 통해 이뤄지는데, 유조선은 운송 보험에 가입해야 움직일 수 있다. 그런데 운송 보험사의 90퍼센트 정도가 EU 국가들의 것이다. 이 EU 운송 보험사들이 이란 원유를 실은 유조선의 운송 보험을 중단해 이란의 원유 수출을 막은 것이다.

이란은 현금 수입의 80퍼센트를 원유에 의존하는 전형적인 '지대추구 국가'다. 지대는 원래 토지를 이용하는 대가를 의미하는 말이지만, 현대 경제학에서는 특혜적 지원이나 독점 이윤, 독점적 소유를 의미한다. 지대추구는 특혜나 독점권을 얻기 위해 약탈, 방어, 소송, 로비 등의 행위를 하는 것을 말한다. 지대추구 국가는 이런 지대추구를 통상적으로 하고 있는 나라를 말한다.

이란은 국가권력을 이용해 원유 독점이라는 특혜를 누리고 있

이란에서 1979년 이슬람 혁명이 성공하면서 미국과 이란의 관계는
파국을 향해 치달았다. 미국은 1980년 4월 이란과 국교를 단절했으며,
이란과 미국은 냉전에 돌입했다.

2. 깊은 풍미의 외교

고, 이를 유지하기 위해 다양한 수단들을 동원하고 있다. 원유 독점의 특혜를 기반으로 하는 이란은 원유 수출이 막히는 순간 경제난을 맞게 되어 있다. 미국과 유럽의 경제 제재가 계속되면서 실제 2000년대 이란은 심한 국민소득 감소, 높은 실업률, 높은 인플레이션으로 고통을 겪었다. 국민의 삶은 피폐해졌고, 국민의 정부에 대한 불만은 그에 비례해 높아졌다.

이런 상황에서 이란은 2013년 대통령 선거를 맞았다. 국민들은 새로운 정권을 원했다. 하지만 기득권 세력인 강경 보수파 후보들은 다시 권력을 잡기 위해 다퉜다. 후보가 난립했다. 반면 온건파는 하산 로하니로 후보를 단일화했다. 새로운 정권을 원하는 국민의 바람과 후보 단일화가 맞물리면서 로하니는 대선 승리를 거머쥐었다.

자리프, "점심을 같이 먹자"

로하니는 취임 후 온건파답게 개혁·개방을 통한 경제성장을 바로 추진했다. 공기업을 민영화하고 외자 유치를 적극 추진했다. 서방의 경제 제재를 해제시키기 위한 외교도 적극 추진했다. 이를 위해 핵 문제 해결에도 적극 나섰다.

2013년 8월 출범한 로하니 정부는 두 달 후인 10월 핵 협상을 시작했다. 상대는 P5(미국, 영국, 프랑스, 중국, 러시아)+1(독일)였다. 서로 간 불신이 깊은 만큼 첫술에 배부를 수는 없었다. 양측이 원칙적인 입장만 확인하는 정도에서 초기 협상은 마무리 될 수밖에 없었다.

하지만 양측은 이후 줄곧 만났다. 스위스의 제네바와 로잔, 몽

트뢰, 오스트리아의 빈, 오만의 무스카트 등에서 수십 차례 협상을 이어갔다. 때로는 6개 당사국이 모두 모였고, 때로는 이란과 미국, EU의 대표가 만나기도 했다. 이란과 미국이 양자 협상을 벌이기도 했다. 양국 대표들은 늦은 밤에 언쟁을 벌이기도 했고, 그러다가 협상이 완전히 붕괴될 위기를 맞기도 했다. 미국의 공화당과 이스라엘은 협상을 방해하기도 했다.

그런 난관을 넘어서면서 협상이 지속될 수 있었던 데에는 여러 가지 요인이 작용했다. 그 가운데 하나가 미국의 국무장관 존 케리와 이란의 외교 장관 모하메드 자리프 사이에 시나브로 형성된 신뢰 관계였다. 둘은 2013년 9월 유엔 본부에서 처음 만났다. 복도에서 우연히 마주쳤다. 가벼운 인사를 하고 헤어질 찰나, 케리가 비어 있는 회의실로 자리프를 데리고 들어갔다. 안전보장이사회 회의실이었다.

거기서 둘은 30분 정도 얘기했다. 양국 사이 우선적으로 협의해야 할 문제, 그 협의를 위한 과정 등 실질적인 얘기를 주고받았다. 개인적인 얘기도 주고받으며 서로를 이해해가는 계기도 마련했다.

케리 자신이 외교에 있어서 개인적인 관계를 중시하는 사람이다. 국가 간의 관계가 어려운 시기이더라도 외교관들 사이 신뢰 관계가 있으면 문제를 좀더 쉽게 풀어갈 수 있다는 생각을 가지고 있다. 그런 차원에서 케리는 자리프와 처음부터 단 둘이 얘기하는 자리를 만든 것이다. 자리프도 베테랑 외교관으로, 비슷한 인식을 가지고 있고, 그래서 케리와의 대화에 처음부터 적극적이었다.

P5+1이 한쪽 당사자로 이란과 상대하는 것은 보통일이 아니었

다. P5+1 내의 나라들이 모두 의견이 달랐다. 협상을 진행할수록 이견은 더 도드라졌다. 그래서 케리는 미국이 먼저 이란과 협상하고, 이를 다른 나라들이 추인하는 방식으로 핵 협상을 진행해 나갔다. 2014년 말부터 2015년 초까지 오만의 무스카트, 스위스 제네바 등을 돌며 협상을 계속해 양측의 입장이 조금씩 좁혀져 가고 있었다.

2015년 3월 중순에는 스위스 로잔에서 P5+1과 이란이 만났다. 미국이 이란과 협상한 것을 영국, 프랑스, 독일, 중국, 러시아에 설명하고, 의견이 갈리는 부분은 조율하기 위해서였다. 핵심 의제는 최종적으로 P5+1은 무엇을 얻으려 하고, 이란은 또 궁극적으로 무엇을 성취하려 하는지를 분명히 정리하는 것이었다. 3월 27일 미국과 이란이 입씨름을 계속했다. 그런데 이란이 주요 사항 하나를 아예 협상 테이블에서 빼버리려 했다.

다음 날인 28일에는 P5+1이 모두 만나 조율하기로 되어 있었다. 이 주요 사항이 빠진 안을 영국, 프랑스, 독일, 중국, 러시아가 수용할 리 만무했다. 케리는 27일 밤 10시 자리프의 호텔방으로 찾아갔다. 단 둘이 협의했다. 케리는 "지금 우리 둘이 진전을 이루지 못하면 핵 협상 자체가 물 건너가게 된다"고 설득했다. 끈질긴 케리의 설득에 자리프는 그 주요 사항을 다시 테이블 위에 올려놓는 데 동의했다. 덕분에 6일 후 P5+1과 이란은 점정 합의에 이를 수 있었다.

잠정 합의를 최종 합의로 익혀내는 것도 어려운 일이었다. 2017년 5월 말 미국과 이란이 다시 스위스 제네바에서 만나 협상을 이어갔다. 최종 단계인 만큼 양측의 집중도는 더 높아졌다. 그런 만큼 양측의 신경전도 심해졌다. 자리프는 협상 도중 벌떡 일어나 "이

방에서 나가겠다"고 소리치기도 했다. 케리가 갑자기 탁자를 내리치는 바람에, 날아간 펜이 이란 협상단 중 하나를 맞히기도 했다. 좀체 동요하지 않는 케리에게서는 보기 드문 모습이 아닐 수 없었다.

협상 교착에 실망한 케리는 5월 31일 자전거를 타고 제네바를 출발해 프랑스 쪽으로 넘어갔다. 알프스산맥의 계곡으로 나 있는 길을 따라 가다 도로 경계석을 들이받고 자전거에서 떨어졌다. 그 바람에 오른쪽 대퇴골이 부러지는 중상을 입었다. 헬기로 제네바로 긴급 이송되어 치료를 받은 뒤 보스턴에서 수술을 받았다. 한동안 목발을 짚고 다녀야 했다.

케리와 자리프는 6월 28일 최종 협상을 위해 오스트리아 빈에서 다시 만났다. 협상은 또 진통을 계속했다. 6월 30일을 데드라인으로 정하고 집중 협상을 벌였지만, 데드라인은 지켜지지 못했다. 그렇게 마지막 진통을 계속하던 중 자리프가 깜짝 제안을 했다. 다름 아니라 "점심을 같이 먹자"는 것이었다. 20여 개월 동안 이란과 미국은 장소를 바꿔가며 협상을 계속했지만, 한 번도 밥을 같이 먹은 적이 없었다.

"매일 먹는 미국식 식사보다 열 배는 더 좋았다"

미국의 독립기념일인 7월 4일 자리프가 케리를 비롯한 미국 협상 팀을 빈의 이란 음식점으로 초대했다. 자리프와 케리는 이란 음식을 가운데 놓고 망중한을 즐겼다. 주 메뉴는 라바쉬였다.

아르메니아에서 기원해 지금은 이란, 아제르바이잔 사람들이 주식으로 먹는 얇은 빵이다. 이스트를 넣지 않고 밀가루 반죽에 소금을 쳐 2~3밀리미터의 납작한 형태로 구워내는 빵이다. 얇은 빵이어서 구워 놓으면 곧 수분이 증발해 6개월 정도까지 저장해 놓고 먹을 수 있다. 그냥 소스에 찍어 먹기도 하고, 고기나 채소, 치즈를 올려서 싸 먹기도 한다.

자리프와 케리는 고기, 채소, 치즈 등과 함께 라바쉬의 맛매를 즐겼다. 자리프는 라바쉬가 언제 어디서 왔는지, 이란 사람들이 라바쉬를 얼마나 좋아하는지 설명하면서 함께 먹었을 것이다. 협상 얘기는 서로 꺼내지 않았다. 다만 공감하는 애로사항을 얘기하면서 서로를 위로했다.

케리는 "공화당 사람들이 벌써부터 얼마나 압박을 하는지 몰라요"라며 이란에 양보하지 말 것을 주문하는 의회 때문에 힘든 점을 토로했다. 자리프도 "우리도 마찬가지입니다. 미국에 양보하면 귀국할 생각하지도 말라고 이란 신문들이 경고를 해대고 있습니다"라며 이란 국내 여론에 따른 부담감을 피력했다. 그렇게 양측의 첫 식사는 부드럽고 화기애애한 자리가 되었다.

점심을 이란 측과 같이 한 미국 대표단은 저녁식사 시간에는 독립기념일 파티에 모두 함께 참석했다. 케리가 팔레 코부르크 호텔의 테라스를 빌려 미국 대표단 모두, 그리고 기자들까지 초대한 것이다. 미국 대표 단원들은 몇 시간 전에 있었던 이란과의 점심으로 이야기꽃을 피웠다. 미국 대표단 식당에서 늘 먹는 것보다 훨씬 좋았다는 얘기들이었다. 대표단 중 한 사람은 "매일 먹는 미국식 식사보다 열 배는 더 좋았다"고 말하기도 했다. 지루한 협상을 계속하면서

이란 외교 장관 자리프가 미국의 독립기념일인 7월 4일 케리를 비롯한
미국 협상 팀을 빈의 이란 음식점으로 초대해 제공한 라바쉬.
이란과 아제르바이잔 사람들은 라바쉬를 주식으로 먹는다.

비슷한 미국식 식사를 반복하고 있었는데, 새로운 장소에서 새로운
음식으로 협상 얘기 제쳐두고 점심을 즐긴 것이 미국 대표단을 그토
록 즐겁게 한 것이다.

그렇게 처음 식사를 같이 하면서, 그것도 이란의 전통식을 같이
먹으면서, 이란과 미국의 대표들은 사람을 보게 되었다. 그동안 실타
래처럼 얽혀 있는 일만 보다가 상대를 조금은 깊이 보게 된 것이다.
이슈보다는 인간으로 조금 눈을 돌린 것이다. 이후 협상은 속도를
내기 시작했다. 실제 미국 대표 단원들은 "그날이 관계 발전의 결정
적 계기였다"고 서슴없이 얘기한다.

국제 협상에서 필요할 때 필요한 행동으로 자신의 평판도 높이
고 상대의 호감을 사면서 상황을 진전시켜 나가는 것을 '마음 사로
잡기Charm Offensive'라고 한다. 자리프는 여기에 능했다. 일대일 대화

2. 깊은 풍미의 외교

를 선호했고, 비밀 회담을 좋아했다. 케리와는 20여 차례 일대일 대화를 가졌다. 그런 과정을 통해 격의 없는 관계를 만들어 놓고, 그 바탕 위에서 협상을 진행시켜 나가는 스타일이었다.

이를 위해 언론도 잘 활용했다. 자신의 웃는 모습, 상대국과 대화하는 모습 등을 언론에 노출시켜 전체적으로 우호적인 분위기를 만들어나간 것이다. 이란 음식으로 점심을 함께 하는 것도 그런 '마음 사로잡기' 과정의 하나였다. 자리프의 이런 마인드는, 역시 외교에서 인간적 관계를 중시하는 케리의 성향과도 잘 맞아떨어졌다.

이란-미국 점심 이후 양측은 열흘 동안 협상을 더 했다. 그리고는 7월 14일 최종 타결을 이뤄냈다. 이란-미국 사이 해묵은 과제가 결국 해결된 것이다. P5+1과 이란의 최종 합의는 양측이 적절히 필요한 것을 주고받는 형태였다. 이란은 고농축 우라늄과 무기급 플루토늄을 15년간 생산하지 않고, 10톤의 농축우라늄은 300킬로그램으로 감축하며, 원심분리기 1만 9,000개는 10년 간 6,000여 개로 줄이기로 했다. 대신 P5+1 측은 이란에 가해지던 경제 제재를 단계적으로 해제하기로 했다.

핵 협상 타결의 전환점이 된 라바쉬 점심

대형 국제 협상이 타결되기 위해서는 보통 여러 나라가 많은 지원을 한다. 이란 핵 협상은 미국뿐만 아니라 유럽의 많은 나라, 중국까지 나서서 이뤄냈다. 영국, 프랑스, 독일, 중국, 러시아의 외교 장관들은 마지막 단계 협상이 진행 중이던 오스트리아 빈을 수시로 들락거렸다. 미국과 협의를 해야 했고, 협상이 타결되면 서명을 해야 했다. 그러니 협상 진행 상황을 보면서 긴급히 비행기를 타야 하는 경우가 많았다.

오스트리아는 최종 협상 중 지원을 아끼없이 했다. 이란과 미국 대표단이 2015년 6월 26일 빈에 도착해 7월 14일 협상을 최종 타결할 때까지 물심양면의 지원을 다한 것이다. 최고급호텔인 팔레 코부르크를 협상단에게 무료로 제공했다. 과거 '작센 코부르크-고타' 왕실의 저택을 개조한, 고풍스러우면서도 눈부신 호텔이다. 오스트리아는 이 호텔의 숙박과 식사, 그리고 자신들이 자랑하는 웨이퍼 비스킷, 모차르트 초콜릿까지 무제한 제공했다.

물론 대표단은 긴 협상을 견디기 위해 자신들의 취향에 맞는 먹거리를 준비해오기도 했다. 이란 대표단은 청건포도와 피스타치오를, 미국 대표단은 스트로베리 맛 트위즐러스(씹는 캔디) 45킬로그램, 스트링치즈 9킬로그램, 견과류·건포도 14킬로그램을 빈까지 공수했다. 다른 관련국들은 빈에 대표단을 상주시키지는 않았지만, 협상의 상황에 따라 빈에 와야 했다.

영국 외교 장관 일행은 빈에 올 때 막스앤드스펜서(영국의 유명한 백화점) 비스킷을 가져왔고, 프랑스 대표단은 와인을 좋아하는 프랑스의 외교관답게 팔레 코부르크 호텔의 지하 와인 저장고에 있는 고급 와인을 찾아 마시기도 했다.

점심 한 끼가 모든 것을 한꺼번에 바꿀 수는 없다. 하지만 오랫동안 협상 파트너로 미운 정 고운 정이 얽혀 있는 상태에서 사연과 역사가 있는 음식을 같이 나누면서 격의 없는 이야기를 나누는 것은 서로의 관계를 이전과는 다른 단계로 바꿔놓을 수 있다. 2015년 7월 4일 미국 독립기념일에 이뤄진 이란-미국의 라바쉬 점심은 그런 역할을 했다.

그런 어려운 과정을 통해 이뤄진 2015년 이란 핵 협상은 2018년 5월 트럼프 미국 대통령에 의해 일방적으로 폐기되었다. 미국이 이 협상에서 탈퇴함으로써 폐기된 것이다. 트럼프뿐만 아니라 미국의 공화당은 이 협상에 대해 계속 불만이었다. 불완전하다는 게 이유였다. 이란의 우라늄 농축을 완전히 금지시키지 못했고, 탄도미사일과 생화학무기 폐기도 포함시키지 못했다는 것이었다.

공화당은 늘 그런 식이다. 1994년 북한-미국 사이 이뤄진 제네바 합의에도 불만을 표시하다가 결국 아들 부시(조지 W. 부시)가 2002년 폐기했다. 그 결과는 무엇인가? 한반도 냉전의 심화다. 어떤 협정에 대해 불만이 있는 경우, 우선 그걸 지켜가면서 보다 진전된 협상을 추진해나가면 되는 것이다.

그런데 공화당은 그게 아니다. 적대 세력에게 뭘 조금이라도 주는 것에 경기를 일으킨다. 상대적 이익에 민감한 것이다. 현실주의자들의 기본적인 특성이기도 하다. 미운 놈이 조금이라도 이익을 취하는 것을 참지 못하는 것이다. 협상 결과 내가 얻는 것에 주목하면서 만족하고, 상대가 얻는 것은 내가 얻는 것에 대한 일정한 보상이라고 여기면 서로 윈-윈 하는 것이다.

그런데 현실주의자는 그걸 못한다. 협상 결과 상대가 얻는 게 있으면, 거기에만 주목한다. 그걸 가지고 핵개발을 하는 것은 아닌지, 그걸 활용해 나보다 훨씬 나아지는 것은 아닌지, 여기에만 신경

쓴다. 미국의 공화당과 트럼프가 그런 본성을 여실히 드러내면서 이란 핵 협상을 깨지게 되었다. 세계는 다시 이란과 길고 어려운 협상을 해야 하는 상황이 되었다. 그 과정에서 또 한번 역사 깊은 음식이 협상의 조기 타결에 기여하기를 바랄 뿐이다.

한반도에
훈풍 몰고온
옥류관 냉면

11년 만에 다시 열린 남북 정상회담

판문점 북쪽 통일각이 갑자기 분주해졌다. 기계음이 윙윙 나고, 여기저기서 소리를 지르고, 구두 발자국 소리도 어지럽게 흩어졌다. 윙윙 소리를 내는 기계는 다름 아닌 냉면 뽑는 제면기였다.

제면기가 돌면서 메밀가루가 어느새 가는 냉면 사리로 바뀌어 갔고, 사람들이 이걸 받아서 부지런히 옮겼다. 양복 입은 수행원들이 철제통에 냉면 사리를 담아 들고 뛰었다. 승합차에 올라타 부지런히 가라고 재촉했다. 승합차는 군사분계선을 넘었다. 판문점 남측 '평화의 집'에 멈췄다. 여기서 냉면 사리는 그릇에 담기고 준비해둔 육수가 부어져 냉면이 완성되었다.

2018년 4월 27일 오후의 판문점 풍경이다. 이렇게 역사상 처음으로 군사분계선을 넘어 배달된 음식은 평양의 옥류관 냉면이었다. 평양 옥류관의 수석 요리사가 판문점까지 파견되어 만들어낸 이 냉면을 남북한의 정상이 한 자리에 나란히 앉아서 먹었다. 닝닝하면 서도 중독성이 있는 옥류관산 평양냉면은 그렇게 한반도 평화의 상 징이 되었다.

세계 언론들도 주목했다. 영국 신문『가디언』은 "평화의 상징은 이제 비둘기가 아니라 평양냉면이다"라고 평화학의 새로운 이정표 를 제시할 정도였다. 영국의 공영방송 BBC는 "평양냉면은 평화의 상징이 됐다"면서 평양냉면을 "통일의 의미를 담은 매혹적인 메뉴" 라고 소개했다. 미국의 CNN도 평양냉면을 매개로 한 남북한 정상 의 한반도 평화를 위한 회담을 "국수 외교Noodle Diplomacy"로 이름 붙여 연일 보도했다.

남북 정상회담이 매번 그렇듯 2018년 4·27 정상회담도 극적 으로 성사되었다. 2017년 말까지만 해도 한반도는 빙하 시대였다. 북한과 미국이 서로 험한 말을 주고받으며 어디선가 곧 화염이 쏟아 질 듯한 분위기였다. 그런 험한 분위기는 2017년 12월 중순 갑자기 달라졌다. 문재인 대통령이 평창 동계올림픽 기간에 예정되어 있는 한미 합동 군사훈련을 연기하자고 미국에 제안했다. 그러자 북한도 유화적인 입장이 되었다.

김정은 국무위원장이 2018년 1월 1일 신년사에서 평창 동계 올림픽에 대표단을 파견할 용의가 있으며 이를 위해 당국 회담을 할 수 있다고 말한 것이다. 이를 바로 받아서 1월 2일 조명균 통일부 장 관이 북측에 고위급 회담을 제안했다. 미국은 1월 4일 문재인 대통 령이 제안한 합동 군사훈련 연기를 수용했다. 전화 정상회담에서 트럼프 대통령이 문재인 대통령에게 수용 의사를 전한 것이다. 그러자 남북한의 대화 분위기는 더욱 좋아졌다.

1월 9일 판문점에서 남북 고위급 회담이 열렸다. 이후 실무 회담이 여러 차례 열려 북한 대표단 파견이 확정되었다. 2월 9일 평창 동계올림픽 개막식에는 김여정 노동당 제1부부장과 김영남 최고인민회의 상임위원장이 참석했다.

김여정은 다음 날인 10일 청와대에서 문재인 대통령을 만나 김정은 위원장의 방북 요청을 구두로 전했다. 이에 대해 문재인 대통령은 '여건을 만들어서 성사시켜 나가자'며 긍정적으로 답했다. 3월 5일에는 정의용 청와대 국가안보실장과 서훈 국정원장이 평양으로 가 김정은과 만나 정상회담을 합의했다.

2007년 이후 11년 만에 다시 남북 정상회담이 열리게 된 만큼

© 대한민국 청와대

2018년 4월 27일 극적으로 성사된 남북 정삼회담. 문재인 대통령과 김정은 위원장은 회담에서 한반도 비핵화와 평화 체제 구축 등을 합의했다.

어떤 얘기를 하고 어떤 합의를 이룰 것인가가 가장 중요한 관심사였지만, 남북의 정상이 무엇을 함께 먹을지도 중요한 문제가 아닐 수 없었다. 의미와 상징이 있어야 하고 품위와 격식도 갖춰야 했다. 판문점 남측에서 회담이 열리는 만큼 만찬은 남측에서 준비하는 것으로 했다.

김대중 대통령의 고향인 전남 신안 가거도 민어와 해삼초를 이용한 민어해삼 편수(여름철 만두), 노무현 대통령의 고향 경남 김해 봉화마을에서 오리 농법으로 생산한 쌀로 지은 밥, 정주영 현대 회장 방북 당시 소떼를 제공했던 서산 목장에서 나온 한우를 이용한 소고기 숯불구이, 남북을 오가며 음악을 통한 남북한 화해를 지향했던 작곡가 윤이상의 고향 통영 앞바다 문어로 만든 냉채 등이 남북 정상회담 만찬 메뉴로 준비되었다. 문재인 대통령이 자란 부산에서 유명한 흰살 생선 달고기를 이용한 생선구이, 김정인 위원장이 유학한 스위스의 뢰스티를 우리식으로 해석해 만든 감자전, 비무장지대 산나물로 만든 비빔밥도 포함되었다.

평양냉면 남북 정상회담 만찬 메뉴가 된 이유

여기에 특별히 포함된 것이 평양냉면이다. 평양냉면이 포함된 것은 김구 선생과 관련이 있다. 1948년 초 북한의 사회주의 세력은 김구, 김규식 등 남한의 단정 수립 반대 세력에 회담을 제안했다. 만나서 통일 임시정부 수립을 논의해보자는 것이었다.

1948년 2월 중순 김구와 김규식이 회담을 하자고 답했다. 그래서 4월 19일 평양에서 남북연석회의가 열리게 되었다. 북에서는 북조선노동당, 조선민주당 등 15개 정당·사회단체 대표 300여 명이, 남에서는 남조선노동당, 사회민주당 등 31개 정당·사회단체 대표 250여 명이 참석했다.

김구는 4월 20일 평양에 도착해 김일성을 만나고, 회의에 참석해 축사도 했다. 김규식, 홍명희, 조소앙, 박헌영, 허헌, 김일성, 김두봉 등과 함께 '남북조선 정당·사회단체 지도자 협의회'를 열고, 외국 군대 철수, 남조선 단독 선거 반대, 전조선 정치 회의 소집 및 통일 임시정부 수립 등을 촉구하는 공동 성명서를 발표하기도 했다. 이런 활동을 벌인 뒤 5월 5일 서울로 돌아왔다.

김구의 방북과 남북연석회의가 당시 이승만과 미군정의 단정 수립 추진을 막지는 못했다. 물론 김일성도 북쪽에 이미 1947년 2월 '북조선인민위원회'라는 중앙행정기구를 출범시켜 놓고 있었고, 1948년 2월에는 조선인민군도 창설해 놓았다. 그런 흐름을 김구가 몰랐을 리는 없다. 하지만 철저한 민족주의자 김구로서는 남북의 단정 수립을 저지할 수 있는 노력을 어떤 식으로든 하고 싶었을 것이다. 남북연석회의 참석은 그런 노력의 일환이었다.

당시 김구는 평양을 방문했을 때 냉면집을 한 번 찾았다. 묵고 있던 '상수리 특별호텔' 지배인이 "여기서도 얼마든지 진짜 평양냉면을 드실 수 있습니다"하며 외출을 말렸지만, "이 사람아, 냉면은 뜨끈한 삿자리에 앉아 먹어야 맛이 나지"하며 나섰다. 삿자리는 갈대를 엮어서 만든 자리를 말한다.

그렇게 찾은 곳이 평양 서문통의 '기성면옥'이다. 조그마한 냉면집으로 40대 여주인이 운영하고 있었다. 김구는 거기서 그야말로 뜨끈뜨끈한 삿자리에 앉아 차가운 냉면을 맛있게 먹었다. 그리고는 "50년 만에 평양냉면을 먹어보니 예전 맛이 난다"며 향수에 젖었다. 평소에는 술을 안 했지만 그날만은 소주를 반주로 곁들였다.

황해도 해주 출신의 김구는 23세이던 1899년 5월 평양에 간 적이 있다. 그때 평양냉면을 맛보았다. 『백범일지』에 그 대목이 나온다. "밤에는 대동문 옆에 가서 면을 먹었다. 처음에는 주점 주인이 주는 대로 소면을 먹다가 나중에는 육면을 그대로 먹었다." 소면은 고기붙이를 넣지 않은 면을 말하고, 육면은 고기류를 넣은 면을 말한다. 1899년 간 이후로 1948년에 다시 갔으니 정확히는 49년 만에 평양을 방문해 평양냉면을 먹은 것이다.

추억이 서린 곳이 이제 쉽게 갈 수 없는 곳이 되어버렸으니 만감이 교차했을 것 같다. 그래서 일부러 냉면집을 찾았을 것이고, 당시 상황으로 미뤄 언제 다시 찾을지 알 수 없는 곳이라는 생각도 했을 것이다. 그래서 평소 입에 대지 않던 소주까지 한 잔 했던 것이다.

이렇게 평양냉면은 김구 선생의 통일 노력과 얽혀 있어서 정상회담 만찬 메뉴에 들어가게 되었다. 그런 사연이 있는 만큼 남측에서 준비하는 것보다는 직접 평양의 냉면을 만찬 식탁에 올리는 게 더 의미가 큰 것이었다. 그래서 실무진에서 고민하고 있는데, 문재인 대통령이 "북측에 제안해보자"해서 북측에 제의했고, 북측이 흔쾌히 평양냉면 제공에 동의해 평양냉면 만찬이 성사된 것이다. 그런데 북측이 옥류관의 제면기에 수석 요리사까지 보내면서 옥류관 냉면은 다른 메뉴들을 제치고 정상회담 식단의 주인공이 되었다.

2018년 4월 27일 남북의 정상은 처음으로 판문점에서 만났다. 남북의 평화와 통일을 갈망하는 사람들이 그토록 기대해왔던 '판문점 정상회담'이 성사된 것이다. 분단의 상징이 되어 있는 판문점을 화해와 평화의 상징으로 바꿔나가야 한다는 것은 남북한 주민 모두 원하는 것이었다. 하지만 남북이 이것 하나 합의하는데 70년이 걸렸다.

결국 2018년 4월 27일 오전 9시 29분 판문점 군사분계선에서 문재인 대통령과 김정은 위원장이 만났다. 굳게 손을 잡았고, 문재인 대통령이 선을 넘어 북측으로 넘어가기도 했다. 함께 남측으로 넘어온 두 정상은 '평화의 집'으로 향했다. 2층 회담장에서 정상회담을 가졌다. 남측에서는 서훈 국정원장, 임종석 비서실장이 배석했고, 북측에서는 김여정 노동당 제1부부장과 김영철 국무위원회 부위원장이 배석했다. 오전 회담을 끝내고 점심은 남북이 따로 했다.

김일성의 지시로 지은 평양의 옥류관

오후에 다시 만난 두 정상은 44분 동안 도보 다리를 산책하며 배석자 없이 둘만의 대화 시간을 가졌다. 이때 김정은 위원장이 문재인 대통령에게 베트남식 개혁을 추진하고 싶다는 뜻을 밝혔다는 얘기도 있고, 문대통령이 북한에 원자력발전소 건설 지원을 제안했다는 설도 있다. 아직 단편적인 내용들이 다만 추정될 뿐이고 자세한 내용은 밝혀지지 않고 있다. 정확한 내용은 나중에 문 대통령이 회고록을 쓰게 되면 나오지 않을까 생각된다.

도보 다리 회담이 끝난 뒤 남북 정상은 정상회담에서 합의된 판문점 선언을 발표했다. 한반도 비핵화, 종전 선언 및 평화 체제 구축 추진, 단계적 군축 실현, 적대 행위 중단, 남북 공동 연락 사무소 설치, 이산가족 상봉, 동해선·경의선 철도·도로 연결 등 남북 관계 발전과 한반도 편화를 실현하기 위한 중요한 사항들이 담겨 있었다.

이렇게 남북 관계사에서 기록될 또 하나의 중요한 합의를 이뤄 놓은 후 곧 만찬 행사가 시작되었다. 문재인 대통령 부부, 김정은 위원장 부부가 모두 참석했다. 남북 정상 내외가 한 자리에 모인 건 이때가 처음이다.

남측에서는 문재인 대통령 내외, 더불어민주당 대표 추미애, 원내대표 우원식, 민주평화당 의원 박지원 등이 참석했고, 북측에서는 김정은 위원장 내외, 노동당 중앙위 제1부부장 김여정, 최고인민회의 상임위원장 김영남, 노동당 중앙위 부위원장 김영철 등이 참석했다.

국악기 해금과 북한 악기 옥류금이 합주되었고, 제주에 사는 초등학생이 〈고향의 봄〉을 불렀다. 남한 가수 조용필과 북한 삼지연 관현악 단장 현송월이 〈그 겨울의 찻집〉을 합창했다. 문재인 대통령의 건배사, 김정은 위원장의 화답사가 이어졌다.

공연이 끝나고 진짜 만찬이 시작되었다. 민어해삼 편수, 쌀밥, 감자전, 한우 숯불구이 등이 나왔고, 평양냉면이 나왔다. 문재인 대통령 내외, 김정은 위원장 내외 모두 물냉면을 선택했다. 남북 정상이 나란히 붙어 앉아 냉면을 먹었다. 간간히 회담에서 못한 얘기를 하기도 했다. 참석자들의 기호에 따라 비빔냉면을 먹는 사람도 있었다. 남측, 북측 참석자 모두 옥류관 냉면의 구수한 맛에 찬사를 아끼지 않았다.

디저트는 초콜릿 공이었다. 공 모양의 초콜릿을 깨뜨리면 한반도기 모양으로 장식된 망고무스가 나왔다. 어려움과 차이를 깨부수고 남북이 하나가 되자는 의미를 담은 것이었다. 그렇게 평화 냉면과 차이를 깨부수는 디저트를 함께 먹은 참석자들은 자연스럽게 친교의 시간을 가졌다. 서로 통성명을 하고 술을 주거니 받거니 했다. 남북 회담 역사상 찾아보기 어려운 동네 잔칫집 분위기가 되었다.

김정은 위원장이 서훈 국정원장에게 술을 따랐고, 김여정 제1부부장이 문재인 대통령에게 술을 권했다. 북측 사람들도 김정은 위원장이 있는 데도 전혀 경직된 모습이 아니었다. 자리가 따로 없을 정도로 자유로운 분위기였다. 오후 6시 반에 시작된 만찬은 9시 10분까지 계속되었다. 2시간을 예정했지만 40분을 넘긴 것이다.

이후 야외 여앙 공연을 감상한 후 김정은 위원장이 군사분계선을 넘어 북으로 돌아가면서 만찬 행사는 마무리되었다. 이런 장면을 바라보면서 남북의 시민들은 "이제 곧 남북을 가르는 군사분계선이 녹아내리겠구나" 하면서 잔뜩 기대에 부풀기도 했다.

평양냉면 얘기를 하는 김에 좀 더해보면, 평양냉면은 그 맛이 독특해 사람마다 평가가 다르다. 어떤 사람은 극찬하고, 어떤 이는 무시한다. 원래 평안남도 성천 출신인 월북 작가 김남천은 "항상 애끓는 향수같이 엄습하여 마음을 괴롭히는 식욕의 대상은 우선 냉면"이라며 평양냉면의 맛을 상찬했다. 실제 입맛이 없을 때면 냉면을 먹었고, 술 먹은 다음 날에는 해장으로 냉면을 찾았다.

반면에 강원도 평창 사람으로 평양에서도 살았던 소설가 이효

석은 "평양에 온 지 사 년이 되나 자별스럽게 기억에 남는 음식은 아직 발견하지 못했다.……육수 그릇을 대하면 그 멀겋고 멋없는 꼴에 처음에는 구역이 난다"고 표현할 정도도 평양냉면을 냉대했다. 그렇게 평가가 엇갈리지만 북한 사람들은 대체로 평양냉면을 좋아한다.

그런 냉면에 대한 북한 사람들의 수요를 충족시켜주기 위해 만든 것이 평양의 옥류관이다. 1958년 김일성 주석의 지시로 짓기 시작해 1960년 완성했다. 준공식에는 김일성이 직접 참석했다. 대동강 옥류교 인근에 있어 옥류관이라는 이름이 붙었다. 2층짜리 한옥으로 본관과 별관을 합쳐 2,000석이 넘는 대형 식당이다.

메뉴에는 고기쟁반국수와 대동강 숭어국도 있지만, 역시 대표 메뉴는 평양냉면이다. 옥류관 냉면은 메밀로 만드는데, 진하고 구수한 육수로 북한의 주민들뿐만 아니라 남한 사람들에게도 잘 알려졌다. 육수는 꿩고기와 소고기, 닭고기, 돼지고기를 함께 우려내 특히 구수한 풍미를 낸다. 육편(고기 조각)과 삶은 계란, 무김치, 오리 등을 고명으로 올려 감칠맛을 더한다.

남북 정상회담과 옥류관

남북 정상회담을 했던 역대 대통령들은 모두 옥류관을 찾았다. 2000년 6월 김대중 대통령이 옥류관에서 점심을 했고, 2007년 10월에는 노무현 대통령이 여기서 오찬을 했다. 문재인 대통령은 2018년 4월 판문점에서 배달 옥류관 냉면을 먹은 데 이어 그해 9월에는 평양을 방문해 김정은 위원장과 함께 옥류관을 찾았다.

남북의 정상이 판문점에서 배달 평양냉면을 함께 먹는 장면이 연출되면서 남한에서는 평양냉면이 큰 인기를 끌기도 했다. 서울뿐만 아니라 전국의 평양냉면 전문점들에는 남북정상 만찬 장면을 TV를 통해 본 사람들의 발길이 이어졌다. 정상회담 이후 날씨가 따뜻해지면서 평양냉면 손님들은 더 많아졌다.

음식을 함께 먹으면 백 마디 얘기를 나눈 것보다 깊은 정을 나눌 수 있다. 게다가 남북의 정상은 향수와 상징이 상징인 담긴 음식을 같이 먹었다. 그 힘으로 남북이 평화로 가는 길을 더 힘 있게 나갔으면 좋으련만 상황은 그렇게 여의치 못했다. 남북이 모든 것을 결정할 수 있으면 좋겠지만, 현실은 그렇지 못했다.

한반도 문제의 한 가운데는 북핵 문제가 차지하고 있었고, 이건 북한과 미국이 풀어야 하는 상황이었다. 그런데 북한과 미국이 원하는 게 많이 달랐다. 북한은 "평화로 갈 테니 제재를 풀어라" 하고, 미국은 "제재를 푸는 것보다는 비핵화가 먼저다"라고 맞섰다. 이렇게 다른 주장만을 되풀이하다 말았다. 지금도 상황은 별반 다르지 않다.

확 바뀌지 않으면 이런 상황이 오래 갈 수밖에 없다. 북한-미국 협상에 한반도의 미래를 맡겨둔 채 둘은 때론 협상하고 때론 갈등하는 그런 의미 없는 과정이 되풀이 되게 되어 있다. 남북이 스스로 문제를 해결하는 구도로 획기적으로 전환되어야 한다. 어떻게? 남북이 더 자주 만나서 밥도 먹고 술도 마시면서 생각과 행동의 방향이 비슷하게 되어야 한다. 국제정치학에서 말하는 정체성Identity과 이익Interest이 서로 유사하게 바뀌어야 하는 것이다.

물론 쉬운 일은 아니다. 70년 넘게 이념과 제도를 달리하면서 살았으니 생각을 같게 한다는 게 말처럼 쉽지는 않을 것이다. 하지만 자주 만나고, 먹고 마시는 걸 공유하고, 깊게 대화를 해나가면 안 될 일도 아니다.

그렇게 남북의 생각이 비슷해지면 합의를 만들어내기 쉽고, 그렇게 만들어낸 합의를 미국, 중국에 제시해 공감을 얻어 나가면 된다. 물론 강대국은 세계질서, 지역 질서를 자기 맘대로 하고 싶어 하는 욕구가 있다. 질서와 제도를 스스로 만들어 다른 나라들이 따라오게 만들려는 욕심이 있는 것이다. 제도 형성의 권력을 누리려 하는 것이다.

하지만 약소국이라도 힘을 모아서 지속적으로 이슈를 제시해 나가면 하나씩 결과를 만들어 나갈 수 있는 공간이 존재하는 게 또한 국제사회이다. 약소국은 힘은 부족하지만 생존이 걸린 사안에 그야말로 사활을 걸고 매달리기 때문에 이슈 집중력은 높다. 남북한은 그런 길로 가야 한다.

그러기 위해선 남북정상이 더 자주 만나야 한다. 평양냉면뿐만 아니라 남한의 농민들이 즐기는 막걸리도 함께 하고 함경도와 양강도에서 해 먹는 '언 감자국수(얼어서 먹기 어려운 감자를 강판에 갈아서 웃물은 버리고 밑에 가라앉은 전문을 모아 국수로 뽑아낸 것)'도 같이 먹는 자리를 한 번이라도 더 만들어야 한다. 그렇게 스스로 활로를 만들어 나가는 길을 한 걸음 한 걸음 가야 하는 것이다.

2. 깊은 풍미의 외교

3.   스토리 있는 음식 외교

처칠의
눈물 젖은 빵
피시 앤드 칩스

BBC가 선정한 '가장 위대한 영국인'에 뽑힌 처칠

제2차 세계대전은 지금까지 인류가 겪은 것 중 가장 큰 전쟁이다. 피해규모가 이를 잘 말해준다. 소련 사람만 약 3,000만 명이 죽었고, 독일인 약 300만 명, 영국인 약 42만 명이 사망했다. 독일의 나치에 의해 살해된 유대인만도 600만 명이 넘었다. 6년 가까이 세계를 전쟁의 소용돌이로 몰아넣었던 아돌프 히틀러가 1945년 4월 30일 자살하고, 결국 독일이 5월 8일, 일본이 8월 15일 항복함으로써 제2차 세계대전은 끝났다.

히틀러의 세계 제패 야망을 좌절시키는 데에는 많은 인물들의 협력과 공조가 필요했다. 미국 대통령 프랭클린 루스벨트, 영국 총리 윈스턴 처칠, 프랑스의 망명정부를 이끌던 샤를 드골 등의 협력적 리더십이 승전의 핵심 역할을 했다.

독일이라는 엄청난 외부 위협이 존재했기 때문이었겠지만, 당시 소련 공산당 서기장 이오시프 스탈린을 포함한 연합국 리더들은 서로 다른 생각과 조건 속에서도 긴밀한 협력을 이루었다. 워싱턴에서 세계를 관찰하며 종합 군사 전략 수립 역할을 한 미 육군참모총장 조지 마셜, 그리고 실제 군사 작전을 수행한 연합군 총사령관 드와이트 아이젠하워와 연합 지상군 사령관 버너드 몽고메리 등도 제2차 세계대전 승리의 주역들이다.

그 가운데에서도 처칠의 기여는 누구보다 크다. 제2차 세계대전 초기에는 파죽지세의 독일 공격을 막아내기 위해 프랑스와 적극 협력했다. 심지어 영·프 연합국 창설 안까지 제시했다. '프랑스를 통째로 삼키려는 영국의 음모'라고 생각한 당시 프랑스 정치인이 거절해서 실현되지는 않았지만, 처칠은 영국과 프랑스의 연합국을 만들어서라도 독일의 공격을 저지해보려 했다.

프랑스가 항복하고 독일의 칼끝이 영국을 향했을 때 처칠은 좌절과 절망의 상황에 빠진 영국인들을 단결시켜 독일에 항전하도록 했다. 빗발치는 독일 공군의 폭격에 시달리던 영국인들은 처칠이 "제가 바칠 것은 피와 땀과 눈물밖에 없습니다"라며 눈물로 단결과 항전을 호소하자 용기를 냈다.

영국인들은 영국 정부의 지침에 따라 신속히 도시를 비우고 지방으로 흩어져 독일공군의 공격에 의한 인명 피해를 최소화했다. 전쟁의 와중에도 스스로 할 일들을 찾아서 해 영국 사회의 붕괴를 막고 정부의 전쟁 수행을 도왔다. 처칠은 밤이나 낮이나 아래위가 붙은 녹색 작업복 롬퍼스rompers를 입고 16시간을 분주하게 뛰었다.

되도록 유럽의 전쟁이 참여하지 않으려는 루스벨트를 편지로, 회담으로 설득해 결국 참여시켰다. 우선은 미국이 무기와 장비를 영국, 소련 등에 지원하도록 하는 무기 대여법Lend-Lease Act을 미국이 제정하도록 했다. 이후 더 독촉하고 독려해 전쟁에 직접 참여하도록 했다. 미국의 참여 이후에는 영국, 미국, 소련 사이의 협력을 이끌어 노르망디 상륙작전을 성공시키고 전쟁을 승리로 이끌었다.

이런 공로로 처칠은 2002년 영국 공영방송 BBC가 설문조사를 통해 선정한 '가장 위대한 영국인'에 뽑혔다. 영국이 자랑하는 위인은 많고도 많다. 만유인력의 법칙을 정립한 아이작 뉴턴, 진화론을 주창한 찰스 다윈, 페니실린의 발명자 알렉산더 플레밍, 증기기관을

2002년 영국 공영방송 BBC가 설문조사를 통해 선정한 '가장 위대한 영국인'에 뽑힌 처칠. 그는 "제가 바칠 것은 피와 땀과 눈물밖에 없습니다"라며 눈물로 단결과 항전을 호소해 영국인들을 하나로 뭉치게 했다.

3. 스토리 있는 음식 외교

발명한 제임스 와트, 경험론의 선구자 프랜시스 베이컨, 『로미오와 줄리엣』 등 주옥같은 작품을 써낸 윌리엄 셰익스피어, 트라팔가르 해전의 영웅 허레이쇼 넬슨, 워털루 전주에서 나폴레옹을 최종적으로 주저앉힌 아서 웰즐리 웰링턴 장군 등등. 이런 많은 위인들을 제치고 처칠이 가장 위대한 영국인에 선정된 것이다.

처칠 얘기를 하다가 길어졌지만, 영국의 영웅 처칠에 얽힌 음식은 가장 영국적인 음식 피시 앤드 칩스fish&chips다. 때는 바야흐로 2차 대전이 끝나가는 1945년 7월, 장소는 독일의 베를린 남서쪽 25킬로미터 지점에 있는 포츠담이었다. 7월 17일부터 프로이센을 다스리던 호엔촐레른 왕가의 마지막 황태자 빌헬름(제1차 세계대전을 일으킨 빌헬름 2세의 아들)이 거주하던 체칠리엔호프 궁전에서 제2차 세계대전을 정리하는 회담이 열렸다.

만찬 메뉴가 된 영국의 국민 음식 피시 앤드 칩스

황태자 빌헬름은 1918년 제1차 세계대전이 끝나면서 폐위되어 네덜란드로 망명했지만, 1923년 정치에 관여하지 않는다는 조건으로 귀국해 1945년 소련이 진주할 때까지 체칠리엔호프 궁전에서 살았다. 이 궁전은 원래 빌헬름 2세가 황태자 빌헬름을 위해 1917년 지어준 것이었다. 그래서 이름도 황태자비 체칠리에Cecilie의 이름에 궁전을 뜻하는 호프Hof가 합쳐져서 체칠리엔호프가 되었다. '체칠리에의 궁전'이라는 의미이다. 아름다운 정원과 호수를 가진 자그마한 궁이다.

제2차 세계대전 이후 전후 질서를 논의하는 자리인 만큼 승전국의 최고 지도자들이 참석했다. 처칠, 스탈린, 미국 대통령 해리 트루먼이 그들이었다. 트루먼은 루스벨트가 1945년 4월 25일 사망하면서 대통령직을 승계했다.

가장 큰 의제는 '독일을 어떻게 처리할 것인가'였다. 미국과 영국, 프랑스, 소련이 분할 점령하기로 했다. 독일의 무장 해제, 나치당 해체, 전범 재판 진행도 결정했다. 이렇게 중요한 문제들을 결정하면서도 파티를 즐기지 않을 수 없었다. 연합국 입장에서는 독일이 이미 망했으니 승전 파티를 할 만했다. 돌아가면서 파티를 주재했다. 소련은 베이커리를 두 개나 만들어 매일 850킬로그램의 빵을 구워 각국 대표단에게 제공했다.

7월 23일 만찬은 영국에서 차렸다. 처칠은 만찬 메뉴를 뭘로 할까 고민을 많이 했다. 오랜 생각 끝에 결정한 메뉴는 피시 앤드 칩스였다. 영국의 국민 음식 피시 앤드 칩스를 만찬 메뉴로 정한 것이다.

피시 앤드 칩스는 사실 순수 영국산은 아니다. 피시는 생선 튀김인데, 포르투갈에서 전해졌다. 유대교의 안식일은 전통적으로 토요일이다. 이날은 일손을 놓고 쉬면서 예배에 참석한다. 천지창조 당시 하나님이 6일 동안 창조활동을 하다 다음 날 휴식한 것을 기념하기 위한 것이다.

포르투갈의 유대인들은 토요일에는 생계를 위한 일을 하지 않는 것은 물론이고, 불을 피워 음식을 만드는 것도 하지 않았고, 육식도 금했다. 그래서 금요일 날 프라이팬에 생선을 튀겨 '놓았다가 토요일에 먹었다. 16세기 이후 포르투갈에서 '기독교 세계 복원 운동

reconquista이 일어나 유대인들이 국외로 추방되었다. 이들은 서유럽과 북아프리카의 각국으로 흩어졌다. 그중 일부가 영국으로 들어갔다. 영국으로 들어간 유대인들이 생선을 기름에 튀겨먹는 법을 영국에 전해줬다. 17세기 즈음의 일이다.

감자를 튀겨먹는 것은 벨기에와 프랑스 사람들이 먼저 했다. 서로 먼저 시작했다고 우긴다. 프랑스는 '감자튀김을 미국인들이 프렌치프라이French fries라고 부르지 않냐, 그러니 감자튀김은 프랑스에서 시작한 것이다'라고 주장한다.

미국에서도 엄청 많이 먹는 프렌치프라이를 미국에 전해준 것은 미국의 세 번째 대통령 토마스 제퍼슨이다. 1784년부터 1789년까지 프랑스 주재 미국 공사로 재임한 제퍼슨은 프랑스 왕 루이 16세가 주최하는 왕실 만찬에 참석하곤 했는데, 거기서 감자튀김을 접했다. 프랑스 자체를 좋아했던 제퍼슨은 여러 가지 음식을 맛보면서 프랑스 요리에 매료되었다. 맛있는 요리의 조리법을 꼼꼼히 적어 두었다. 콩소메, 크림 케이크, 수플레 등이 포함되어 있었다.

1801년 대통령이 된 뒤 제퍼슨은 백악관 주방장에게 '프랑스식으로 튀긴 감자요리potatoes, fried in french manner'를 만들도록 해 손님들에게 제공했다. 이후 점점 퍼져 오늘날 미국에서도 프렌치프라이는 누구나 사랑하는 음식으로 자리 잡았다. 미국인들이 지금도 프렌치프라이로 부르는 만큼 감자튀김은 원조가 프랑스라는 게 프랑스 사람들의 주장이다.

피시 앤드 칩스는 나치에 맞서 함께 싸운 벗

반면 벨기에 사람들은 자기들이 프랑스보다 훨씬 먼저 감자튀김을 먹기 시작했다고 맞선다. 벨기에 역사학자들의 조사에 따르면, 1680년 즈음 벨기에 뮤스 지역에서 튀긴 감자를 먹었다는 증거가 있다고 한다.

그 지역 사람들은 작은 민물고기를 튀겨 먹는 것을 좋아했는데, 겨울에는 강이 얼어 물고기를 잡을 수 없어 대신 감자를 길게 썰어 튀겨 먹었다고 한다. 프렌치프라이의 french는 프랑스라는 의미가 아니라 '길게 자르다'라는 뜻이라는 것이 벨기에 사람들의 주장이다. 실제 영어 단어 french에는 그런 의미가 있다.

원조가 벨기에인지 프랑스인지 불문명하지만, 튀긴 감자요리가 영국에 전해진 것은 18세기에 이르러서이다. 영국에서는 칩스chips로 불렸다. 이렇게 외국에서 전해진 두 가지 요리법이 영국에서 합쳐져 피시 앤드 칩스가 생겨났다.

18세기 말 산업혁명이 성공하면서 영국의 주요 도시에는 노동자들이 급속하게 늘었다. 이들은 많은 노동시간과 짧은 휴식 시간에 시달렸다. 그래서 먹는 것은 싸고 간단한 것으로 해결했다. 길거리에서 신문지에 싸서 파는 값싼 피시 앤드 칩스는 그들의 이런 욕구를 모두 채워주는 것이었다. 기름에 튀긴 것이어서 칼로리도 많이 포함하고 있었다.

이런 영국의 사회적 상황과 맞물려 19세기 피시 앤드 칩스는 영국의 국민 음식이 되었다. 지금도 가히 영국의 국민 음식으로서의 지위를 잃지 않고 있다. 비틀즈의 멤버 폴 매카트니도 젊은 시절 피시 앤드 칩스를 무척 좋아했고, 맨체스터 유나이티드의 축구 스타웨인 루니와 영화 〈타이타닉〉의 주인공 케이트 윈슬럿은 결혼식 피로연 음식으로 피시 앤드 칩스를 내놓을 정도로 피시 앤드 칩스라면 사족을 못 쓴다.

제2차 세계대전이 시작되면서 영국인들은 특히 피시 앤드 칩스를 많이 먹게 되었다. 전쟁이 본격화하면서 독일의 잠수함 유보트가 영국을 둘러싸는 바람에 영국은 물자 부족에 시달렸다. 식료품 공급도 달렸다. 영국 정부는 배급제를 실시하면서 물자 공급을 통제할 수밖에 없었다. 그런 가운데서도 생선과 감자는 공급 통제 물품에서 제외했다. 영국 사람들이 워낙 피시 앤드 칩스를 좋아할 뿐 아니라 연안에서 어업은 어느 정도 할 수 있고, 감자 생산도 웬만큼은 할 수 있었기 때문이다.

영국 감자는 크고 맛있다. 큰 것은 어른 주먹 두 개만 하다. 내가 유학한 워릭대학이 코번트리에 있는데, 런던에서 서북쪽으로 150킬로미터 정도 떨어진 곳이다. 이 지역에도 감자밭이 많았다. 대학의 가족 기숙사 바로 옆에도 큰 감자밭이 있었는데, 사람은 거의 보이지 않고 기계로 농사를 지었다. 수확도 기계로 휙 해버렸다. 수확한 다음 밭에 가면 커다란 감자가 널려 있었다. 아이들과 감자밭에 가서 큰 것들만 골라 주어와 며칠 동안 먹은 적도 있다.

영국의 길거리 음식 중에는 재킷 포테이토jacket potato라는 게 있다. 껍질째 구운 감자의 가운데를 갈라 치즈를 듬뿍 얹은 것이다. 우리의 떡볶이만큼이나 대중적인 스트리트 푸드다. 뜨거운 감자와 그

위에 부드럽게 녹은 치즈를 포크로 함께 퍼먹는 것인데, 나의 세 아이들이 엄청 좋아했었다. 막내딸은 한국에서 잘 먹지를 않아서 걱정이었는데, 이 재킷 포테이토를 많이 먹고 꽤 컸다.

제2차 세계대전 당시 그렇게 공급 통제를 벗어난 생선과 감자로 만든 피시 앤드 칩스를 먹으면서 영국인들은 전란을 견뎌냈다. 처칠은 그래서 피시 앤드 칩스를 '좋은 친구good companions'라고 했다. 나치에 맞서 함께 싸운 벗이라는 얘기였다.

1944년 6월 미국과 영국의 연합군이 프랑스 북부 노르망디 해안에 상륙해 독일 본토 공격을 본격화하는 노르망디 상륙 작전 당시에는 피시 앤드 칩스가 비공식 암호로 사용되기도 했다. 수 만 명의 군사가 뒤엉킨 아수라장의 상황에서 영국군끼리는 '피시'하면 '칩스'라고 답하면서 서로를 확인함으로써 작전을 원활하게 수행할 수 있었다. 그러니 영국인의 입장에선 전우와 같은 존재가 아닐 수 없다.

가자미는 영국인들에게 '눈물 젖은 빵'

처칠은 1945년 7월 23일 만찬 메뉴로 피시 앤드 칩스를 정하면서 피시는 가자미로 했다. 처칠의 막내딸이 보좌진으로 회담에 참여하고 있었는데, 그녀의 전언에 따르면 처칠은 만찬 메뉴를 정하는 데 일주일간 고민을 거듭했다고 한다. 일주일의 고민 끝에 정한 메뉴가 '가자미 튀김과 칩스'였던 것이다. 가자미로 정한 것은 가자미가 당시 영국인들에게는 '눈물 젖은 빵'이었기 때문이다.

원래 괜찮은 피시 앤드 칩스의 피시는 북해산 대구를 튀긴 것이

산업혁명 이후 많은 노동시간과 짧은 휴식 시간에 시달린 영국의 노동자들이
즐겨 먹었던 피시 앤드 칩스는 오늘날 영국의 국민 음식이 되었다.

다. 하얀 살, 그리고 담백하면서 고소한 맛이 영국인들을 북해산 대
구 마니아로 만들었다. 그런데 전쟁 중에는 대구를 잡으러 북해로
나아갈 수가 없었다. 북해에도 독일 잠수함이 깔려 있었기 때문이
다. 기껏 갈 수 있는 데가 영국과 프랑스 사이의 좁은 바다 도버해협
이었다. 거기서는 가자미가 잡혔다. 꿩 대신 닭, 대구 대신 가자미로
피시 앤드 칩스를 만들어 먹으면서 전쟁을 치렀다.

그래서 처칠은 도버해협산 가자미 튀김과 칩스를 만찬 음식으
로 준비했다. 도버해협은 연합국의 승리를 가져온 노르망디 상륙 작
전을 위한 길이 되어 주기도 했다. 만찬에는 1937년산 할가르텐 리
즐링 와인도 함께 차려졌다. 처칠은 그런 '눈물 젖은 가자미 튀김'에
의미를 잔뜩 부여했다. 승전을 기념하는 파티에 전쟁 동안 끼니를
해결하게 해준 '눈물 젖은 빵'을 내놓고, 이를 함께 나누면서 전우애

를 불러일으켜 전후 질서를 유지하는 데 있어서도 서로 협력할 것을 호소한 것이다. 함께 포츠담회담에 참여한 미국의 트루먼 대통령, 소련의 스탈린 공산당 서기장도 공감을 해줬다.

유럽에서 영국은 음식이 형편없는 나라로 알려졌다. 영국에서 유학한 나로서는 피시 앤드 칩스, 요크셔푸딩 등 영국 음식에 불만이 없다. 오히려 즐겼다. 칩스(프렌치프라이)만으로 점심 한 끼를 해결하는 경우도 있었다. 모자라는 게 많던 유학 시절이라 그럴 수도 있겠지만, 지금도 이런 음식들이 그립다. 하지만 고상한 유럽인들은 영국 음식과 음식 문화를 무시한다.

정치인들도 영국 음식을 갖고 풍자를 자주 한다. 2005년 7월에 자크 시라크 프랑스 대통령, 푸틴 러시아 대통령, 게르하르트 슈뢰더 독일 총리가 회담을 했는데, 그 자리에서 시라크가 농담을 했다. "음식이 형편없는 나라 사람은 믿을 수 없다. 영국이 유럽 농업에 기여한 것은 광우병뿐이다. 핀란드 다음으로 영국 음식이 형편없다." 푸틴도 슈뢰더도 함께 웃었다. 영국으로 소식이 전해져 영국 사람들은 분노했다. 하지만 영국과 프랑스는 너무 오랫동안 앙숙 관계여서 이런 일이 비일비재하게 발생해왔고, 그래서 외교적 갈등으로까지 번지지는 않았다.

영국 음식은 그렇게 지금도 놀림감이 될 만큼 낮게 평가되고 있다. 그 와중에 처칠은 영국의 대중 음식 피시 앤드 칩스로 감동의 현장을 만들어냈으니 그의 공감과 소통 능력은 이런 면에서도 여실히 드러난다고 하지 않을 수 없다.

이후에도 영국의 국민 음식 피시 앤드 칩스는 종종 외교 현장에서 영국을 대표하는 음식으로 등장해왔다. 2015년 10월에는 시진 핑 중국 주석이 영국을 방문했다. 데이비드 캐머런 영국 총리는 시 진핑을 버킹엄셔에 있는 별장 '체커스'로 초대해 회담을 했다. 회담 주제는 골치 아픈 것이었다. 서방에 맞서는 시리아에 대해 유엔이 제재에 나섰고, 여기에 러시아는 반대하고 있었다. 캐머런은 시진핑 이 유엔과 협력해 시리아 제재에 나서달라고 설득했다.

물론 바로 결론이 날 만한 일은 아니었다. 여러 차례 의견 조율 을 해야 접점을 찾을 수 있는 문제였다. 영국 제품의 대중국 수출, 영 국에 대한 중국 자본의 투자 등도 중요한 협의 사항이었다. 두 정상 은 이런 문제들을 깊이 논의했다. 이런 골머리 아픈 주제를 논의한 다음에는 바로 인근의 펍으로 갔다.

영국은 작은 시골 마을에도 동네 사람들이 모이는 펍이 있다. 여기에 모여 이런 저런 주변 애기도 하고 벽에 걸린 큰 TV로 축구 경기도 함께 본다. 나도 영국 유학 시절 가족과 함께 여행을 하다 작 은 마을들을 지나면서 펍에 들러 점심이나 저녁을 해결하곤 했는데, 파는 음식이나 모여 있는 사람 모두 정겹고 푸근한 느낌이었다. 캐 머런이 시진핑을 그런 동네 펍 '더 플라우 앳 카드스덴'으로 데려간 것이다.

거기서 영국 맥주 '그린 킹 아이피에이' 두 잔, 그리고 피시 앤 드 칩스를 시켰다. 계산은 캐머런이 했다. 1만 7,000원. 영국과 중국 의 정부 수반이 함께 영국의 서민 음식 피시 앤드 칩스를 먹는 모습 은 양국 국민들에게 서로를 훨씬 가깝게 느끼도록 해주었다. 아니나 다를까, 이 펍은 중국인들의 이목을 집중시켰고, 이제 중국 관광객들의 필수 코스가 되다시피했다.

식사 정치와 식사 외교를 즐긴 처칠

처칠은 식탁에서 음식을 같이 나누면서 정치적인 대화, 외교적인 협상을 하는 것을 좋아했다. 음식을 정치와 외교에 잘 활용했다. 제2차 세계대전 초반 독일의 공세는 무서웠다. 서쪽으로 프랑스를 점령한 뒤 러시아를 공격했다. 독일의 공격에 시달리던 소련의 공산당 서기장 이오시프 스탈린은 처칠에게 독일을 서쪽에서 공격해줄 것은 계속 요구했다. 영국군을 이끌고 프랑스 서해안으로 상륙해 독일군을 공격해달라는 것이었다.

영국과 미국도 그런 작전을 계획하고 있었다. 하지만 처칠은 준비를 철저하게 한 뒤 상륙하겠다는 생각이었다. 미국을 그렇게 설득했고, 소련에게도 그렇게 설명했다. 하지만 스탈린은 조기 상륙 작전을 계속 주문했다. 1942년 8월 처칠이 직접 모스크바를 방문했다. 스탈린을 만나 자세히 설명했다. 자신의 장기인 그림 실력까지 발휘해가며 설득했다.

악어를 종이 위해 그린 뒤 주둥이 쪽은 너무 위험하다, 그러니 말랑말랑한 배를 먼저 찔러 힘을 뺀 다음 정면에서 공격해야 한다고 얘기해줬다. 아프리카와 이탈리아를 먼저 공격하고, 그러는 사이 프랑스 상륙 작전은 차근차근 준비해서 해야 한다는 것이었다.

스탈린은 물론 조기 상륙 작전을 주장했다. 여러 차례 만찬을 함께 하며 둘은 의견을 조정해나갔다. 새벽 1시 30분에 통돼지구이를 함께 뜨며 얘기를 이어가기도 했다. 처칠은 함께 요리를 즐기면서도 돼지머리는 도저히 먹을 수 없어서 정중히 거절했는데, 스탈린은 돼지머리를 직접 잘라 손으로 맛있는 부위를 발라서 먹었다고 한다. 처칠도 스탈린도 모두 밤에 활력이 쏟아나는 올빼미형이었다.

둘 다 대식가이기도 했다. 술과 음식을 밤늦게까지 마시고 먹으면서 일하는 것을 즐겼다. 그렇게 맛있는 음식을 함께 나누며 의견을 조정해 상륙 작전은 늦춰졌다. 결국 노르망디 상륙 작전은 1944년 6월 6일 단행되어 성공을 거뒀다. 식사 정치와 식사 외교를 즐긴 처칠답게 작전 성공 직후 처칠은 노르망디 해안을 찾아 작전의 주역인 연합군 지상군 사령관 버너드 몽고메리 장군과 나란히 모래사장 식탁 위에 앉았다. 병사들과 함께 노천에서 가벼운 식사를 함께 하면서 군인들과 호흡을 같이 하는 모습을 보인 것이다. 군인들은 사기가 높아질 수밖에 없었다. 이 상륙 작전 덕분에 연합국은 승리할 수 있었다.

밤에 혼자서 일할 때도 처칠은 밤참을 즐겼다. 프랑스식 콩소메를 밤참 메뉴로 제일 좋아했다. 콩소메는 고기와 야채를 함께 삶아 맑게 걸러낸 수프다. 새벽 2시, 3시에도 콩소메를 먹는 경우가 있어 처칠의 요리사는 항상 주방에 콩소메를 준비해 두었다.

처칠이 덴마크를 방문한 적이 있다. 덴마크 왕 프레데리크 4세로부터 훈장을 받고 왕궁에서 하루를 묵는 일정이었다. 왕궁에서 잠을 자게 된 처칠이지만 밤참을 건너뛰기가 어려웠다. 그런데 왕궁의 요리사들은 모두 퇴근을 해 음식을 만들어낼 사람이 없었다. 그러자 왕이 직접 나섰다. 주방에 직접 들어가 수프 한 그릇을 끓여 처칠의 밤참 욕구를 달래주었다.

각설하고, 포츠담회담 얘기로 돌아가 보자. 처칠은 그렇게 전쟁 중에도, 전쟁이 끝나가는 와중에서도 연합국 사이의 결속을 위한 외교에 주력했다. 그런데 포츠담에서 전후 질서 정립 외교를 하는 동안 처칠은 실망스런 소식을 접한다. 자신이 이끌던 보수당인 총선에서 패배했다는 소식이었다. 공교롭게도 이 소식을 처칠은 7월 23일 만찬 직전에 통보받았다. 실망스런 소식을 접했지만, 처칠은 아무 일 없다는 듯 계획된 만찬을 전우들에게 제공하고, 7월 25일 처연히 포츠담을 떠났다.

그날부터 포츠담회담의 영국 대표는 노동당 당수 클레멘트 애틀리로 바뀌었다. 처칠은 총리직은 잃었지만 보수당 당수로 남아 전후 유럽을 단결시키는 데 기여했다. 유럽이 결속해 경제·사회적 발전을 공동으로 추진해야 하고, 그를 통해 소련 공산 세력의 팽창을 막아야 한다고 호소하면서 실제 유럽이 공존의 길을 가게 하는데 많은 공헌을 했다. 1951년에는 노동당을 누르고 다시 집권해 1955년까지 총리직을 수행했다.

이때 복지를 확장하는데 많은 노력을 기울였다. 의료 혜택을 확대하고 주택 공급도 늘리고 노동 조건은 개선하고 실업자는 줄이는데 정책에 역점을 두어 많은 성과를 거두었다. 총리 이후에도 1965년까지 하원의원으로 활동하다 사망했다. 30만 명이 넘는 시민들이 그의 유해를 참배했다. 엘리자베스 2세도 장례식에 참석했다. 왕은 신하의 장례식에 가지 않는 것이 영국의 오랜 관습이지만, 엘리자베스 2세는 처칠의 장례식에 참석해 시민들과 함께 그를 추모했다.

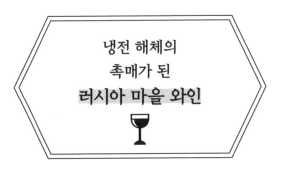

냉전 해체의
촉매가 된
러시아 마을 와인

소련을 겁나게 한 것은 퍼싱 II 미사일

1980년대 후반은 세계사의 물줄기를 돌리는 격동기였다. 19세기 후반 카를 마르크스가 사회주의를 제창하고 이를 받아 블라디미르 레닌이 1917년 10월 러시아에서 사회주의혁명에 성공한 이후 사회주의는 자본주의에 대한 대안으로 주목받았다.

세계의 많은 나라에서 노동자와 농민 등 중산층 아래 세력은 사회주의 이념과 정당에 희망을 걸었다. 인류가 있는 한 계속될 성장과 분배의 논쟁도 사회주의 세력이 있어서 활기 있게 전개될 수 있었다. 하지만 1980년대 후반 거대한 자유주의 물결이 동유럽 사회주의 국가들을 자본주의로 바꿔놓고, 1991년 12월 소련까지 해체시키면서 사회주의는 세력을 잃었다.

프랜시스 후쿠야마는 '역사의 종언'이라는 말로 사회주의의가 몰락하고 자유민주주의가 이념 논쟁의 최종 승자인 것처럼 기술했지만, 인류에게 이데올로기 문제는 그렇게 단순한 게 아니다. 하나로 정리될 수 있는 것은 더욱 아니다. 인간은 모두가 지향점이 다르고 가치관·세계관도 각양각색이다.

그런 만큼 이념은 꾸준히 생멸을 거듭할 것이고, 시대에 따라 지역에 따라 그 환경에서 형성될 수 있는 이념이 생겨날 것이다. 과거의 이념이 새롭게 살아날 수도 있고, 새로운 가치를 담은 이데올로기가 인류의 가슴을 울릴 수도 있다. '이념 논쟁의 역사는 끝났다'는 '역사의 종언' 주장은 그래서 너무 무모하게 들린다.

1980년대 후반은 그런 격동의 시간이었는데, 미국과 소련 사이 군비 경쟁, 군축 협상에서도 격동의 모습은 여실히 관찰된다. 미국과 소련의 미사일 경쟁은 1970년대 후반 소련이 SS-20 미사일을, 미국이 퍼싱 II 미사일을 개발해 배치하면서 더욱 심화된다.

SS-20은 사정거리가 5,500킬로미터가 안 되어서 전략무기로 분류되지는 않았지만, 차량에서 발사하는 이동식 미사일이어서 소련의 동쪽으로 이동해서 발사하면 사정거리 5,500킬로미터 이상의 전략무기와 같은 효과를 낼 수 있는 미사일이다. 그래서 소련이 1976년 이 미사일을 배치하자 북대서양조약기구NATO 국가들은 이에 반발하며 SS-20의 폐기를 요구한다.

소련이 들어줄 리 만무했다. 그래서 미국은 이에 대한 대응 수단으로 중거리탄도미사일 퍼싱 II 108기를 서독에 배치한다. 추가로 그리폰 지상 발사 순항미사일 464기도 서유럽(영국 160기, 서독 96기, 이탈리아 112기, 네덜란드 48기, 벨기에 48기)에 배치한다.

특히 소련을 겁나게 한 것은 퍼싱 II였다. 5~18킬로톤의 핵탄두를 싣고 1,800킬로미터를 날아가 공산오차(미사일을 발사했을 때, 발사한 미사일의 반수가 명중하는 원의 반경) 30미터로 목표물을 명중시킬 수 있는 게 퍼싱 II인데, 공산오차가 150~450미터 정도인 SS-20보다는 성능이 월등히 우수한 것이었다. 대량살상무기의 경우 정밀도는 매우 중요한 의미를 지니고 있다. 많은 인명을 살상하는 무기이기 때문에 무고한 민간인도 죽일 가능성이 높고, 그래서 실제 사용가능성은 낮은 것이 대량살상무기이다.

하지만 대량살상무기이면서 정밀도가 아주 높다면 얘기는 좀 달라진다. 적의 군사기지 등을 정확히 타격할 필요가 있을 때 사용될 가능성이 높아지는 것이다. 결국 정밀도 높은 대량살상무기는 파괴력과 사용 가능성 측면에서 적에게 큰 공포감을 주는 것이다.

미국이 개발한 중거리탄도미사일 퍼싱 II는 상당히 높은 정밀도를 가지고 있는 대량살상무기였기에 소련에게 큰 공포감을 주었다.

더욱이 서유럽에 배치된 퍼싱 II는 6~10분이면 모스크바를 칠 수 있는 것이었다. 소련은 퍼싱 II 배치를 보면서, 파괴력과 사용 가능성, 속도가 함께 뭉쳐 만들어내는 공포감을 체감하지 않을 수 없게 된다.

'핵전쟁은 하지 않는다'

게다가 1981년 1월 미국 대통령이 되는 로널드 레이건은 '냉전의 전사'를 자임하면서 세계 질서를 신냉전으로 끌고 가는 정책에 서슴없이 나선다. 카터 행정부가 소련과 합의한 SALT II(대륙간탄도미사일과 잠수함발사미사일, 전략폭격기, 공대지탄도미사일의 총수를 1981년 말까지 2,250기로 줄인다는 내용)를 유화 정책으로 비판하고 무시한다. 미국의 인공위성에 미사일을 달아 소련의 미사일을 요격한다(그래서 '스타워즈'로 불렸다)는 '전략방위구상SDI'도 추진한다. 소련을 노골적으로 '악의 제국'이라 부르면서 봉쇄를 통해 붕괴시키겠다는 의도를 숨기지도 않는다.

소련도 이에 질 수는 없는 노릇이었다. SDI를 미국의 핵전쟁 준비로 보고, 이를 뚫기 위한 미사일 개발과 핵무기 대량 배치에 착수한다. 하나의 미사일에 여러 개의 핵탄두를 장착하는 다탄두미사일 MIRV을 만들어 내고, 몇 년 사이 핵무기 수도 1.5배로 늘린다(1980년 3만 개였는데, 1986년에는 4만 5,000개가 된다).

이렇게 치킨 게임 양상으로 진행되던 군비 경쟁은 1985년 3월 미하일 고르바초프가 소련공산당 서기장에 취임하면서 양상이 달라진다. 고르바초프는 소련의 경제와 정치, 사회의 전반적인 개혁을 추구한다. 피폐해진 경제를 살리기 위해 시장경제를 받아들이고 모스크바에 시장도 세운다.

정치적으로는 정치 활동과 언론 활동의 자유를 허용하는 페레스트로이카(개혁)를, 사회적으로는 정보를 개방하도록 하는 글라스노스트(개방)를 추진한다. 그 연장선상에서 소련 경제에 큰 짐이 되어 있던 군비 경쟁도 지양하는 선택을 하지 않을 수 없었다. 당시 고르바초프는 퍼싱 II를 '소련의 머리를 겨냥하고 있는 권총'이라고 평하면서도 이에 대항하는 중거리 탄도미사일을 개발하려는 정책 방향에 대해서는 반대했다. 그는 강력한 무기에 더 강력한 무기로 대항하는 정책은 '소련 군산복합체의 만족할 줄 모르는 탐욕' 때문에 나오는 것으로 보고 있었다.

소련 경제가 침체에서 벗어나기 위해서는 미국과의 군비 경쟁을 피해야 하고, 미국과의 관계를 개선해야 소련의 미래도 있다고 생각했다. 미국도 전략무기 확산 경쟁을 벌여오면서 맞닥뜨린 세계 여론의 비판에 어떤 식으로든 반응을 보여야 했다. SDI를 추진하기 위해서는 25년 동안 모두 1조 달러가 필요했는데, 당시 미국은 연 2,000억 달러의 재정적자와 1,500억 달러의 무역적자를 보고 있어서 SDI를 지속 추진하는 것은 부담이 아닐 수 없었다.

자국 경제에 부담이 되는 것은 줄이고 성장을 추진해야 하는 상황인 점은 미국이나 소련이나 다를 바가 없었다. 소련의 시베리아와 북극해의 유전을 미국 자본과 기술이 개발하는 것은 상생의 방안이었다. 이를 간파한 석유개발회사 옥시덴탈의 회장 아먼드 해머가 미소 정상회담을 주선했다. 그래서 레이건과 고르바초프는 1985년 11월 19일 스위스 제네바에서 만났다. 살을 에는 강추위 속에서였다.

벽난로 앞에서 사흘간 진행된 정상회담에서 고르바초프는 SDI 폐기와 공격용 무기 감축을 주장했다. 레이건은 SDI는 방어용이라며 고르바초프의 주장을 일축했다. 구체적인 합의가 나올 수 있는 분위기가 아니었다. 하지만 두 정상은 서로 만찬을 내며 개인적으로 가까워지는 기회를 가졌다. 그 결과 구체적인 내용은 아니지만 '핵전쟁은 하지 않는다'는 내용의 공동 성명을 발표할 수 있었다.

둘은 1986년 10월 다시 만났다. 장소는 아이슬란드의 레이캬비크였다. 고르바초프는 역시 SDI를 집중적으로 문제 삼았다. 이에 대해 레이건은 모든 핵무기를 제거하자고 제안했다. 둘의 주장은 너무 차이가 커 회담은 성과 없이 끝났다. 결렬이었지만 무의미한 것은 아니었다.

레이건의 '모든 핵무기 제거' 제안은 이후 미국과 소련의 군축 전문가 사이 협상의 초석이 되었다. 양측의 실무진은 레이캬비크 정상회담 이후 실질적인 협상을 계속했다. 군축 문제뿐만 아니라 아프가니스탄의 소련군 철수 문제, 소련 내 유대인 출국 제한 완화 등 많은 이슈들을 논의해 나갔다.

미소 정상회담에 등장한 와인의 의미

이런 문제들을 포괄적으로 논의하기 위해서는 또 한 번의 정상회담이 필요했다. 이번에는 워싱턴에서였다. 1987년 12월 8일 둘은 다시 만났다. 전술 핵무기부터 중거리 핵무기와 장거리 핵무기까지 군축 문제를 포괄적으로 논의하고, 그동안 실무 차원에서 논의되던 아프가니스탄 문제, 유대인 인권 문제도 함께 협상했다.

이란-이라크 전쟁도 논의 대상이었다. 레이건은 평화적 전쟁 종식을 위한 유엔의 결의안을 준수하지 않는 이란에 대해 무기 판매를 중지해야 한다고 주장했고, 고르바초프는 무기 금수는 곤란하다고 맞섰다. 이렇게 양측은 의견이 맞섰다. 며칠을 그렇게 씨름했다. 모든 것을 다 풀 수 있는 상황은 아니었다. 고르바초프는 소련의 경제난을 타개하기 위해서는 군비 경쟁을 완화하는 것이 무엇보다 중요하다고 보고, 소련에 크게 위협이 되는 중거리탄도미사일 감축에 우선적인 관심을 두었다.

미국과 소련이 이 문제에 집중한 결과 사정거리 500~5,500킬로미터 사이 중·단거리탄도미사일을 모두 폐기한다는 중거리핵전력(INF) 조약에 합의하게 되었다. 미국과 소련이 한 종류의 탄도미사일 전량을 파기하는 데 합의한 것이다. 12월 10일에 이르러서였다. 레이건과 고르바초프는 백악관 이스트룸에서 INF 조약에 서명하고 서명한 펜을 서로에게 선물로 전했다. 적대국 사이 이러한 합의는 결코 쉬운 것이 아니었다.

그런가 하면, 한반도 문제도 이 회담에서 논의의 대상이 되었다. 북한이 고르바초프를 통해 한반도 문제를 논의해줄 것을 요청했다. 고르바초프는 실제 북한으로부터 받은 문서를 레이건에게 전달했다. 문서 내용은 남북한을 연방공화국으로 통일하고 중립국을 창설하도록 하자는 것이었다. 남북한 군의 '민족군'으로 통합, 남북한 병력 10만 미만으로 감축, 외국 군대 철수, 남북한이 서명하는 불가침 선언 채택, 평화협정으로 휴전 협정 대체 등의 내용도 포함하고 있었다.

미국은 이에 대해 북한이 인도적 및 경제적인 분야에서 실재적이고 실현 가능한 신뢰 구축 조치를 추진할 의사가 없는 한 그런 제의는 비현실적이라고 판단했다. 그래서 북한이 보낸 제안을 놓고 미소 정상이 깊이 있는 협의를 진행하는 상황이 전개되지는 못했다. 다만 1980년대 후반 지구적 변화의 조류 속에서 북한도 스스로의 미래에 대해 많은 고민을 하면서, 고르바초프를 활용해 미국에 필요한 얘기를 전하고, 미국과 대화하려 했음은 분명해 보인다.

레이건과 고르바초프는 INF 조약에 서명하고, 몇 시간 후 다시 백악관 이스트룸에서 만나 만찬을 함께 했다. 미국이 용의주도하게 준비한 것은 메인 요리보다 와인이었다. 레이건이 고른 와인은 '아이언호스 1984 브루트 써밋 뀌베'였다. 레이건은 만찬 전 캘리포니아 주지사 시절부터 거래하던 와인 판매상 데이비드 버클리의 조언을 들었다.

버클리는 미소 정상회담의 와인은 두 가지 조건을 갖춰야 한다고 얘기해줬다. 첫째는 품질이 좋아야 하고, 둘째는 테마, 즉 주제가 있어야 한다는 것이었다. 그러면서 버클리는 '아이언호스 1984 브루트 써밋 뀌베'를 추천했다. 캘리포니아 소노마 카운티에 있는 아이언호스라는 와이너리에서 생산한 것이었다.

소노마 카운티를 북에서 남으로 흐르는 강이 러시안 리버고, 이

강의 일대가 러시안 리버 밸리다. 땅은 배수가 잘 되는 충적토이고, 일조량도 많고, 서늘한 태평양 바람까지 불어와 부드러운 맛의 피노누아 포도와 산도는 강하고 당도는 낮은 샴페인용 포도가 이 지역에서 잘 자란다.

날로 심화하는 미국과 중국의 전략 경쟁

러시안 리버와 이 일대는 이름에서 알 수 있듯이 러시아 사람들의 사연이 깊이 어린 곳이다. 러시아 사람들은 모피를 얻기 위해 수달 등의 동물을 찾아 17세기에는 시베리아 동남부 아무르 강(헤이룽강)으로 나아갔고, 18세기에는 알래스카, 19세기에는 캘리포니아까지 진출했다. 일부는 주변 농지에 포도와 곡물을 심어 경작했다. 러시아 사람들이 개척한 곳이어서 러시안 리버, 러시안 리버 밸리 등의 이름이 붙었다.

러시아인에 이어 멕시코에 정착해 있던 스페인 신부들이 이 지역에 진출해 포도 경작지를 늘렸다. 이후 포도밭은 계속 증가해 지금은 캘리포니아 와인 생산 주요 기지 역할을 하고 있다. 소노마 해안가에는 19세기 초 러시아인들이 정착해 살면서 만든 마을을 재현해 놓은 곳이 있다. 포트 로스(로스 요새)라는 곳이다. 여기에는 러시아 정교회 예배당과 무기 창고, 식량 창고, 집, 대장간 등이 19세기 초의 모습대로 복원되어 있다. 말 그대로 러시아 마을이 아닐 수 없다.

레이건은 이렇게 긴 사연을 지닌 러시아 마을에서 생산된 와인으로 고르바초프와 건배를 하면서 중요한 합의를 해낸 것을 축하하

러시안 리버 밸리에서 생산한 와인. 레이건은 러시아 마을에서 생산된 와인으로 고르바초프와 건배를 하면서 중요한 합의를 한 것을 축하했다.

고, 이후 더 깊은 논의의 분위기를 만들어 갔다. 레이건은 고르바초프를 '고르비'라고 부르고, 고르바초프는 레이건을 '론'이라고 애칭을 부를 정도로 가까워졌다.

INF 조약이라는 큰 합의를 만들어 내면서 미국과 소련은 서로에 대한 의심을 어느 정도 불식할 수 있게 되었다. 이를 계기로 탈냉전은 가속화했다. 고르바초프는 소련의 개혁과 개방, 서방과의 친선외교에 박차를 가했다. 2년 뒤인 1989년 12월 3일에는 고르바초프와 조지 H. W. 부시(아버지 부시)가 지중해의 몰타에서 만나 냉전 종식을 공식 선언하게 된다.

30년의 시간이 흘러 2019년 2월 2일 도널드 트럼프 미국 대통령은 INF 조약 탈퇴를 선언한다. 미국이 INF 조약에 묶여 중거리탄도미사일을 갖지 못하는 사이 중국이 중거리탄도미사일 능력을 마음껏 늘려왔다는 판단 때문이다. 미국은 중국을 포함하는 INF 조약의 확대를 생각하지 않고 이를 깨는 쪽을 택했다.

이후 6개월의 유예기간이 지나 8월 2일 이 조약은 폐기된다. 세계 현대사에서 가장 성공적인 핵군축으로 꼽혀 '핵군축의 골드 스탠더드'로까지 불리던 INF 조약은 그렇게 역사의 뒤안길로 사라졌다. 그러면서 역사는 거꾸로 흘러가는 모습이다. 미국은 다시 중거리탄도미사일을 생산, 배치하려 하고 있다. 러시아도 중국도 중거리탄도미사일을 늘려 나가고 있다. 동북아가 군비경쟁의 장이 되어 있는 것이다. 그러면서 레이건이 대통령이 되면서 만들어졌던 신냉전 구도가 재현되고 있다.

미국과 중국의 전략 경쟁은 날로 심화하고 있다. 그 속에서 한반도는 미국과 중국의 경쟁이 첨예하게 부딪치는 현장이 되어가고 있다. 동북아의 해빙 분위기 속에서나 가능한 북미 핵협상과 북핵 문제 해결은 우리 손에서 차츰 빠져나가는 느낌이다. 신데탕트를 만들고 한반도 문제를 풀어내기 위해서는 제네바-레이캬비크-워싱턴-몰타회담의 긴 과정을 다시 기다려야 하는 것 아닌가 하는 우려를 하지 않을 수 없는 상황이 되어가고 있다.

1980년대 후반 긴 냉전 해체의 과정에서 1987년 12월 워싱턴 정상회담은 중요한 변곡점이었고, 거기서 INF 조약이 만들어 지는 데에는 러시아 사람들의 사연이 담긴 지역에서 공수해온 와인도 큰 기여를 했다. 사연 있는 음식, 스토리 있는 식탁의 외교적 기능은 이렇게 외교사 곳곳에 숨겨져 있다.

그런 스토리 담은 음식이 더 분주하게 준비되고 더 결정적 역할을 하는 자리가 많이 만들어져야 할 시점이다. 1980년대 후반에는 미국과 소련 사이에 그런 것이 필요했었고, 지금은 미국과 중국 사이에 그런 것이 절실하게 요구된다.

이스라엘-요르단
국경 넘나든
도미의 평화 만들기

이스라엘과 아랍 국가들 사이의 전쟁

『성경』에 나오는 가나안은 팔레스타인 땅을 말한다. 지중해의 맨 동쪽을 연안으로 가지고 있으면서 북쪽 레바논 산맥에서 남쪽 시나이반도 사이의 땅이다. 이 팔레스타인 땅에 유대인이 살기 시작한 것은 기원전 15세기경이다.

기원전 997년에는 다윗이 이스라엘왕국을 건설해 국가의 모습을 갖췄다. 하지만 기원선 6세기에 바빌로니아에 의해 왕국이 패망했고, 기원전 100년 무렵부터는 로마의 지배를 받게 됐다. 70년과 135년 로마를 상대로 전쟁을 벌였지만 완전히 패해 유대인은 세계 곳곳으로 흩어졌다.

로마가 점령하고 있던 팔레스타인이 637년에는 아랍인들의 차지가 된다. 11세기 말부터는 서유럽에서 성지 탈환에 나선 기독교도 십자군이 점령하기도 했지만, 16세기에 이르러서는 오스만제국의 세력이 커지면서 팔레스타인도 오스만제국의 땅이 된다. 그러다가 제1차 세계대전 와중인 1917년부터는 영국이 점령한다.

1930년대 독일에서 나치가 유대인을 학대하면서 유대인의 팔레스타인 귀환이 증가해 팔레스타인에서 유대인과 아랍인 사이의 갈등은 점점 심화되어 간다. 그러자 영국은 이 문제를 유엔으로 넘기게 되고, 유엔은 1947년 10월 결의안을 만들어 팔레스타인을 유대인 지역 52퍼센트, 아랍인 지역 48퍼센트로 분할한다. 아랍인들이 강력 반발하지만, 유대인들은 유대인 지역에 1948년 5월 14일 이스라엘을 건국한다.

바로 이튿날인 5월 15일 이집트와 요르단, 사우디아라비아, 시리아, 레바논 등 아랍 국가들은 이스라엘에 대해 공격을 개시한다. 제1차 중동전쟁이다. 결과는 이스라엘의 승리였다. 전쟁 결과 이스라엘은 아랍인 지역 가운데에서 갈릴리 북쪽 지역과 네게브 사막 지역까지 차지한다.

이후에도 이스라엘과 아랍 국가들 사이 전쟁은 계속되어 1956년에는 범아랍주의를 내세워 아랍의 단결을 도모하던 이집트의 가말 압델 나세르 대통령이 수에즈운하를 국유화하면서 제2차 중동전쟁이 발발한다. 영국과 프랑스가 공동 운영하던 수에즈운하를 이집트가 국유화하면서 이에 대한 보복으로 영국과 프랑스가 이스라엘과 손잡고 이집트를 공격한 것이다. 전쟁을 중단시키려는 미국의 압박과 유엔의 개입으로, 이스라엘과 이집트가 전쟁 전 국경을 지키는 선에서 휴전에 합의하면서 전쟁은 끝난다. 영토의 변화는 없었지만,

수에즈운하. 범아랍주의를 내세워 아랍의 단결을 도모하던 이집트의
가말 압델 나세르 대통령이 1956년수에즈운하를 국유화하면서
제2차 중동전쟁이 발발했다.

이스라엘은 이때부터 침략국 이미지를 안게 되고, 나세르 대통령은
아랍민족주의 지도자로서의 입지를 강화하게 된다.

제3차 중동전쟁은 1967년 일어난다. 이집트가 이집트와 사우
디아라비아 사이에 있는 티란 해협을 봉쇄하고, 시나이반도에 주둔
하던 유엔군을 철수시키자 이스라엘이 이집트를 공격한 것이다. 요
르단과 시리아도 이집트를 지원했지만, 이스라엘의 군사력을 당해
내지는 못해 전쟁은 6일 만에 이스라엘의 승리로 마무리된다. 그래
서 '6일 전쟁'이라고도 한다.

그 결과 이스라엘은 시나이반도와 요르단 강 서안, 가자지구,
동예루살렘, 골란고원 등을 차지하게 되는데, 이를 계기로 이스라
엘-팔레스타인 분쟁은 더욱 악화된다. 특히 이때 이스라엘이 요
르단으로부터 빼앗은 요르단 강 서안에는 팔레스타인인들이 꾸준

히 유입되어 팔레스타인해방기구PLO가 여기에 수립되고(1974년), 1988년에는 요르단이 이 지역을 포기함으로써 이스라엘 땅이 된다.

미국과의 관계를 강화하면서 경제적 실리를 추구한 후세인

1973년의 제4차 중동전쟁은 이집트와 시리아가 제3차 중동전쟁에서 잃은 시나이반도와 골란고원을 회복하기 위해 이스라엘을 선제공격하면서 일어난다. 초반에는 아랍 세력이 우세했지만, 이스라엘이 반격하면서 전세는 역전되고, 미국과 소련, 유엔이 중재에 나서 휴전을 성립시킨다. 전쟁은 무승부로 끝난 것이다.

전쟁의 원인이 되었던 시나이반도는 오랜 협상 끝에 1982년 이스라엘이 이집트에 넘겨주고, 골란고원은 이스라엘이 계속 점령해 지금도 이스라엘 점령 하에 있다. 하지만 시리아는 지속적으로 골란고원의 반환을 요구하고 있고, 국제사회도 이를 이스라엘 땅으로 인정하지 않고 있다. 이렇게 제2차 세계대전 이후 여러 차례 전쟁을 거치면서 이스라엘은 많은 아랍 국가들의 땅을 차지해 분쟁은 지금도 끊이지 않고 있다.

분쟁이 계속 되는 동안 이스라엘과 아랍 측의 협상도 진행되어 1979년에는 '캠프데이비드 협정'이 체결된다. 지미 카터 미국대통령의 중재로 메나헴 베긴 이스라엘 총리와 안와르 사다트 이집트 대통령이 1967년 제3차 중동전쟁으로 이스라엘이 점령한 시나이반도를 이집트에 돌려주기로, 또 요르단 강 서안과 가자지구에서 팔레스타인인들의 자치를 인정하기로 합의한 것이다.

하지만 독립국가 건설을 목표로 하고 있는 팔레스타인인들과 이스라엘의 갈등·분쟁 상태는 계속된다. 그러다가 이스라엘과 팔레스타인해방기구가 협상을 거쳐 1993년 9월 오슬로 평화협정을 체결한다. 팔레스타인 자치국의 건설에 합의한 것이다. 이렇게 되자 중동에서 어느 정도 평화 무드가 형성되어 이스라엘과 요르단 사이에도 평화 협상의 필요성이 제기된다.

요르단도 대부분의 아랍 국가들처럼 1948년 이스라엘 건국 이후 이스라엘과는 갈등·분쟁 상태를 벗어나지 못하고 있었다. 하지만 이스라엘-팔레스타인 관계가 개선되면서 이스라엘-요르단 관계도 개선될 계기를 맞게 된 것이다. 오슬로 평화협정이 체결될 무렵 이츠하크 라빈 이스라엘 총리가 비밀리에 요르단을 방문해 후세인 국왕을 만났다.

라빈은 오슬로 평화협정에 대해 설명하고 이스라엘-요르단 관계 발전의 방안을 논의했다. 라빈은 "요르단이 지금 움직이지 않으면 오슬로 평화협정 이후 전개되는 국제정세의 큰 변화에서 소외될 수 있다"고 겁을 주기도 했다. 라빈-후세인의 비밀 회동은 이스라엘의 정보기관 모사드의 부국장 에프라임 할레비가 만들어낸 것이었다. 이후 할레비는 후세인과 비밀 통신선을 유지하면서 양국 협상의 핵심 역할을 계속했다.

할레비는 또한 요르단의 요구를 미국에 전하는 역할도 했다. 요르단은 1967년 제3차 중동전쟁에서 잃은 땅 가운데에서 사해 남쪽 지역을 되찾고 싶어 했다. 미국으로부터는 7억 달러에 이르는 외채를 탕감 받고 싶어 했다. 할레비는 이런 요르단의 요구를 미국에 전했다. 대신 미국은 요르단이 이스라엘과 평화협정을 맺도록 종용했다. 요르단-이스라엘 평화협정은 이스라엘과 요르단, 미국의 요구들이 조정돼야 하는 것이어서 쉽지 않은 과정이었다. 게다가 주변 아랍 국가들의 입장이 서로 달랐다. 이집트의 호스니 무바라크 대통령은 후세인에게 요르단과 협상을 계속 하도록 독려했다. 반면에 시리아의 하페즈 알아사드 대통령은 요르단이 이스라엘과 대화를 하는 정도는 괜찮을지 모르지만 협정을 맺는 것은 반대했다.

라빈과 후세인은 요르단의 수도 암만에서 만나기도 하고, 워싱턴에서 협상을 하기도 하고, 영국 런던에 있는 후세인의 집에서 비밀리에 만나기도 하면서 협상을 계속했다. 후세인은 인구 460만 명의 가난한 소왕국 요르단을 실용적 리더십과 능란한 외교력으로 이끌고 있었다. 1953년 18세에 왕위에 오른 뒤 친미 노선을 걷고 있었다. 아랍 국가의 지도자들 대부분이 아랍민족주의 노선을 내세우며 친소련 정책을 추구하고 있던 때였지만, 후세인은 미국과의 관계를 강화하면서 경제적 실리를 추구했다.

요르단과 이스라엘을 넘나드는 도미

1967년 제3차 중동전쟁 당시에는 이집트 쪽에 가담했다가 요르단 강 서안과 동예루살렘을 잃기도 했다. 팔레스타인을 지지하지만 팔레스타인해방기구가 이스라엘을 공격하자 팔레스타인과 전투를 벌이기도 했다. 이스라엘, 팔레스타인, 시리아, 이라크, 사우디아라비 등 늘 꿈틀거리는 중동 국가들 사이에서 요르단의 생존을 이끌어나가기 위해서는 그렇게 국제정세를 세밀하게 읽으면서 민활하게 대처해 나가야 했다.

1급 조종사 자격을 갖고 있던 그는 때론 직접 특별기를 몰고 다니면서 생존 외교에 동분서주했다. 4명의 미인 왕비와 결혼해 세계인들의 관심을 받기도 했다. 이스라엘과의 협상에서도 후세인은 자신의 장기인 외교력과 협상력을 십분 발휘했다. 이스라엘 정보기관의 2인자를 활용해 이스라엘 최고 수뇌부와 필요한 조정을 해나가고, 미국에 대해서는 경제적·군사적 지원을 확보하기 위한 노력을 계속했다.

긴 협상 끝에 요르단은 잃은 영토 가운데 약 300제곱킬로미터를 돌려받게 되었고, 이스라엘이 점령하고 있는 이슬람 성지 동예루살렘의 관리에 대한 발언권도 인정받게 되었다. 미국은 요르단에게 7억 달러 외채를 탕감해주는 한편 중대 규모의 F-16 전투기도 제공해주기로 했다. 이스라엘이 얻은 것은 동쪽 국경 지대의 안정이었다. 아랍권과 전방위적으로 맞서온 이스라엘 입장에서는 요르단이 위치한 동쪽에서만이라도 안보 불안 요소를 줄일 수 있다면, 이는 매우 큰 의미가 있는 것이었다.

이렇게 협상이 마무리되고 1994년 10월 26일에는 양국이 평화협정에 서명했다. 요르단-이스라엘 접경 지역 가운데 하나인 요르단의 아라바에서 라빈 이스라엘 총리와 압델 살람 마잘리 요르단 총리가 평화협정에 서명한 것이다. 역사적인 장면인 만큼 후세인 국왕과 빌 클린턴 미국 대통령, 워런 크리스토퍼 미국 국무장관, 안드레이 코지레프 러시아 외교 장관, 그리고 독일과 이탈리아·러시아 등의 고위 관리들이 서명식을 지켜보았다.

보름 후인 11월 10일에 후세인은 다시 이스라엘을 방문했다. 아랍 국가의 지도자가 이스라엘을 방문한 것은 사다트 이집트 대통령의 1978년 방문 이후 처음이었다. 이스라엘과 요르단 정부가 비준한 평화협정을 교환하기 위해 후세인이 이스라엘을 방문한 것이다. 후세인은 갈릴리호에 연해 있는 체마치에서 이스라엘 총리 라빈을 만났다. 이스라엘 측과 여러 차례 비밀협상을 진행하면서 후세인은 자신이 이스라엘 지도자를 만나는 모습을 공개하지 않았다.

하지만 이때는 처음으로 공개했다. 협상이 마무리되고 평화협정까지 체결해 양측 정부가 비준까지 했기 때문에 공개석상에 나타난 것이다. 후세인과 라빈은 함께 갈릴리호를 바라보며 대화를 나누기도 하고 만찬도 함께 했다. 만찬의 메인 요리는 도미였다.

도미는 그냥 도미가 아니라 진한 의미를 담은 도미였다. 만찬을 책임진 이스라엘 총리실의 수석 주방장 샬롬 카도쉬는 메인 요리를 뭘로 할지 고민을 많이 했다. 요르단 국왕의 역사적인 방문인 만큼 그 의미를 깊이 담아낼 수 있는 요리라야 했다. 고민 끝에 찾아낸 것이 도미인데, 요르단과 이스라엘을 넘나드는 도미였다.

홍해를 거슬러 북쪽으로 올라가면 시나이반도를 만난다. 거기서 서쪽으로 가면 수에즈 만을 거쳐 수에즈운하로 간다. 동쪽으로 가면 아카바 만으로 들어가게 되고 그 만의 최북단에 두 개의 항구가 있다. 서쪽의 아일라트는 이스라엘, 동쪽의 아카바는 요르단이다.

이 두 개 항구가 만나는 국경 부근에서 성장하기 시작해 커가면서 아일라트와 아카바를 오가며 사는 도미가 있다. 이스라엘과 아랍을 유유자적 자유롭게 오가면서 서식하는 도미이다. 먼 거리를 유영하기 때문인지 다른 어떤 생선보다도 맛깔스러워 이스라엘 사람들이 좋아하는 생선이다. 카도쉬가 생각해낸 것이 이 도미였다. 그걸로 만찬을 준비했다.

도미가 상징하는 것은 교류와 소통, 통일

만찬 도중 후세인 국왕도 자신의 먹은 생선이 어떤 것인지 궁금했던 모양이다. 카도쉬를 불러 물었다. 카도쉬는 "요르단의 항구 아카바와 이스라엘의 항구 에일라트 사이를 오가며 사는 도미를 사용했다"고 답해줬다. 그리고는 "이 도미처럼 두 나라도 이웃 국가들과 평화롭게 교류하며 살게 되기를 바랍니다"라고 덧붙였다.

이에 후세인은 "셰프님, 아니 어떻게 그런 생각까지 하셨나요?"라고 반응해줬다. "갑자기 떠오른 생각은 아닙니다. 오랫동안 생각해 왔고, 또 정말 그럴 수 있다고 믿습니다"라고 카도쉬는 국빈 만찬의 셰프답게 자기 생각을 분명하게 말했다.

맛도 맛이었겠지만, 국경에서 나서 양국을 오가면 자란 도미가 상징하는 교류와 소통, 통일이라는 의미, 거기에 그런 것을 생각해낸 이스라엘 측 셰프의 깊은 배려, 이런 것들이 후세인 국왕의 마음을 녹여놓았다.

당시는 긴 평화협정 협상을 마무리하고 양국에서 비준된 평화협정서를 교환하는 자리였다. 평화 분위기는 어느 정도 무르익어 있었다. 거기에 국경을 오간 도미가 더해져 양국 사이 평화 분위기는

평화협정 체결을 기념한 만찬을 책임진 주방장 샬롬 카도쉬는 이스라엘과
아랍을 유유자적 자유롭게 오가면서 서식하는 도미를 메인 요리로 제공했다.
사진은 도미로 만든 요리.

더욱 깊어졌다. 이스라엘과 아랍 세계는 한때 평화가 이루어지더라
도 곧 깨지고 경색과 긴장으로 돌아가는 경우가 비일비재하다. 하지
만 이스라엘과 요르단의 관계는 때로 갈등이 표출되기도 하지만 관
계 악화로까지 가지는 않으면서 관리되고 있다.

　물론 중동의 정세가 가변적인 만큼 양국의 관계도 늘 원만한 것
은 아니다. 2017년에는 요르단 주재 이스라엘 대사관 보안 요원이
요르단인을 살해해 관계가 나빠진 적도 있다. 2019년에는 요르단이
이스라엘에 빌려준 2곳의 토지에 대한 임대차 계약을 연장하지 않
아 경색 관계로 가기도 했다. 요르단은 1994년 평화협정을 체결하
면서 1967년 이스라엘에 빼앗겼던 영토의 일부를 돌려받았는데, 그
대신 가운데 갈릴리호 남쪽 바쿠라 지역과 네게브 사막에 있는 초파
르 지역을 이스라엘에 임대해줬다. 2곳 모두 농경 지대다.

하지만 계약 기간 25년이 지나면서 요르단이 계약을 연장하지 않아 관계가 안 좋아진 것이다. 미국의 트럼프 행정부가 이스라엘의 강경 정책을 지원하고, 이스라엘이 예루살렘을 이스라엘의 수도로 공언하는 하는 상황도 양국 관계에 나쁜 영향을 주었다. 예언자 무함마드의 후손으로 중동의 왕가 가운데서도 정통성 높은 왕가로 인정받고 있는 요르단 왕실은 이슬람 성지인 동예루살렘의 수호자 역할을 자임해왔다. 이에 따라 요르단의 젊은 층에서 이스라엘에 대한 반감은 차츰 높아져왔다.

그렇지만 2021년 6월에는 이스라엘 총리 나프탈리 베넷이 요르단 암만을 방문해 압둘라 2세 국왕을 만나 이스라엘이 요르단에 대해 판매해오던 용수의 양을 늘리기로 하는 등 관계는 다시 개선되기도 했다.

이처럼 두 나라 관계는 시기에 따라, 또 주변국 움직임에 따라 계속 변화해 오고 있지만, 다른 아랍 국가와 이스라엘의 관계에 비하면 양호한 편으로, 파국으로 가는 상황만은 피해오고 있다. 이스라엘은 아랍국가 중 비교적 온건한 요르단과의 관계만은 원만하게 유지하고 싶은 욕구를 가지고 있다. 아랍권에서 이스라엘과 정식 외교 관계를 유지하면서 경제 교류를 하고 있는 나라는 이집트와 요르단 밖에 없다.

요르단은 미국의 지원을 지속적으로 받기 위해서는 이스라엘과 잘 지내야 한다. 이스라엘과 요르단이 어느 정도의 관계를 유지해 가는 데에는 1994년 11월 10일의 만찬, 거기에 오른 '국경 넘나든 도미'도 상당히 기여했다고 할 수 있겠다.

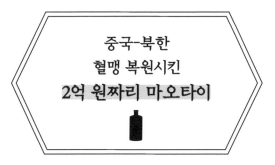

중국-북한
혈맹 복원시킨
2억 원짜리 마오타이

김정은에게 2억 원짜리 마오타이를 내놓은 시진핑

2018년 3월 26일, 베이징 인민대회당 연회장에 시진핑 중국 국가주석이 김정은 북한 국무위원장을 초청해 만찬을 차렸다. 전통적으로 중국과 북한은 서로를 사회주의 동지 국가로 존중하면서 상대의 정상을 국빈으로 모셔온 만큼 이날 만찬에도 최고의 음식들이 즐비했다. 하지만 이 산해진미들은 술 한 병에 밀려 진가를 전혀 발휘할 수 없었다. 바로 마오타이였다.

마오타이도 그냥 마오타이가 아니었다. 마오타이 중에서도 최고인 '아이쭈이 장핑' 브랜드였다. 1960~1970년대 생산된 것으로, 한 병에 2억 원이 넘는 것이었다. 한 잔에 320만 원쯤 되는 셈이다. 시진핑은 보통 국빈 만찬주로 60만 원 정도 하는 마오타이를 사용하는데, 김정은에게는 아주 특별한 마오타이를 내놓은 것이다.

김정은과의 만찬이 그만큼 중요했다는 얘기인데, 왜 그런지를 알려면 당시 상황을 좀 살펴봐야 될 것 같다. 그 전에 먼저 북중 관계를 전반적으로 살펴보자. 국경을 접하고 있으면서 함께 사회주의 체제를 견지하고 있는 북한과 중국이지만 사이가 늘 좋았던 것은 아니다. 때론 좋고 때론 소원했다. 해방 직후에는 소련 군정이 실시되면서 북한은 소련의 세상이었다. 1950년 한국전쟁에 중국이 군대를 파견하면서 북한과 중국의 관계는 매우 긴밀해졌다.

1956년 '8월 종파 사건'이 발생하면서 한때 관계가 소원해졌다. '8월 종파 사건'은 8월 30일 노동당 중앙위 전원회의에서 연안파와 소련파가 합세해 김일성 개인숭배를 비판한 사건을 말한다. 윤공흠, 서휘, 리필규, 김강 등 사건 관련자들이 중국으로 도망가고 중국과 소련이 이들에 대한 징계를 철회할 것을 요구하면서 북한-중국 관계도 악화되었다.

관계는 곧 회복되긴 했지만, 1960년 베트남전쟁이 시작되면서 다시 소원한 관계가 되었다. 북한과 소련은 반미 투쟁 차원에서 베트남을 적극 도와야 한다는 입장이었던 반면, 중국은 내부 체제 안정에 주력하면서 엇박자가 난 것이다. 1966년 시작된 중국의 문화대혁명도 북중 관계에 악영향을 미쳤다. 홍위병이 친소련 입장인 북한을 수정주의로 비난하고, 김일성의 개인숭배도 비판하면서 관계가 나빠진 것이다.

얼마 후 다시 관계는 회복되어 우호적인 관계를 유지했지만, 1992년 중국이 한국과 수교하면서 다시 북중 관계는 냉각기가 된다. 2000년 김정일 북한 국방위원장이 방중할 때까지 양국 관계는 차가웠다.

2003년에는 북한이 핵확산금지조약NPT 탈퇴를 선언하면서 국제사회 비난의 대상이 되고, 북한을 협상의 장으로 유도하기 위해 중국이 북한으로 이어진 송유관을 일시 폐쇄하면서 관계가 경색되었다. 이즈음부터는 북중 동맹조약도 약화시켜야 한다는 여론이 중국에서 일기 시작했다. 2006년 10월 북한의 첫 핵 실험 당시에는 북한이 이를 중국에 사전에 설명해주지 않아 북중 동맹이 예전 같지 않음을 잘 보여주었다.

김정은 집권 이후에는 친중파 장성택 처형(2013년 12월), 계속된 핵실험(3차: 2013년 2월, 4차: 2016년 1월, 5차: 2016년 9월, 6차: 2017년 9월), 잇따른 미사일 시험 발사, 그리고 유엔의 제재에 대한 중국의 찬성 등으로 북중 관계는 악화되었다. 특히 2017년에는 핵실험과 미사일 시험 발사가 이어지면서 북중 관계는 경색을 벗어나지 못했고, 북미 관계는 일촉즉발의 위기 상황으로 치닫고 있었다.

북한은 도발을 계속하고, 이에 맞서 미국은 험한 말을 쏟아내고 있었다. '이러다 전쟁이라도 일어나는 거 아냐' 하는 생각까지 하게 만들 정도였다. 그러다가 해가 2018년으로 바뀌고 문재인 대통령이 한미 연합훈련을 연기할 뜻을 비치면서 분위기는 반전되었다. 우리가 북한 측 대표를 평창 동계올림픽 개막식에 초청하고, 김여정 노동당 중앙위원회 제1부부장이 참석했다.

곧 2018년 4월 남북 정상회담, 6월 북미 정상회담이 합의되었다. 동토 한반도가 갑자기 해빙을 맞았다. 이제 다시 '남북이 곧 하나가 되는 건가?' 하는 생각까지 들게 할 정도로 한반도 정세가 빠르

3. 스토리 있는 음식 외교

게 돌아갔다. 이 와중에 시진핑이 김정은을 베이징으로 초청했다. 그래서 김정은이 3월 25일 베이징을 방문했다. 4월 남북정상회담을 준비하는 데 여념이 없을 것 같아 보이던 김정은이 갑자기 베이징을 간 것이다.

시진핑이 김정은을 베이징으로 초청한 이유

북한은 원래 두 가지 중요한 일을 함께 하지 않는다. 한 가지 일을 집중해서 끝낸 뒤 다음 일을 준비하는 식이다. 인력과 돈이 풍부하지 않기 때문이다. 그런데 당시 북한은 남북 정상회담을 준비하면서 김정은이 베이징으로 건너가 북중 정상회담을 했다.

김정은이 2011년 집권한 이후 첫 외유, 첫 방중이었다. 그러니 그 자체가 매우 큰 행사였다. 북한이 남북 정상회담이라는 큰 이벤트를 준비하면서 동시에 이런 큰 행사를 치르는 것은 매우 이례적인 일이었다. 그만큼 북한 입장에서 중국과 정상회담을 해야 할 필요성이 컸던 것이다. 김정은의 머릿속은 아무래도 미국과의 정상회담으로 꽉 차 있었을 것이다.

1970년대 이후 북한은 미국과 관계를 개선하는 것만이 북한이 살 길이라 여기고 미국의 문을 두드려왔다. 하지만 자존심과 국가 이익 모두를 지켜가면서 강대국 미국을 상대하는 것이 쉬운 일이 아니었다. 그러다 보니 협상은 안 되고 불신만 쌓이는 관계가 되어버렸다. 김정은 역시 미국과 관계를 개선해 북한의 활로를 찾으려 했다. 그래서 첫 북미 정상회담도 약속해 놓았다.

하지만 미국과 정상회담을 하기 전에 중국을 만날 필요성도 높아졌다. 미국과 협상하려면 설득도 하고 배짱을 부리기도 해야 했다. 그러자면 뒷배가 튼튼해야 했다. 김정은은 시진핑이라는 뒷배가 필요했다. 게다가 당시 트럼프 대통령은 마이크 폼페이오, 존 볼턴 등 강경파를 각각 국무장관과 국가안보보좌관으로 내정해 놓고 있었다.

북미 정상회담이 잘되면 이후 북한의 비핵화와 미국의 제재완화를 맞교환하기 위한 구체적인 협상이 진행될 텐데 거기서도 북한은 중국의 보호막이 필요했다. 때론 협상 결렬을 각오하고 강하게 제재 완화를 요구해야 하는 상황이었다.

그러니 중국이라는 원군이 필요했다. 정상회담이 잘 안 되어서 다시 경색 국면으로 간다면 중국의 도움은 더욱 필요한 것이었다. 미국이 북한을 더 강하게 봉쇄하려 할 테니 중국이라는 방패가 요구됐던 것이다. 이런 필요에 따라 분주한 와중에도 김정은은 20시간 가까이 전용 열차를 타고 베이징까지 갔다.

중국 입장에서도 북한과 정상회담을 할 이유는 충분했다. 2017년 말에서 2018년 초 한반도 정세의 급변 속에 중국의 모습은 잘 보이지 않았다. 한국과 북한, 미국이 새로운 상황을 만들어가고 있었다. '차이나 패싱'이라는 얘기가 여기저기서 나오고 있었다. 집권 2기에 들어서면서 자신의 권력 기반을 공고화한 시진핑으로서는 외교 역량을 과시하면서 대외적인 영향력도 분명히 보여줄 필요가 있었다.

더 큰 틀에서 보면, 심화되어가는 미중 전략 경쟁 속에서 중국은 유일무이한 군사 동맹국 북한을 자신의 편에 보다 분명하게 붙들 어두어야 하기도 했다. 그래서 시진핑이 김정은을 초청한 것이다.

시진핑, 북중 관계는 "피로써 맺어진 친선"

이렇게 서로가 필요한 환경에서 정상회담을 하고 정상 만찬을 하게 되었으니 반갑지 않을 수 없었다. 2011년 김정일 북한 국방위원장이 방중한 이후 17년 동안 정상회담이 없었지만, 양국은 동아시아 현대사에서 떼려야 뗄 수 없는 관계를 형성해왔다. 물론 앞에서 설명한 대로 양국 관계가 시기에 따라 부침이 있긴 했지만, 그럼에도 서로를 이어주는 끈이 있었다.

첫째, 북한과 중국은 역사적으로 긴밀한 유대를 갖고 있다. 김일성을 비롯한 최용건, 김책, 최현 등 초기 북한의 주요 인물들이 일제강점기 독립 운동을 할 당시 중국공산당이 중심이 되어 만든 '동북항일연군'이라는 군 조직에서 활동했다. 그 속에서 중공의 간부들과 끈끈한 인적 유대를 형성했고, 이는 이후 북한과 중국이 혈맹관계를 지속해가는 데 아주 중요한 요소로 작용한다.

둘째, 북한과 중국은 사회주의를 공유하면서 이념적 동지 국가의 관계를 유지해 오고 있다. 여전히 양국은 사회주의 국가 완성을 국가 목표로 제시하고 있고, 자본주의 성격의 제도를 활용하면서도 기저에는 사회주의를 기본 이념으로 보유하고 있다.

현실 사회주의 국가들이 대부분 붕괴된 가운데 북한과 중국이 갖고 있는 이념적 동질성은, 역설적이게도, 어느 때보다 강하다고 할 수 있겠다. 북중 정상회담에서 중국 측이 "사회주의 북한에 대한 지지는 변하지 않을 것"이라고 종종 강조하는데, 이런 모습이 이념적 동질성을 여실히 보여주는 것이라 하겠다.

셋째, 북중은 서로 상대에 대해 강한 전략적 필요성을 갖고 있다. 중국은 미중 경쟁 구도 속에서 북한이라는 우군이 필요하다. 북한은 미국과 긴장 관계를 유지하고 있어 중국이라는 동맹이 필요하다.

이런 역사적, 이념적, 전략적 이유와 필요성이 북중을 떨어질 수 없게 만들고 있는 것이다. 게다가 시진핑과 김정은의 사적인 인연까지 작용해 2018년 3월 정상회담은 남다른 것이 될 수밖에 없었다. 김정은의 아버지 김정일이 처음 중국에 간 것이 1983년이다. 6월 1부터 13일까지 13일 동안 중국을 돌아봤다.

당시 김정일은 김일성의 후계자로 공식화되어 있었고, 노동당의 조직 비서를 맡고 있었다. 1959년 고등중학교 학생 시절 아버지 김일성을 따라 소련을 방문했었고, 1965년에 역시 김일성을 따라 인도네시아에 간 적이 있었을 뿐이니, 1983년 방중이 김정일의 세 번째 외유였다. 자신이 이끄는 것으로는 첫 외유였다.

이때 인민무력부장 오진우와 노동당 중공업담당 비서 연형묵이 수행했다. 베이징 역에는 중국공산당 총서기 후야오방, 그리고 중국 공산당 정치국 위원 시중쉰이 마중을 나왔다. 시중쉰이 바로 시진핑의 아버지다. 그런 사적 인연으로 시진핑은 김정은을 더욱 환영했다.

실제 만찬장에서 시진핑은 "83년 6월 김정일 동지께서 중국을 처음으로 방문하셨을 때 나의 아버지가 김정일 동지를 역전에서 맞이하였고 모진 더위를 무릅쓰고 고궁 참관에 동행했다"면서 대를 잇는 양국 정상의 인연을 새삼 강조했다. 이런 긴 스토리 속에서 진행된 것이 2018년 3월 정상회담이었고, 그런 맥락 속에서 등장한 것이 2억 원짜리 마오타이였다.

이런 분위기 속에서 진행된 시진핑-김정은 사이 첫 정상회담은 양국의 관계를 냉전 시대 사회주의 국가 사이의 동지적 관계로 되돌려놓았다. 시진핑은 북한과 중국의 관계를 "피로써 맺어진 친선으로서 세상에 유일무이한 것"이라고 강조했다. 혈맹의 관계를 계속 이어가자는 얘기였다.

마오타이는 중국 최고의 문화 상품

중국이 다른 나라를 보는 틀은 두 가지다. 하나는 이념적 틀이다. 사회주의 국가인지, 자본주의 국가인지에 따라 다르게 대우하는 것이다. 물론 사회주의 국가는 특별대우를 해준다. 다른 하나의 틀은 현실주의적 틀이다. 강대국인지, 약소국인지에 따라 달리 보아주는 것이다.

그런데 이념적 틀, 현실주의적 틀을 언제 어떻게 적용할 것인지는 전적으로 중국 마음이다. 때론 이념적인 틀을 크게 적용하고, 때론 현실주의적 틀을 크게 적용한다. 북한에게는 이념적 틀만을 적용한다. 그래서 동지 국가, 혈맹 국가로 본다. 북한이 약소국이라고 해서 깔보거나 무시하지 않는다. 한국이나 미국에 대해서는 현실주의적 틀을 적용한다. 이념이 다르다고 해서 적대시하지는 않는다.

대신 강대국, 약소국은 잘 구분한다. 한국은 무시하는 경우가 많다. 대통령이 보낸 특사를 홀대하는 경우도 있다. 사드를 배치했다고 해서 한국 물건 못 팔게 하고 한국 드라마를 못 보게 한다. 미국은 힘이 센 만큼 그에 상응하는 대우를 한다. 미국이 하는 만큼 하면서도 이후 관계까지 고려하면서 막가지는 않는다.

2018년 3월 북중 정상회담에서 중국은 북한을 새삼 혈맹 국가로 추켜세웠다. 이에 부응해 김정은도 "북중 친선은 대를 이어 목숨처럼 귀중히 여기고 이어나가야 할 자신의 숭고한 의무"라고 역설했다. 중국이 원하는 비핵화와 관련해서도, 김정은은 "김일성 주석과 김정일 총비서의 유훈을 받들어 한반도 비핵화 실현을 위해 노력하는 것은 시종 변함없는 입장"이라고 밝혔다. 이렇게 성공적인 첫 번째 정상회담 덕분에 시진핑-김정은 정상회담은 2018년 5월 2차, 2018년 6월 3차, 2019년 1월 4차, 2019년 6월 5차 회담으로 계속 이어질 수 있었다.

마오타이 얘기가 나왔으니 더 해보자. 마오타이는 북중 관계의 역사보다 훨씬 길고 풍부한 역사와 스토리를 지닌 술이다. 기원전 135년 한 무제가 마시고 칭찬했다는 얘기가 사마천의 『사기』에 기록되어 있으니 그 역사가 2000년이 넘는다. 세계시장에 알려지기 시작한 것은 아이러니하게도 중국이 열강의 침략을 받고 있던 20세기 초반이다.

1915년 11월 파나마운하 개통을 축하하는 '파나마-태평양 국제 박람회'가 미국 샌프란시스코에서 열렸다. 중국의 출품작 가운데에는 마오타이도 들어 있었다. 지금의 마오타이 형태가 아니라 밤색 항아리에 담은 것이었다. 지금 보면 촌스럽게 그지없는 마오타이다.

마오타이는 수수를 주원료로 하여 생산하는 백주의 하나다.
1915년 11월 파나마운하 개통을 축하하는 '파나마-태평양 국제 박람회'를
계기로 세계 사람들의 관심을 받게 되었다.

동양의 시름하는 거인 중국의 술에 관심을 갖는 사람은 거의 없었다.

이때 중국 전시관의 중국인 직원 한 사람이 모험을 했다. 전시
대에 놓여 있던 마오타이 한 병을 고의로 떨어뜨린 것이다. 순간 마
오타이의 은은한 향이 장내에 퍼졌다. 사람들이 몰려들었다. 덕분에
마오타이는 그 박람회에서 스코틀랜드 위스키, 프랑스 코냑을 제치
고 금상을 받게 되었다. 중국은 쇠약해져만 갔지만, 중국 전통의 술
마오타이는 그때부터 세계 사람들의 관심을 받게 되었다.

지금은 세계에 가장 많이 알려진 중국 문화 상품 중 하나가 되
었다. 덕분에 주가도 높다. 시가 총액이 알리바바, 삼성전자와 비슷
하다. 그 바람에 가짜도 많이 만들어지고 있다. 중국에서 공식적으로

생산하는 마오타이는 연간 4만 톤 정도다. 하지만 세계 각지에서 팔리는 가짜 마오타이는 40만 톤이 넘는다. 가짜가 10배나 더 많은 것이다.

마오타이는 중국을 대표하는 술, 빠이저우(백주)의 하나다. 중국 전통술은 빠이저우, 황저우, 바오젠저우 등 세 가지가 있는데, 빠이저우는 투명한 무색의 증류주로, 수수를 주재료로 쓴다. 황저우는 찹쌀이나 차조를 써서 만드는 짙은 황색 술이다. 바오젠저우는 약재나 과일을 넣어 만든 약술이나 과일주를 말한다.

마오타이는 중국공산당에게 특별한 술

그중 인기가 높은 것은 물론 빠이저우이다. 우리가 보통 '빼갈'이라고 우리가 부르는 것이다. 빠이저우를 '빠이간白干'이라고도 부르는데, 여기에 발음을 부드럽게 하는 알儿이 붙어서 '빠이갈'이라고도 한다. 이것이 한국에 들어와 '빼갈'이 되었다. 우리가 고량주라고도 부르는데, 고량은 수수를 말하는 것으로, 대부분의 빠이저우가 수수를 주재료로 쓰기 때문에 붙은 이름이다. 빠이저우는 중국을 대표하는 술인 만큼, 종류도 많고 지역별로 특성도 각양각색이다. 그중에서도 중국인들이 최고로 치는 것이 마오타이다.

빠이저우는 네 가지 향으로 구분된다. 장향은 간장을 달일 때와 비슷한 향이 은은하게 나는 것이다. 농향은 첫맛은 강렬하고 입안에 은은한 달콤함이 맴도는 향과 맛을 말한다. 청향은 맑고 달콤한 향이다. 미향은 부드럽게 감기면서 쌀의 맛과 향이 나는 것이다.

마오타이는 대표적인 장향주다. 마오타이 진의 기온과 토양, 물, 그리고 사람 손으로 수수를 찌고 누룩을 빚고 발효를 시키는 오랜 공정이 은은한 장향을 만들어낸다. 다른 어떤 방법으로도 만들어내기 어려운, 중독성 강한 향과 맛이다.

마오타이는 종류도 아주 많다. 대표적인 것은 우싱(내수용)과 페이티엔(수출용)으로, 알코올 도수 53도짜리다. 500밀리리터 한 병에 40만 원 정도 된다. 제일 비싼 것은 1935년산 라이마오주라는 것인데, 한 병에 18억 원 정도 된다. 이것들은 모두 국영 기업 '구이저우마오타이 주식회사'에서 생산하는 것이다.

그런데 마오타이 진에는 이 국영 기업뿐만 아니라 작은 양조장들이 무수히 많다. 개인 기업들이다. 술을 만드는 방법은 국영 기업과 똑같다. 마오타이 진을 흐르는 츠수이허赤水河의 물을 같이 사용하고, 이 지역에서 재배한 수수와 이 지역 보리로 만든 누룩을 쓴다. 그래서 맛이나 품질이 별로 다르지 않다. 이런 마오타이는 500밀리터 한 병에 4만 원 정도다. 국영 기업 마오타이 값의 10분의 1이다. 중국 외교부가 운영하는 면세점에서도 개인 기업 마오타이가 팔리고 있다.

마오타이만은 못하지만 중국인이나 중국 술을 좋아하는 사람들 사이에서 높은 인기를 누리고 있는 술이 우량예, 수이징팡, 펀주 등이다. 우량예는 쓰촨성 이비에서 생산되는 것으로, 수수와 쌀, 찹쌀, 옥수수, 밀 등 5가지 곡물로 빚은 것이다. 1990년대부터 특히 찾는 사람이 많아져 빠이저우 중에서는 마오타이 다음의 인기를 누리고 있다.

수이징팡은 스촨성 청두에서 생산된다. 수이징팡의 모기업 취 안싱이 양조장 보수 작업을 하다가 800년 전 원나라 때의 양조장 유 적을 발견했다. 술 저장고와 아궁이, 곡물 발효 구덩이 등이 나온 것 이다. 그런데 곡물 발효 구덩이에 효모균이 살아 있었다. 이 효모균을 배양해 만든 술이 수이징방이다. 우량예와 함께 대표적인 농향주다.

펀주는 샨시성 싱화춘에서 만드는 술로, 1500년의 역사를 가 지고 있다. 색깔이 특히 맑고 투명하며 향이 좋고 오래가는 것이 특 징이다. 대표적인 청향주이다. 미향을 내는 술로는 구이린산화주가 잘 알려져 있는데, 중국 남부의 소수민족들 사이에서 인기가 높다.

1986년 덩샤오핑-엘리자베스 2세 정상 만찬 부분에서도 잠 깐 얘기했지만 마오타이는 중국공산당에게는 특별한 술이다. 중국 공산당군이 대장정을 할 수 있도록 기운을 주었던 게 마오타이였다. 저우언라이 총리는 감기가 걸리면 약 대신 먹었다고 한다. 덩샤오핑 은 1976년 마오쩌둥이 사망한 뒤, 문화대혁명을 주도했던 4인방을 체포한 후 아껴두었던 마오타이를 꺼내 27잔이나 따라 마셨다고 한 다. 중국 혁명의 주도세력에게는 슬플 때나 기쁠 때, 괴로울 때 언제 나 함께 하고 싶은 술이 마오타이였다.

중국공산당에는 그렇게 특별할 의미가 있는 것이니 비싼 것이 아니어도 마오타이를 내놓는 것 자체가 '당신을 특별하게 생각한다' 는 뜻이 된다. 북한의 국무위원장 김정은이 더 자주 베이징에 가서, 우싱이 되었든 개인 기업 마오타이가 되었든, 시진핑 주석과 마오 타이 잔을 기울이며 핵 문제를 풀고 한반도 안정 도모하는 논의를 깊이 해주기를 기대해본다.

```
┌─────────────────────┐
   북한-미국
   동등 파트너 상징한
   콤비네이션 메뉴
└─────────────────────┘
```

숨 가쁘게 돌아간 동북아 정세

2018년 3월 베이징에서 북중 정상회담을 한 김정은 위원장은 4월에 판문점에서 남북 정상회담을 갖고, 6월에는 다시 싱가포르로 날아가 미국과 처음으로 정상회담을 가졌다. 그야말로 동북아 정세가 숨 가쁘게 돌아가고 있었다.

6월 10일 오후 2시 30분 싱가포르 창이공항에 도착한 김정은은 세인트 리지스 호텔에 들었다. 100여 명이 수행했고, 식재료도 북한에서 직접 공수했다. 김정은은 북한 요리사가 만든 음식을 호텔 룸에서 먹었다. 수행원들을 호텔 식당을 이용했다. 수행원들이 제일 많이 찾은 것은 쌀국수와 김치, 쌀밥이었다고 한다.

세인트 리지스 호텔에 고급 중식당 '얀팅'이 있는데, 이곳은 김정은의 이복형 김정남이 죽기 전 많이 이용했던 곳이다. 김정은이 여기를 들렀을지 궁금하다. '어떤 곳인가' 해서 한번쯤 가봤을 수는 있을 것 같다. 하지만 김정남의 자취가 서린 곳에서 식사까지 하기는 어렵지 않았을까?

호텔에 머물던 김정은은 오후 6시 30분쯤 이스타나궁에서 리셴룽 싱가포르 총리와 30분 정도 회담을 했다. 김정은은 이런 저런 말을 많이 했다. "미국과 합의를 맺고 싶다"는 얘기도 했고, 국제 제재가 북한 정권을 약화시켰다는 인식에 대해서는 민감하게 반응하는 듯한 모습도 보였다. 이후 11일 저녁까지 호텔에 머물렀다. 회담에 대한 최종 준비를 한 것이다.

11일 밤 9시쯤부터는 망중한을 즐겼다. 북한의 미래가 걸린 세기적 회담을 위해 온 것이긴 하지만, 김정은 입장에서는 싱가포르까지 왔으니 싱가포르의 발전상을 눈으로 확인하고 싶은 생각도 있었을 것이다. 호텔을 나와 싱가포르의 주요 명소를 둘러봤다. 싱가포르의 대표적인 건축물 '마리나베이 샌즈 호텔 타워', '가든스 바이 더 베이 식물원' 등을 찾은 것이다. 시민들과 마주칠 때는 웃으면서 손을 흔들어주었다. 싱가포르의 외교부 장관과 교육부 장관이 동행했는데, 김정은은 이들과 셀카를 찍기도 했다.

12일 북한과 미국의 정상은 카펠라 호텔에서 직접 만났다. 단독 회담을 먼저 하고, 이어 확대 회담을 했다. 이후에는 바로 업무 오찬을 함께했다. 미국 측에서는 도널드 트럼프 대통령, 마이크 폼페이오 국무장관, 존 켈리 백악관 비서실장, 존 볼턴 국가안보좌관, 사라 샌더스 백악과 대변인, 성 김 필리핀 주재 미국 대사, 매슈 포틴저 국가안보 부보좌관 등 7명이 참석했다.

3. 스토리 있는 음식 외교

2018년 6월 12일 도널드 트럼프와 김정은이 역사적인 첫 만남을 했다.

북한 측은 김정은 위원장, 김영철 노동당 통일전선부장, 리수용 노동당 국제담당 부위원장, 리용호 외무상, 노광철 인민무력상, 최선희 외무성 부상, 김여정 노동당 제1부부장, 한광상 노동당 중앙위원회 부장 등 8명이었다.

오찬 시작 직후 트럼프가 김정은에게 구취 제거용 민트 사탕(틱택)을 건넸다. 김정은은 주저했다. 그러자 트럼프가 먼저 사탕을 입에 넣었다. 그제야 비로소 김정은은 사탕을 받아 자신의 입에 넣었다. "사탕에 혹시 독이 들어 있지 않을까 우려했던 것 같다"고 당시 백악관 대변인 사라 샌더스가 나중의 자신의 회고록에서 밝혔다. 충분히 그런 염려를 했을 것이라 여겨진다.

밥을 같이 먹는 자리인 만큼 가벼운 얘기도 오갔다. 두 정상이 모두 스포츠광이어서 자연스럽게 운동이 얘깃거리가 되었다. 골프,

여자 축구 얘기도 하고, 미국 프로 농구에 대해서는 김정은이 특히 관심이 많아 코비 브라이언, 데니스 로드맨 등 선수들을 두고 의견을 주고받기도 했다.

트럼프는 육식을 즐기는 전형적인 미국인

오찬의 메뉴는 미국과 북한의 음식이 적절하게 조화를 이룬 콤비네이션 메뉴였다. 전채로는 아보카드 샐러드를 곁들인 새우 칵테일, 오이선, 허니라임 드레싱과 문어를 올린 그린 망고 케라부가 준비되었다.

새우 칵테일은 영국에서 기원해 미국에 정착한 대표적인 양식 전채다. 새우와 칵테일소스(케첩과 레몬주스, 타바스코, 다진 양파 등을 섞어 만든 소스. 여러 가지를 섞어서 만들었다고 해서 칵테일이라는 이름이 붙었다)를 함께 내는 것이다. 오이선은 오이에 칼집을 낸 뒤 볶은 쇠고기와 표고버섯, 달걀 지단으로 채워 넣는 한국의 궁중 음식이다. 케라부는 말레이시아의 전통 음식으로 싱가포르 사람들도 즐기는 애피타이저다.

메인 요리는 3가지였다. 감자 그라탱과 데친 브로콜리를 곁들인 소갈비 콩피, 무와 함께 조린 대구조림, 그리고 바삭한 돼지고기 튀김을 넣은 중국 양저우 식의 볶음밥이었다. 콩피는 마리네이드한 고기를 높지 않은 온도의 기름으로 오랫동안 익힌 프랑스 요리다. 대구조림은 무와 채소를 넣어 간장에 조리는 전형적인 한식 생선 요리, 그리고 양저우식 볶음밥은 이름은 중국 양저우 식이지만 싱가포르인들이 무엇보다 좋아하는 식사다.

디저트로는 다크초콜릿 타르트와 체리 맛이 더해진 하겐다즈 바닐라 아이스크림, 그리고 파이 종류인 트로페지엔이 차려졌다. 미국과 북한, 그리고 회담 장소인 싱가포르를 모두 담아내는 것이었다. 특히 메인 요리는 미국식과 한식을 같은 비중으로 담음으로써 미국과 북한이 동등한 대화 파트너임을 상징하고 있었다.

전채와 메인 요리, 후식의 준비 과정은 북한 측 요원이 주방에 들어가 면밀히 살폈다. 오찬 회담 후 두 정상의 접시는 완전히 비어 있었다. 마치 혀로 핥은 것처럼 깨끗했다. 둘 다 식욕이 왕성한 대식가인데다 사전 조율에 따라 메뉴를 정했으니 기분 좋게 식사를 했던 것이다. 이런 분위기가 이어지면서 북한과 미국은 첫 정상회담을 끝까지 성과 있게 마무리할 수 있었다.

1948년 해방 직후 한반도가 분단된 이후 북한과 미국은 갈등과 대결의 역사를 계속해왔다. 그러면서 양국 사이 불신은 쌓이고 쌓여 불신이 구조화된 관계가 되었다. 이런 적대국 사이의 첫 정상회담인 만큼 오찬을 준비하는 과정도 예사롭지 않았다. 정상 오찬을 책임진 이는 카펠라 호텔 총괄 셰프 데이비드 세니아였다.

프랑스 니스 출신으로 일본 오사카에 거주하면서 동양의 요리까지 섭렵한 세계적인 요리사다. 세니아는 사전에 북한, 미국 측과 충분히 협의하면서 오찬을 구상했다. 트럼프는 육식을 즐기는 전형적인 미국인 식성이다. 단 것도 좋아한다. 맥도날드에서 빅맥과 필레오피시(생선버거), 초콜릿 밀크세이크를 시켜 다 먹을 정도로 대식가이기도 하다.

김정은은 일본식 와규 스테이크와 스시를 좋아하고 스위스 에 멘탈 치즈도 즐긴다. 두 정상의 이런 식성을 고려해 세니아는 두 사람 모두 좋아할 만한 메뉴 후보를 골라 양쪽에 제시했다. 특히 김정은 위원장을 수행해 싱가포르까지 온 요리사의 의견을 들어 메뉴 후보를 골랐다. 양측의 답을 듣고 더 조정해 최종적으로 양식과 한식, 싱가포르 풍미의 음식을 고루 섞은 식단이 마련된 것이었다.

오전 회담이 순조롭게 흘러 양국을 아우르는 메뉴로 오찬을 함께 하게 되었고, 두 나라를 모두 포용하는 메뉴는 그날 오후 북미 사이 역사적인 공동 성명서 서명식도 원활하게 해줬다. 공동 성명에 서명하기 직전 흰색 장갑을 낀 북한 요원이 김정은이 사용할 펜을 면밀히 살피기도 했다. 혹시 암살 무기는 아닌지 확인한 것이다.

쿠바의 국가평의회의장 피델 카스트로를 제거하기 위해 미국이 638번이나 암살을 시도했다는 얘기는 유명하다. 그렇게 많은 시도를 했는데도 결국 실패했다는 점에서 미국 중앙정보국CIA의 굴욕이요, 흑역사이기도 하다. 그런 얘기를 북한이 모를 리 없다. 그러니 음식 만드는 과정도 보고 서명에 쓰는 펜도 보고 또 볼 수밖에 없었을 것이다.

두 정상이 서명한 뒤 발표된 북미 공동 성명은 새로운 북미 관계를 수립해 나간다, 완전한 비핵화를 위해 노력한다, 한반도 평화 체제 구축에 노력한다 등의 내용을 담고 있었다. 북미 관계 역사에서 매우 중요한 의미를 갖는 내용이 아닐 수 없다. 비핵화를 합의한 것이고, 평화 체제 구축에 의견을 같이 한 것이니 한반도의 냉전을 해체해 나갈 수 있는 중대 변곡점이 될 수 있는 것이었다.

결실 없이 종료된 북미의 세기적 회담

하지만 이런 내용에 대해 줄곧 불만인 사람이 있었다. 바로 존 볼턴 국가안보보좌관이었다. 그는 심지어 공동 성명 서명식에도 참석하지 않으려고 했다. 미국 매파의 대표 선수로서 그는 자기 정치를 하고 있었다. 북한에 대해 온건한 입장을 취하면 북한은 뭔가를 계속 요구한다, 그러니 북한에 대해서는 강경한 제재를 계속해야 한다는 게 그의 생각이었다. 북한이 반발하거나 도발적인 행위를 하면 북한을 공격하는 것도 망설이지 말아야 한다는 것이 볼턴의 입장이었다.

그러니 그가 북한의 체면을 살려주고 북한의 입장을 고려해주는 공동 성명을 좋아할 리 없었다. 그와 같은 입장을 계속 견지하면서 트럼프에게 영향을 미쳐 결국은 2019년 2월 베트남 하노이에서 열린 2차 북미 정상회담은 결렬로 막을 내렸다.

그러면서도 볼턴은 트럼프와 계속 함께하지 못하고, 2019년 9월 국가안보보좌관 자리에서 물러났다. 매사에 강경 정책만을 주문하는 그를 트럼프가 더 이상 용인하지 못하고 경질한 것이다. 트럼프로 강경파지만 국가수반의 입장에서는 때로는 상대국과 밀고 당기기를 해야 한다. 그런 것도 이해를 못하고 강경만을 주문하자 볼턴을 잘라낸 것이다.

하지만 여전히 그는 매파 정책을 워싱턴 외교 안보 커뮤니티에 뿌리고 다닌다. 아프가니스탄, 이라크와 전쟁을 하고, 이란과의 핵 협상도 깨버리고, 북한과의 협상도 결렬시켰는데도 아직 할 일이 많

트럼프의 국가안보보좌관이었던 존 볼턴. 미국 매파의 대표 선수인 그는
북미 공동 성명 서명식에도 참여하지 않으려고 할 만큼 북한에 대해서
강경한 입장을 견지했다.

은 것 같다. 워싱턴 외교 안보 기득권 세력, 그중에서도 매파들의 욕
심은 어디가 끝인지 알 수가 없다.

첫 북미 정상회담 이후 북한과 미국은 다시 줄다리기를 계속하
다가 2019년 2월 베트남 하노이에서 2차 정상회담을 하게 되었다.
물론 핵심 의제는 북한의 비핵화였다. 김정은은 베트남까지 기차를
타고 가는 이벤트를 연출하면서 세계의 이목을 집중시켰다. 북한과
미국이 70년의 반목과 대결의 역사를 끝내고 새로운 관계를 시작할
수 있을지 세계가 눈과 귀를 쫑긋 세우고 있었다.

김정은과 트럼프는 2월 27일 저녁 '소피텔 레전드 메트로폴 하
노이' 호텔에서 만났다. 6시 30분에 만나 잠시 환담한 뒤 6시 40분
부터 30분간 단독 회담을 가졌다. 회담 후 김정은은 "아주 흥미로운

이야기를 많이 했다"고 했고, 트럼프는 기자들을 향해 "여러분이 그 대화를 들을 수 있었다면 돈을 냈을 것"이라고 말했다. 모든 것을 돈으로 얘기하는 트럼프의 장사꾼 기질을 단적으로 보여주는 모습이기도 하지만, 양국 사이 값진 얘기를 많이 했다는 것이었다.

7시 10분에는 친교 만찬을 시작했다. 북한에서는 김정은과 김영철 노동당 통일전선부장, 리용호 외무상, 그리고 통역 신혜영이 참석했다. 미국에서는 트럼프와 마이크 폼페이오 국무장관, 믹 멀베이니 백악관 비서실장 대행, 그리고 이연향 국무부 통역국장이 나왔다.

양측이 서먹서먹함을 깨는 친교 만찬인 만큼 심플한 것이었다. 전채는 싱가포르 정상회담에서도 나왔던 새우 칵테일이었다. 로메인 상추와 싸우전드 아일랜드 드레싱, 아보카도 샐러드도 함께 나왔고, 레몬과 허브도 곁들여졌다. 주 메뉴는 등심 스테이크와 배속김치. 미국과 북한 음식을 한 접시에 담아내 양국의 협력과 조화를 상징했다. 등심 스테이크는 마리네이드된 것으로 전형적인 서양식이다. 배속김치는 배의 속을 파내고 그 안에 백김치를 말아서 넣은 것으로, 시원하고 달콤한 맛이 일품인 북한 토속 음식이다.

디저트는 바닐라 아이스크림을 곁들인 초콜릿 케이크와 곶감, 꿀이 들어간 수정과였다. 역시 양식과 한식이 조화를 이룬 것이었다. 음식만큼 만찬 분위기도 좋았다. 두 정상이 서로 농담을 주고받기도 하며 화기애애했다. 만찬은 8시 50분까지 계속되었다. 예정시간보다 20분 길어졌다.

28일 오전에는 9시부터 만나 비핵화 논의를 구체적으로 진행했다. 협상이 비핵화의 디테일로 들어가자 어려워졌다. 두 정상이

30분 동안 단독 회담을 한 데 이어 배석자들과 함께 확대 회담을 이어갔다. 당초 11시 55분부터 오찬을 할 계획이었다.

오찬 예정 시간도 지나 대화는 계속되었다. 12시 25분에 "오찬이 30분 지연된다"는 얘기가 전해졌다. 이어서 사라 샌더스 백악관 대변인이 "협상이 진행 중이지만 30~45분 안에 마무리될 것이며, 트럼프 대통령은 숙소인 메리어트 호텔로 돌아갈 것이다"라고 전했다. 협상이 결렬되고 오찬이 취소된 것이다. 오후 1시 20분쯤 두 정상이 회담장 밖으로 나왔다. 둘은 각각 묵고 있는 호텔로 떠났다. 세기적 회담은 그렇게 결실 없이 종료되어버렸다.

신뢰 없이 북한의 선포기를 압박한 미국

당초 국내외의 전문가들은 어느 정도 협상이 이뤄질 것으로 전망했다. 나도 그렇게 생각했다. 북한이 핵과 미사일 프로그램을 상당 부분 폐기하고, 미국은 대신 경제 제재의 일부를 해제하는 선에서 합의가 이뤄질 것으로 생각했다. 그동안 북미가 실무선에서 협의를 진행해왔고, 두 정상이 멀리 베트남까지 와서 최종 정리를 하는 것인 만큼 어느 정도는 결실이 나올 것으로 전망하는 것이 무리도 아니었다. 보통 정상회담은 실무 협상에서 상당히 논의가 진전된 상태에서 열려 최종 정리 작업을 하고 결과를 발표하기 위한 것이다.

통상적인 정상회담처럼 실무 회담에서 어느 정도 진전된 내용을 정리하고 선언하는 자리로 생각하고 세계인들은 하노이를 쳐다보며 결과물이 나오기를 기다리고 있었다. 하지만 결과는 꽝이었다.

트럼프와의 담판에서 김정은은 영변의 핵시설을 폐기할 테니 북한에 대한 경제 제재 일부를 해제해 달라고 요구했다. 영변 핵시설은 북한에게는 핵개발의 성지다. 원자로가 있고, 플루토늄 재처리 시설, 우라늄 농축 시설 등 핵개발에 관한 한 모든 것을 갖추고 있는 곳이다. 이걸 폐지하겠다고 하고 그에 대한 대가를 요구한 것이다.

구체적으로는 2016~2017년 채택된 유엔 결의 5건의 내용 중 민수 경제와 인민 생활에 지장을 주는 항목들만 먼저 해제하라고 요구했다. 북한으로서는 요구할 만한 것이었다. 그런데 미국은 영변 핵시설 폐기로 만족하지 않았다. 북한의 모든 핵무기와 생화학무기, 탄도미사일, 그리고 관련 물질을 모두 미국에 넘기라고 요구했다. '리비아 모델'을 적용한 것이다.

'리비아 모델'은 2000년대 초 리비아가 했던 것처럼 핵무기를 모두 넘기고 추후 경제 제재를 해제 받는 방식의 비핵화 모델이다. 존 볼턴 등 워싱턴의 매파들이 좋아하는 것이다. 그것이 북미 정상회담에 그대로 등장한 것이다. 모든 것을 포기하라는 미국의 요구에 김정은은 응할 수 없었다.

신뢰가 없는 국가 사이일수록 하나씩 하나씩 협상과 실행을 진행하면서 보다 큰 협상을 시도해야 성공의 가능성이 높아지는 것인데, 미국은 그런 걸 무시하고 북한의 선포기를 압박했다. '우리식대로 하려면 하고 아니면 마라' 하는 얘기였다. 좋은 결과가 나올 수 없는 상황이었다. 당시 트럼프에게 한반도 평화에 대한 고민이나 진정성은 찾아보기 어려웠다. 트럼프는 단지 김정은과 사진을 찍는 이벤트를 다시 한 번 함으로써 세계의 주목을 받고 싶었을 뿐이다.

그렇게 두 정상은 오찬도 못하고 각자의 길을 갔다. 오찬 메뉴는 이미 결정되어 있었고, 음식도 준비되고 있었다. 전채는 고급 서양 요리 푸아그라 젤리였다. 메인 요리는 심해어종인 스노우 피시였고, 디저트는 바나나와 토피로 만든 영국식 바노피 파이와 설탕에 절인 인삼, 그리고 인삼차였다. 역시 서양식과 한식의 조화를 통해 회담의 성공을 축하하기 위한 식단이었다. 여기까지 갔더라면…….

하지만 두 번째 북미 정상회담은 결렬되고 오찬은 없던 일이 되어버렸다. 김정은과 트럼프의 건배도 없었다. 그 바람에 북미는 여전히 기회만 있으면 으르렁거리고, 그에 따라 한반도는 흔들린다. 다시 북미의 정상이 만날 날을 기다린다. 그때는 또 어떤 북한 음식과 어떤 미국 음식으로 만찬이 장식될까?

4. 역발상 음식 외교

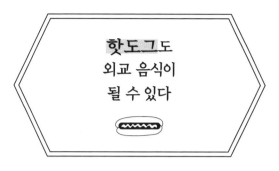

총기 소유권에 대한 미국인들의 생각

미국과 영국의 관계는 다른 어떤 나라들 사이의 관계보다 특별하다. 19세기 대제국을 이룬 영국은 20세기가 되면서 세력이 기울었고, 그 자리를 미국이 이어받았다. 그렇게 제국의 자리를 물려주고 물려받은 정도가 아니라 아버지-아들의 관계라고 할 만큼 영국은 미국에 많은 영향을 주었고, 모든 면에서 비슷한 면이 있다. 그도 그럴 것이 미국은 영국에서 생겨났기 때문이다.

17세기 종교적 박해를 피해 미국으로 건너간 청교도들이 미국을 건설했다. 그러니 기독교라는 종교를 같이 믿고, 민족적으로도 같은 앵글로색슨족이다. 세대를 조금만 거슬러 올라가면 같은 조상인 경우가 흔할 수밖에 없다. 언어와 음식 등 문화에 있어서도 동질적이다. 미국에 있는 도시 이름 가운데 많은 것은 영국에서 가져온 것이다. 뉴욕New York은 영국의 요크York에서 왔다. 새로운 요크라는 뜻이다. 워싱턴Washington, 보스턴Boston 등 영국의 도시 이름을 그대로 쓴 것이다. 그러니 형제 국가, 쌍둥이 국가라고 할 만하다.

그렇지만 미국과 영국이 형제처럼 친하기만 한 것은 아니다. 무엇보다 두 나라는 전쟁을 했다. 1775년부터 1783년까지 미국은 영국을 상대로 독립 전쟁을 벌였다. 처음에는 미국의 농민, 시민들이 자기 집에 있는 총을 들고 나와 영국군에 맞서는 작은 분규 정도였다. 나도 안식년으로 보스턴에 사는 동안 독립 전쟁의 현장들을 몇 군데 돌아본 적이 있다.

첫 전투가 벌어진 렉싱턴도 가보았는데, 그저 작은 시골 마을 공터가 있고, 공터 한 모퉁이에 작은 창고처럼 생긴 집이 있었다. 거기에서 농민들이 집에 있는 총을 가지고 모여 영국군에 대항한 것이다. 그 렉싱턴 전투를 시작으로 전쟁은 시작되었고, 미국의 독립 열정이 모아져 대규모 전쟁으로 발전했다. 많은 고비가 있었지만, 8년 동안의 긴 전쟁에서 승리함으로써 오늘날 세계 최강대국 미국이 생겨난 것이다.

미국인들의 독립 전쟁 시작과 총 얘기를 하다 보니 생각나는 게 있다. 최근에도 미국에서는 총기 난사 사건이 자주 일어난다. 총기로 인해 사망하는 사람도 세계에서 가장 많다. 그런데도 총기 소유에 대한 규제는 심하게 하지 않는다. 대형 총기 사건이 발생하면 규제 강화 법안이 발의되곤 하지만, 의회를 통과하지는 못한다. 특히 공화당이 반대하기 때문이다. 공화당은 전통적으로 미국총기협회NRA: National Rifle Association의 강력한 로비를 받고 있다.

미국총기협회의 로고.
미국총기협회의 로비력은
정평이 나 있다.

공화당도 공화당이지만, 미국인들 자체가 총기 소유는 인간의
기본권 중 중요한 부분이라고 여긴다. 미국 수정헌법 제2조가 "규율
이 있는 민병대는 자유로운 주의 안보에 필요하므로, 무기를 소유하
고 휴대할 수 있는 국민의 권리는 침해받아서는 안 된다"라고 총기
소유의 권리를 규정하고 있을 정도다. 미국인들의 총기 소유권에 대
한 생각은 세 가지 세부적인 주장을 담고 있다.

첫째, 총은 미국 독립을 가져다준 자유의 상징이다. 독립 전쟁
초기 미국은 제대로 된 군대가 없었다. 영국의 식민지였으니 당연히
군대를 가질 수 없었다. 식민지 주민들이 스스로 갖고 있던 총을 들
고 모여 민병대를 만들고, 그들이 서서히 커지면서 미국 군대가 되
고, 그 군대가 영국군을 이겨 독립한 것이다. 그러니 개인들이 소유
한 총이 미국의 독립과 미국인의 자유를 가져다준 존재인 것이다.

둘째, 총은 개인의 자유를 보호하기 위한 주요 수단이다. 토머
스 제퍼슨, 제임스 매디슨, 알렉산더 해밀턴, 존 애덤스, 조지 워싱

4. 역발상 음식 외교

턴 등 미국 '건국의 아버지들Founding Fathers'라고 불리는 이들은 독립 전쟁에 이긴 뒤 미국을 어떤 형태로 만들어 낼지를 두고 불꽃 튀게 논쟁했다. 제퍼슨은 13개 주州의 권리를 강화해야 한다는 주권파, 즉 반연방파였다. 매디슨, 해밀턴, 애덤스, 워싱턴은 연반 정부를 구성해 강력한 권한을 줘야 한다는 연방파였다. 연방파의 우세로 1987년 제정된 헌법은 강력한 연방 정부를 구성하는 내용으로 채워졌다.

하지만 13개 주의 동의를 구하는 과정에서 각 주들은 기본권을 구체적으로 명시하는 내용이 추가되어야 한다고 주장했다. 그래서 매디슨 주도하게 수정조항 10개가 수정헌법으로 추가되었다. 그중 두 번째가 총기 소유권을 보장하는 것이었다. 당시 미국인들은 상비군을 갖춘 강력한 중앙 정부가 생기면 개인의 자유와 권리는 무시되기 쉬울 거라고 걱정했다. 이에 대항할 수 있는 개인의 권리도 보장해야 한다고 주장했다. 그렇게 해서 만들어진 것이 수정헌법 2조인 것이다.

셋째, 총은 넓은 지역에 띄엄띄엄 사는 주민들이 스스로를 보호하는 수단이다. 미국은 영토가 넓다. 러시아, 캐나다에 이어 세계 세 번째다. 넓으면서 자원도 많다. 그런 땅을 차지했으니 부국이 될 수 있는 너무 좋은 조건을 가진 것이다. 땅이 넓으니 도시 지역을 벗어나면 집이 띄엄띄엄 있다. 그런 집들은 위험을 느낄 만도 하다. 그래서 자기보호 수단으로 총을 요구하는 것이다.

핫도그를 먹는 영국 왕에게 친근감을 가지게 된 미국인들

이처럼 미국인들에게 총은 독립과 자유, 저항권의 상징이면서 자기보호의 주요 도구라는 중첩적인 의미를 갖고 있는 것이다. 그러니 무수한 총기 난사 사건의 와중에서도 총기 소유권은 꿋꿋하게 제자리를 지키고 있는 것이다.

미국과 영국의 관계는 형제 관계 같지만, 늘 사이가 좋은 형제 사이는 아니고, 애증이 섞인 관계라 할 수 있겠다. 1930년대 후반 유럽의 정세는 독일이 서서히 자신의 힘을 과시하면서 전쟁을 준비하는 데 대해 영국과 프랑스, 러시아 등은 이를 견제하려 하는 것이었다.

아돌프 히틀러 독일 총통은 1938년 3월 오스트리아를 합병하고, 그해 9월에는 뮌헨 회담을 통해 체코슬로바키아의 수데텐 지방을 할양받았다. 1939년 3월에는 히틀러가 폴란드의 발트해 연안 도시 단치히와 폴란드 내륙 영토에서 단치히로 연결된 회랑을 요구한다. 수데텐 할양에 동의했던 영국과 프랑스는 히틀러의 요구를 더 이상 수용하면 안 된다는 여론에 따라 폴란드 땅 할양 요구는 수용하지 않겠다는 입장을 분명히 하면서 폴란드 지원을 약속한다. 영국은 소련과도 접촉을 본격화하면서 독일의 침략에 대비하는 외교에 동분서주하고 있었다.

이렇게 유럽 정세가 일촉즉발의 위기 상황에 놓여 있던 1939년 6월 미국 대통령 프랭클린 루스벨트가 영국 왕 조지 6세(재위 1936~1952)를 초청했다. 1939년 9월 1일 독일이 폴란드를 침략하면서 제2차 세계대전이 시작되는 것이니까 대전 3개월 전의 일이다. 오랫동안 긴밀한 관계를 맺고 있었지만, 영국의 왕이 미국 땅에 발을 내려놓은 적은 이전에 한 번도 없었다.

유럽의 정세를 살피고 있던 루스벨트는 영국과 독일일 전쟁을 하게 된다면 미국도 강 건너 불구경만 하고 있을 수는 없을 것임을 알고 있었다. 영국의 참전 요청이 있을 것이고, 영국이 패전 위기에 처한다면 참전을 피할 수도 없을 것임을 알고 있었다.

그렇다면 조지 6세를 초청해 미국인들에게 영국에 대한 좋은 이미지를 심어줄 필요가 있었다. 그래서 공식 일정 없이 편안한 휴식을 취하는 차원의 방문을 요청했다. 영국 입장에서도 독일이 전쟁을 시작하면 미국에 도움을 요청해야 하는 상황이니 '불감청고소원'不敢請固所願이 아닐 수 없었다.

1939년 6월 8일 미국 수도 워싱턴에 도착한 조지 6세는 다음 날까지 백악관 만찬, 조지 워싱턴 생가 방문, 알링턴 국립묘지 참배 등 공식 일정을 소화했다. 10일 루스벨트는 조지 6세를 뉴욕주 하이드파크라는 타운에 있는 자신의 고향 집, '스프링우드Springwood'로 모셨다. 뉴욕시 맨해튼에서 북쪽으로 130킬로미터 정도 떨어져 있는, 허드슨 강변의 대저택이다.

둘은 거기서 칵테일 마티니를 권커니 잣거니 마시고, 저녁 식사 후 새벽 1시까지 대화를 나누면서 친밀해졌다. 당시 루스벨트는 57세, 조지 6세는 44세였다. 13년이나 나이가 많은 루스벨트는 친근하고 인자한 모습으로 상대의 말을 경청해줬고, 큰형처럼 아버지처럼 지혜로운 충고도 해주었다. 얘기를 충분히 들어주고, 망설임 없이 그러면서도 조심스럽게 자신의 얘기도 피력한 것이다. 조지 6세는 루스벨트의 그런 태도에 흡족해 했고, "우리나라 대신들은 왜 루스벨트 대통령이 내게 했던 것처럼 말하지 않는 거요?"라고 말하기까지 했다.

다음 날은 일요일이었다. 근처 교회에서 함께 예배를 본 뒤 대저택의 언덕 꼭대기에 있는 오두막('Top Cottage'라는 이름이 붙어 있다)으로 향했다. 야외 피크닉을 간 것이다. 풀밭에 천을 깔고 식탁과 의자가 준비되었다. 조지 6세 내외가 자리를 잡자 은쟁반에 담긴 핫도그가 나왔다. 우리가 미국 대통령을 초청해놓고 비빔밥 한 그릇 내놓은 것이나 마찬가지였다. 조지 6세도, 왕비 엘리자베스도 처음 보는 음식에 당황했다. 화려한 궁에서 격조 있는 음식만 먹어왔으니 그럴 만도 했다.

왕비는 부지불식간에 미간을 찌푸린 채 "이걸 어떻게 먹죠?"라고 물었다. 루스벨트는 "아주 간단합니다. 한 손으로 들고 다른 손으로 받쳐서 입에 넣고 씹어가면서 삼키면 됩니다. 다 먹을 때까지요"라고 시원하게 대답했다. 대통령의 말을 듣고 왕이 먼저 손으로 핫도그를 잡고 한 입 베어 물었다. 곧 한 개를 다 먹었다. 그리고는 한 개를 더 청했다. 이번에는 미국 서민들처럼 머스터드소스까지 듬뿍 쳤다. 그러다가 소스를 그만 바지에 흘리기까지 했다. 그래도 맥주까지 곁들여 맛깔나게 먹었다.

왕이 손으로 먹는 모습을 보면서도 왕비는 엄두를 내지 못했다. 나이프로 썰어서 포크로 찍어서 핫도그를 먹었다. 그러면서도 왕비 또한 기분이 상쾌했다. 시어머니인 메리 왕비(조지 5세의 부인)에게 쓴 편지에서 엘리자베스 왕비는 "루스벨트 가족은 아주 매력적이고 합심이 잘되는 가족이예요. 고향 집에서는 영국 사람들과 똑같이 살아요"라며 유쾌한 마음과 친근감을 표했다.

미국 시민들의 반응은 폭발적이었다. 「영국 왕, 핫도그를 맛보다. 맥주까지 곁들여 두 개」라는 제목의 『뉴욕타임스』 1면 기사를 본 미국인들은 고귀하기만 한 영국 왕이 자신들이 늘 먹는 핫도그를 맥주와 함께 먹었다는 사실에 놀랐다. 그런 영국 왕은 더 이상 식민 지배자일 수 없었다.

핫도그는 어떻게 생겨났을까?

미국인들은 영국을 왠지 친근하고 느끼게 되었다. 그동안 느껴 왔던 영국과의 거리감은 그만큼 좁혀졌다. 그렇게 우호적인 분위기 조성에 성공해 제2차 세계대전 시작 후 1941년 3월 미국은 무기 대여법을 제정해 영국을 비롯한 연합국에 무기를 지원할 수 있게 되었다. 당시 루스벨트는 이 법이 필요한 이유를 쉽게 설명했다.

"이웃집에 불이 났다고 가정합시다. 그 집에서 우리 집 정원에 있는 호스를 가져다 자기 집 수도에 연결해 불을 끌 수 있다면 그렇게 하도록 도와줄 수 있겠지요. 자, 어떻게 할까요? 나는 이렇게 말하지 않겠습니다. '이봐요. 15달러 주고 산 호스예요. 쓰려면 15달러를 내시오.' 그 상황에 거래가 말이 됩니까? 나는 15달러 필요 없어요. 불을 끄고 호스를 돌려주기만 하면 돼요."

긴급 상황이니 조금이라고 여유가 있는 쪽에서 도와야 한다는

미국인들은 고귀하기만 한 영국의 왕이 자신들이 늘 먹는 핫도그를
맥주와 함께 먹었다는 사실에 놀라는 한편 영국을 친근하게 느끼기 시작했다.

얘기였다. 이에 대해 공화당 소속 로버트 태프트 상원의원 같은 루
스벨트 반대 세력들은 "빌려주는 무기는 정원의 호수가 아니라 씹고
나면 버리는 껌이다"라며 무기 대여법에 반대했다. 하지만 법은 하
원, 상원 모두 통과해 연합국에 큰 힘이 되었다. 핫도그 외교를 통한
미-영 간의 친근감이 이 법에 대한 긍정 분위기 형성에 도움이 되었
음은 물론이다.

이후 미국은 1941년 12월 태평양 전쟁 참전, 1942년 11월 북
아프리카 상륙, 1944년 6월 노르망디 상륙 작전의 과정을 거쳐 독
일에 대한 전면전을 통해 제2차 세계대전을 승리로 이끌게 된다.

루스벨트의 핫도그 외교는 역발상의 대표적 성공 케이스다. 영
국 왕을 초청했으면 완전 격식을 갖춘 정식 만찬으로 대접하고 회담
해야 한다고 생각하는 것이 당시 일반적이었다. 하지만 루스벨트는

완전 거꾸로 갔다. 고매한 영국 왕이 미국 서민의 길거리 음식을 먹는 모습을 연출하면 미국인들에게 확 다가갈 것이라 생각한 것이다.

실제로 루브벨트는 깊이 생각한 끝에 핫도그 점심을 생각해냈다. 영국 왕 방미의 성공은 영국 왕실과 영국에 대한 미국인들의 공감과 지지를 얻는 데 있고, 그러려면 핫도그보다 나은 것이 없다고 생각한 것이다. 모험이기도 했다. 영국 왕이나 왕비가 아주 싫어하거나 식자들이 영국 왕실을 무시하는 처사라고 비난할 수도 있는 것이었다. 하지만 루스벨트는 상세한 계획을 세워 역발상 서민 음식 외교를 실행했고, 멋지게 성공시켰다.

미국 외교의 전통적인 원칙은 고립주의다. 유럽의 일에 간섭하지 말고, 아메리카대륙의 안보와 번영에 진력한다는 것이다. 초대 대통령 조지 워싱턴이 퇴임 연설에서 강조한 이래 미국 외교정책의 중심이 되었고, 1823년 제5대 대통령 제임스 먼로가 독트린으로 발표하면서 미국 외교의 원칙으로 자리 잡았다.

오랫동안 이 원칙을 지키다가 제1차 세계대전 당시 영국의 요청으로 전쟁에 참여하면서 고립주의는 잠시 유보했었다. 전쟁이 끝나고 미국은 다시 고립주의로 돌아갔다. 우드로 윌슨 대통령이 주도해 국제연맹을 창설했지만, 정작 미국은 국제연맹에 가입하지 않았다. 상원에서 반대했기 때문이다.

당시 상원이 주장한 것도 미국의 외교 원칙은 고립주의라는 것이었다. 미국 외교의 전통 고립주의로 다시 돌아가야 한다, 국제연맹에 가입하면 다른 나라의 전쟁에 어쩔 수 없이 개입하게 된다, 그러니 국제연맹 조약을 미국은 비준하면 안 된다 하는 것이 상원의 생각이었다. 결국 국제연맹 조약은 상원을 넘어서지 못하고 미국은 국제연맹에 가입하지 못한 것이다.

그런데 1939년 상황은 다시 미국이 고립주의를 버리고 전쟁에 참여해야 하는 상황이었다. 루스벨트가 생각할 때 미국 사회에 자리 잡고 있는 고립주의가 큰 장벽이었다. 반영국 정서도 또 하나의 장애 요소였다. 이걸 극복하기 위해서는 미국인의 영국에 대한 인식을 바꿔줘야 했다. 그래서 조지 6세를 초청했다. 초청해서 그냥 회담하고 만찬해서는 그런 목적을 달성할 수 없었다. 가장 미국적인 것을 영국 왕이 함께 해주는 퍼포먼스가 필요했다. 그것이 핫도그였다.

가끔 미국 대통령은 다른 나라 대통령이나 총리를 초청해 바비큐 파티를 하기도 하고 햄버거를 같이 먹기도 한다. 격식 파괴 외교다. 자연스러워 보이기도 하고 이런 모습이 양국의 관계를 좀 부드럽게 해주기도 한다. 그런데 1939년 루스벨트의 핫도그 외교가 없었더라면, 지금도 정상간 외교는 딱딱한 회담과 성대한 공식 만찬으로만 진행되고 있지 않을까?

햄버거와 함께 가장 미국적인 음식, 미국인들의 소울 푸드 중 하나인 핫도그는 어떻게 생겨났고, 왜 '도그dog'가 들어갔을까? 개하고 무슨 관련이 있을까? 핫도그는 19세기 말 독일 이민자들이 미국에서 소시지를 팔기 시작했다. 뜨거운 소시지를 쉽게 먹을 수 있도록 장갑을 내줬는데, 손님들이 장갑을 돌려주지 않자 빵 위에 소시지를 올려서 팔게 되었고, 그것이 지금의 핫도그가 되었다.

원조와 관련해서는 몇 가지 설이 있다. 1880년대 미주리주의 세인트루이스에서 포이스트방어라는 독일 이민자가 처음으로 이런 식의 음식을 시작했다는 얘기도 있고, 1893년 시카고 만국 박람회에서 포이스트방어라는 사람이 처음 선보였다는 얘기도 있다. 같은 이름의 사람이 1904년 세인트루이스 만국 박람회에서 처음 핫도그를 만들어 팔았다는 얘기도 있다. 뉴욕의 코니아일랜드에서 일찍이 1867년에 찰스 펠트먼이라는 사람이 수레에 스토브를 싣고 다니면서 소시지를 삶아 빵과 함께 판 것이 핫도그의 원조라는 설도 있다.

핫도그라는 이름의 유래는 이렇다. 독일 이민자들이 팔던 소시지는 주로 독일 프랑크푸르트에서 발달한 프랑크 소시지였다. 돼지고기와 소고기를 섞어서 훈제한 것으로, 별명이 닥스훈트 소시지였다. 닥스Dachs는 오소리, 훈트Hund는 개, 닥스훈트는 오소리 잡는 개라는 뜻이다. 다리는 짧고 허리는 아주 길어 오소리 굴에 들어가 사냥을 잘하는 개를 이르는 것이다. 실제로 그런 개 종류가 있는데, 프랑크 소시지의 긴 모양이 닥스훈트처럼 생겼다고 해서 닥스훈트라고 불렸다.

야구장에서 독일 이민자들이 "뜨거운 닥스훈트 소시지hot Dachshund sausage 왔어요"라고 소리치며 팔았다. 뜨거운 닥스훈트 소시지를 빵 사이에 끼워 판 것이다. 1900년쯤 만화가 한 사람이 이 장면을 신문에 삽화로 묘사했다. 닥스훈트라는 독일어 스펠링을 몰라 그냥 개dog라고 표현했다. 'hot dog sausage(뜨거운 개 소시지)'로 쓴 것이다. 그때부터 이 음식은 핫도그로 불리게 된다.

이름의 유래도 재밌고, 오랫동안 남녀노소의 사랑을 받고 있는 것도 싱그럽다. 더욱이 미국 외교사의 한 페이지까지 장식하고 있으니 서민 음식치곤 대단한 영광을 누리고 있는 게 아닌가?

북한-미국
파국 막은
타바스코 스파게티

북한의 핵확산금지조약 탈퇴 선언

북한과 미국은 핵 개발을 두고 오랫동안 갈등을 겪어왔다. 김일
성-김정일-김정은 정권을 거치면서, 미국은 클린턴-부시-오바마-
트럼프-바이든 행정부를 지나오면서 내내 북한과 미국은 핵을 놓고
'된다', '안 된다', '협상하자', '안 한다' 계속 실랑이를 해왔다.

그 시초는 1980년대 말이다. 1989년 9월 프랑스의 상업 위성
SPOT2가 북한 영변의 핵시설을 촬영해 처음으로 공개하면서 국제
적인 문제가 되기 시작했다. 국제원자력기구IAEA가 당연히 문제 삼
았다. 북한은 IAEA의 요구에 따라 협상에 응했다. 1992년까지는
협상이 잘 진행되었다. 북한과 IAEA는 핵안전협정을 체결했고, 북
한에 있는 16개 시설에 대한 IAEA의 사찰도 실시되었다.

그런데 사찰 결과를 두고 갈등이 시작된다. 사찰 시작 전 북한

이 IAEA에 그동안 플루토늄 추출량은 신고했는데, 영변에 운영 중이던 5메가와트 시험용 원자로를 가동하면서 나온 폐연료봉에서 시험용으로 90그램의 플루토늄을 추출했다는 내용이었다. 추출 횟수도 1회라고 했다. 하지만 IAEA는 사찰 결과 북한이 3번에 걸쳐 최소 148그램의 플루토늄을 추출했을 것으로 결론을 냈다. '중대한 불일치'가 발생한 것이다.

IAEA는 이에 대해 보다 세밀하게 밝혀야 한다며 북한이 신고하지 않은 2개의 시설에 대해 특별 사찰을 요구했다. 북한은 16개의 핵시설은 신고했지만, 2개는 군사시설이라며 신고하지 않았었다. IAEA가 이 시설들에 대한 사찰을 요구한 것이다. 북한은 이에 대해 '주권 침해'라며 크게 반발해 대결 양상으로 치달았다. 결국 1993년 3월 12일 북한은 핵확산금지조약NPT 탈퇴를 선언한다. NPT는 탈퇴 선언 후 3개월 후 효력이 발생하도록 되어 있어서, 1993년 6월 12일이 되면 북한이 NPT체제를 벗어나게 되는 상황이었다.

이제 미국이 나설 차례였다. 미국은 핵 문제는 철저히 자신들의 문제로 간주한다. 국무부에 비확산국을 따로 두고 있고, 백악관 국가안보회의NSC에도 군축 담당 부서가 따로 있다. 어떤 나라가 핵무기를 만들려고 하면 미국이 나서서 저지한다. 핵 우위를 통해 세계를 관리하려는 생각에서다.

미국이 앞장서서 1970년 NPT를 만들어낸 이유도 미국과 영국, 프랑스, 중국, 소련 5개 나라만 핵무기를 가질 수 있게 하고 나머지 나라들이 핵무기를 만드는 것은 막기 위해서였다. 북한이 플루토늄을 추출했다는 것은 핵무기를 만들 가능성이 있음을 말하는 것으로 미국은 인식했고, 게다가 NPT 탈퇴까지 선언한 상황이 되었으니 미국이 직접 협상에 나설 수밖에 없었다.

하지만 회담이 쉽게 성사되지 않았다. 북한은 뉴욕 유엔 본부를 무대로 자신들의 주권적 권리를 계속 주장했다. 미국은 일본, 중국, 러시아 등을 상대로 북한의 NPT 잔류 필요성을 설득했다. 1993년 5월 중순까지 서로 여론전, 외교전을 할 뿐 회담을 시작하지 못하고 있었다. 그러다가 회담이 성사된 것은 5월 12일 주유엔 북한 대표부의 허종 부대사가 미 국무부의 북한 데스크 케네스 퀴노네스에게 전화를 걸어 접촉을 제의했다.

5월 17일 둘은 뉴욕 유엔 본부의 지하 회의실에서 만나 협의한 끝에 북미 핵 협상을 시작하기로 합의했다. 북미의 고위급이 핵 문제를 풀기 위해 만나는 것은 역사적인 일이 아닐 수 없었다. 회담은

IAEA 로고. IAEA는 북한이 신고하지 않은 2개의 시설에 대해
특별 사찰을 요구했지만 북한은 '주권 침해'라며 크게 반발하고
1993년 3월 12일 핵확산금지조약 탈퇴를 선언했다.

4. 역발상 음식 외교

1993년 6월 2일 시작되었다. 이보다 1년 5개월 전인 1992년 1월 북미 간의 첫 고위급 회담이 있긴 했었다. 조선노동당 국제담당 비서 김용순이 뉴욕까지 가서 미 국무부 정무차관 아놀드 캔터를 만난 것이다. 성과는 없었다.

당시 북한은 탈냉전의 세계적 회오리 속에서 미국과 관계를 획기적으로 개선하고 국제사회로 나올 작정을 했던 것으로 보인다. 중국과 소련이 남한과 관계를 개선하는 상황을 보면서 북한도 미국과의 관계 개선을 미룰 수 없다고 판단한 것이다. 그래서 김용순이 캔터에게 "북미 수교하자. 그러면 주한미군 주둔에 대해 문제 삼지 않겠다"라고 전격 제안했다는 얘기도 있다. 사료나 더 직접적인 증언이 필요한 부분이긴 하지만, 당시 세계와 동북아 정세의 흐름으로 보아 개연성은 충분히 있어 보인다.

하지만 미국은 북한에 별로 관심이 없었다. 캔터는 북한의 IAEA 사찰 수용과 핵개발 포기만을 촉구했다. 당시 미 국무부의 분위기와 인식은 '북한 사람들 만나주는 것만도 북한에게는 큰 시혜다'라는 것이었다. 그러니 무슨 합의라는 것이 나올 수 없었다. 미국이 북한의 고위급 대표를 한 번 만나주는 '혜택'을 베풀고 회담은 끝나버렸다.

성과 없는 첫 북미 고위급 회담 이후 다시 만난 북미 고위급 대표들은 1993년 6월 2일부터 핵 문제 해결을 놓고 실제적 성과를 만들어내기 위한 회담에 들어갔다. 북한 수석대표는 외교부 제1부부장 강석주, 미국 수석대표는 국무부 정치군사담당 차관보 로버트 갈루치였다. 회담장은 뉴욕 유엔 본부 미국 대표부였다. 북한과 미국 사이 진지한 고위급 협상은 사실상 처음인 만큼 준비 사항도 많았다.

북한 대표들의 출입을 회담장 주변 어디까지 허용할 것인지, 회담장으로 가는 엘리베이터에 무장 병력을 배치할 것인지, 심지어 회담 중 흡연을 허용할 것인지 등도 논의해야 했다. 북한 대표단이 회담장과 같은 층에서만 이동할 있도록 하고, 무장 병력은 배치하지 않기로 하며, 회담 중 흡연은 허용하기로 하는 등의 합의를 해나가면서 회담을 준비했다. 회담이 시작된 것은 6월 2일 수요일 오전 10시였다.

북한 대표단을 점심에 초대한 갈루치

서로 협상을 해본 적 없고, 신뢰가 축적되지 않은 적대국가들 사이 협상인 만큼 어렵게 진행되었다. 북한은 그들이 늘 하는 대로 '위대한 지도자'의 지시 사항을 되뇌였고, 팀 스피리트 훈련 중단과 미군 철수 등 전통적인 요구 사항을 다시 제시했다. NPT 탈퇴는 주권적 권한이며, 누구도 이를 제지할 수는 없다고도 주장했다. 미국은 북한이 NPT 체제에 머물러야 하고 IAEA의 핵안전협정을 준수해야 한다고 주장했다. 첫날은 이렇게 서로 씨름만 하다 끝났다. 다음 날인 6월 3일과 4일 회담도 별반 다르지 않았다. 미국 대표단은 더 이상의 진전을 기대하기 어렵다고 보고 6월 5일 워싱턴으로 돌아갔다.

하지만 미국도 북한도 협상은 해야 하는 입장이었었다. 미국은 NPT 체제의 유지를 위해서 북한의 이탈을 막아야 하는 상황이었고, 북한은 탈냉전의 세계 조류 속에서 미국과의 관계 개선을 통해 국제사

4. 역발상 음식 외교

회로 자연스럽게 진출해야 했다. 북한이 더 초조했던 모양이다. 6월 7일 월요일 오전에 허종이 다시 퀴노네스에게 전화를 걸었다. 둘은 다시 뉴욕에서 만났다. 7일과 8일 이틀 동안 회담 재개를 논의했다.

그 자리에는 리용호 북한 외무성 국제기구국 지도원도 참석했다. 북미 핵 협상의 북한 대표단 일원으로 뉴욕에 와 있었다. 조선노동당 서기실장을 지낸 리명제의 아들로 2016년에 외무상까지 되는 인물이다. 리용호는 강석주, 김계관, 리근, 김명길 등 당시 북한 대표단에 대해서 설명해주기도 하고, 미국 대표단에 대해 질문을 하기도 했다.

미 합동참모본부 소속 군인이 왜 대표단에 들어 있는지도 물었다. 미국 정부의 구조, 국무부의 조직에 대해서도 질문했다. "북한이 NPT에 다시 들어가면 핵개발을 못하게 되는데 미국은 핵을 갖고 있지 않느냐"면서 북한의 안보 문제에 대해 근본적인 의문을 제기하기도 했다. 퀴노네스는 NPT 회원국에 대해서는 미국이 선제공격을 하지 않는다고 분명히 말해줬다. 그런 긴 논의 끝에 북미 고위급 회담을 6월 10일 다시 열기로 했다.

북한이 NPT 탈퇴를 선언한 것이 3월 12일이니까 3개월 후인 6월 12일부터 효력이 발생하게 되어 있었고, 그런 사태를 막으려면 6월 11일까지 북한과 협상을 타결해야 했다. 그래서 북한의 NPT 잔류 선언을 이끌어내야 했다. 6월 10일 협상이 재개되었으니 10일과 11일 이틀밖에 남지 않은 상황이었다. 북한이 원하는 것은 북한에 대해 무력 공격을 하지 않는다는 것과 북한의 주권을 존중한다는 내용을 북미 공동 성명에 넣어야 한다는 것이었다. 미국이 원하는 것은 북한이 NPT 탈퇴를 철회하는 것이었다.

미국 정부 내에서 국무부, 국방부, 백악관 국가안보회의 등 관련 부처들은 긴급히 의견을 조정했다. 일부 반발하는 사람들도 있었다. "우리가 왜 북한에 대해 무력 불사용, 주권 존중까지 거론하며 잘해줘야 하는가" 의문을 제기하는 사람들이었다. 미국은 북한과 협상하는 한편 국내적으로도 의견을 정리하는 작업을 동시에 해야 했다. 그러니 회담이 쉽게 끝날 수 없었다.

북한이 탈퇴를 철회할 수 있는 마지막 날인 6월 11일 금요일이었다. 미국 대표단은 최소한 북한의 탈퇴를 연기라도 시킨다는 목표를 가지고 협상장을 향했다. 유엔 본부 미국 대표부에서 양측은 다시 마주 앉았다. 양측의 요구 사항을 다시 점검하고 공동 성명의 초안을 만들어 검토에 들어갔다. 서로에게 불리한 단어는 없는지, 뉘앙스의 차이로 문제가 생길 것은 없는지 면밀히 검토해나갔다.

어느 한쪽에서 조금이라도 문제를 삼으면 그날 협상 타결은 불가능한 것이었고, 그러면 북한은 NPT 탈퇴하게 되고, 북미 양국은 극도의 대치 상황으로 치닫게 되어 있었다. 오전 10시에 만나 두 시간 동안 긴장 속 회담을 계속했다. 정오가 가까워졌다. 그때 미국 수석대표 갈루치가 의외의 제안을 갑자기 했다. 북한 대표단을 점심에 초대한 것이다.

당시 상황은 촌음을 아껴가며 공동 성명을 만들어내야 하는 상황이었고, 점심도 간단히 하고 다시 만나야 하는 형편이었다. 북한과 미국은 적대적인 관계를 벗어나지 못하고 있어서 정부 대표가 서로 식사에 초대한 적이 없었다. 더욱이 세계 최강대국이 북한처럼 작은

　　　　　　　　　　　　　　4. 역발상 음식 외교

나라 대표에게 점심을 내는 경우 거의 없는 일이었다. 그런데 갈루치가 강석주에게 점심 식사를 대접하겠다고 제안한 것이다.

북한 수석대표 강석주도 여기에 응했다. 미국 측에서는 갈루치, 퀴노네스, 통역 등 4명이 참석하고, 북한 측에서도 강석주와 김계관 등 4명이 참석했다. 장소는 유엔 본부 미국 대표부 정문 바로 옆에 있는 호텔의 식당이었다. 별실은 6인용이어서 김계관과 그의 미국 측 상대자는 다른 방으로 갔다.

마지막 순간 탈출구를 찾은 북미 회담

북한 측을 초대한 갈루치는 무엇이든 시키라고 말해줬다. 강석주가 선택한 메뉴는 미트 소스를 친 스파게티였다. 주문한 스파게티가 나오자 강석주의 눈은 좀 실망한 것처럼 보였다. 느끼해보였던 것 같다. 여기저기를 쳐다보다가 같이 테이블에 앉아 있는 사람들에게 한다는 얘기가 "타바스코 소스가 어디 있죠?"이었다.

같이 앉은 미국 대표단의 눈이 휘둥그레졌다. 스파게티를 시켜놓고 왜 타바스코 소소를 찾나 하는 반응들이었다. 매운 소스의 대명사와도 같은 타바스코는 고기나 달걀, 붉은 강낭콩(키드니빈) 요리 등을 매콤하게 먹을 때 치는 소스지 스파게티용은 아니기 때문이었다. 매운 고추와 식초, 소금을 참나무통에서 숙성시켜 만들어 매운 맛과 톡 쏘는 향을 내는 타바스코는 보통 부드러운 맛을 즐기기 위해서 먹는 스파게티와는 근본적으로 어울리기 어려운 것이기도 했다.

그러니 스파게티를 놓고 타바스코를 찾는 강석주를 보고 미국 사람들이 어리둥절해 하는 것도 당연했다. 테이블에 타바스코는 없어서 웨이터가 가져다주었다. 강석주는 그걸 쳐서 '타바스코 스파게티'를 만들어 먹었다. 나중의 일이지만, 이날 강석주가 타바스코를 좋아한다는 것을 안 갈루치는 타바스코 큰 병을 선물로 주기도 했다. 그에 대한 답례로 강석주는 북한산 인삼차를 전해줬다.

북한의 NPT 탈퇴 시한 마지막 날인 1993년 6월 11일 갈루치와 점심 자리에 함께 한 강석주는 매운 스파게티를 맛있게 먹었다. 와인도 한 병을 나눠 마셨다. 분위기는 훨씬 좋아졌다. 껄끄러운 문제도 얘기할 수 있는 분위기가 되었다. 미국 측은 북한이 싫어하는 얘기를 꺼냈다. 북미 공동 성명에 NPT 탈퇴 철회와 함께 IAEA의 특별 사찰 허용도 넣어 달라고 요구한 것이다.

하지만 강석주는 정중하게 '특별 사찰'이라는 표현은 안 된다고 답했다. 오후에 다시 긴 협상이 필요한 문제였다. 다만 좋은 분위기는 깨지지 않은 채 점심 회동은 마무리되었다. 강석주는 점심 식사 초대에 "감사하다"면서 자리를 떴다.

오후 회담이 시작되자 양측은 '특별 사찰'에 매달렸다. 미국은 북한이 이미 IAEA 핵안전협정에 서명했으니 수용해야 한다고 주장했고, 북한은 군사시설까지 들어가겠다는 것은 주권 침해라고 맞섰다. 시간은 없었고, 접근은 더뎠다. 자칫 회담이 결렬되고, 북한이 NPT를 실제 탈퇴하는 상황이 될 수도 있었다.

하지만 마지막 순간 탈출구를 찾았다. '특별 사찰'이란 표현은 쓰지 않으면서 특별 사찰의 내용을 갖고 있는 표현을 찾아낸 것이다. '전면적인fullscope'이란 표현이었다. 핵 문제 전문가들이 국제 핵

매운 맛과 톡 쏘는 향을 내는 타바스코는 보통 부드러운 맛을
즐기기 위해서 먹는 스파게티와는 근본적으로 어울리기 어려운 소스지만
1993년 미국과 북한의 파국을 막는 데 중요한 역할을 했다.

안전 문제에 대해 '전체적이고 포괄적인'이라는 의미로 쓰는 단어
였다. 'comprehensive(포괄적인)'라는 단어와 비슷한 의미였다.
'fullscope'라는 용어를 써서, 북한이 핵안전 조치를 전면적으로
수용한다는 내용을 공동 성명에 넣으면 된다는 것이었다.

　　강석주가 점심 식사를 하면서 강조한 것이 '특별 사찰'이란 표
현은 안 된다는 것이었고, 미국이 원하는 것은 실제 특별 사찰을 할
수 있다는 내용이니, 북한이 IAEA의 핵안전 조치를 전면적으로 수
용한다는 식으로 하면, '특별 사찰'이라는 표현은 안 쓰면서 내용상
으로는 특별 사찰도 수용하는 것이 되는 것이었다.

　　결국 공동 성명의 표현은 '전면적인 핵안전 조치의 공정한 적
용을 포함한 비핵화된 한반도의 평화와 안전의 보장과 상대방 주
권의 상호 존중 및 내정 불간섭peace and security in a nuclear-free Korean

Peninsula, including impartial application of fullscope of safeguards, mutual respect of each other's sovereignty, and non-interference in each other's internal affairs '에 양측이 합의한다는 것이 되었다.

'타바스코 스파게티'를 먹으면서 강석주가 한 '특별 사찰이라 는 표현은 안 된다'는 말이 단초가 되어 양측은 '특별 사찰'이란 표 현은 빼면서도 서로의 요구를 실현할 수 있는 합의를 만들어낸 것이 다. 물론 북미 공동 성명에는 '미국의 무력 불사용', '북한의 NPT 탈 퇴 효력 중지'도 들어갔다. 이 때 만들어진 북미 공동 성명은 북한과 미국 사이의 첫 공동 성명으로 역사에 기록되어 있다.

이렇게 해서 극한적 대치로 치달을 뻔했던 북미 관계는 파국을 면하고, 핵 문제를 보다 근본적으로 해결할 수 있는 더 큰 협상을 계 속할 수 있게 되었다. 이후 1년 4개월의 긴 협상 끝에 1994년 10월 21일 북미 제네바 합의가 만들어질 수 있었다. 협상 과정에서 때로 는 갈등하고 심지어 무력 사용 직전까지 간 적도 있었지만, 북한과 미국은 서로의 요구를 맞추어내 합의에 이를 수 있었다.

스위스 제네바의 북한 대표부에서 회담을 할 때는 북한이 불갈 비와 잡채, 냉면, 닭고기 전, 김치, 평양 소주로 차린 한식 뷔페로 미 국 대표단에게 점심을 내기도 하고, 북한 외교관 부인들이 쟁반에 맥도널드 빅맥을 회의실로 들고 들어가 한순간 미국 대표단의 스트 레스와 긴장을 날려주기도 했다. 강석주가 뉴욕에서 대접받은 '타바 스코 스파게티'에 대한 답례이기도 했을 것 같다.

북한 핵문제가 여전히 한반도에 긴 그늘을 드리우고 있지만, 1993~1994년 사이 북미의 협상과 합의는 북핵 문제가 결코 해결

불가한 것이 아님을 웅변적으로 보여준다. 어려운 협상의 과정에서 '타바스코 스파게티', 한식 뷔페, 맥도널드 햄버거도 한몫 톡톡히 했다. 북미 관계에서든, 남북 관계에서든 서로 협상 테이블과 식탁에도 함께 앉아 산적한 문제들을 풀어가는 광경이 길게 펼쳐지길 기대해 본다.

오바마의
햄버거 외교

버거 오찬을 즐긴 오바마와 메드베데프

2010년 6월 버락 오바마 미국 대통령이 백악관에서 드미트리 메드베데프 러시아 대통령과 정상 회담을 했다. 러시아의 숙원 가운데 하나가 세계무역기구WTO 가입이었는데 오바마는 이를 적극 지지한다고 밝혔다. 러시아로서는 천군만마를 얻은 것이다(실제로 러시아는 2012년 8월 WTO에 가입했다).

메드베데프도 가만있진 않았다. 아프가니스탄 전쟁에 개입하지 않고 미국의 아프가니스탄 경제 재건 노력을 전폭적으로 지원하겠다고 화답을 해줬다. 오랜 전쟁의 와중에 있으면서 종전의 실마리를 찾지 못하는 아프가니스탄 전쟁에 대해 미국의 입장을 지지하겠다는 의사를 분명히 해준 것이다.

미국산 닭고기를 수입하겠다는 약속도 했다. 천안함 사건 이후 북한에 제재를 가하는 문제, 이란 핵문제, 중동위기 등 주요 세계 문제에 대해서도 의견을 나눴고, 서로 협력하면서 문제를 풀어가기로 했다. 전통적으로 갈등과 긴장의 관계를 유지해왔던 미국과 러시아가 모처럼 화해의 분위기를 만들어낸 것이다.

이런 정상회담 분위기는 오바마의 '햄버거 외교'로 더욱 부드러워졌다. 회담이 끝나자 오바마는 버지니아주 알링턴의 포토맥 강변에 있는 '레이스 헬 버거'로 메드베데프를 데려갔다. "양파, 양상추, 토마토, 피클 올린 체다치즈버거 주세요"라고 오바마가 먼저 주문을 했다. 메드베데프는 "양파, 할라피뇨, 고추, 버섯 넣은 치즈버거, 그리고 콜라요"라고 직원에게 말했다.

그저 허름한 동네의 버거 가게였다. 아주 큰 패티를 큰 치즈로 덮어 주는 치즈버거가 메인메뉴였다. 두 정상은 이집에서 제일 잘하는 걸 시킨 것이다. 10종류가 넘는 토핑을 취향대로 올릴 수 있는데, 값은 음료수를 포함해도 10달러 정도에 불과했다.

세계 정치를 좌지우지하는 두 대통령은 누구나 앉는 일반 테이블에 앉아 버거를 손에 들고 맛있게 먹었다. 오바마는 와이셔츠 소매까지 걷어붙이고, 메드베데프는 체통을 좀 지키려는 듯 소매를 내린 채 참모들과 함께 붙어 앉아 이런저런 얘기를 하면서 버거 오찬을 즐겼다. 둘의 햄버거 값은 20달러 정도였는데, 오바마가 냈다.

백악관으로 돌아가 둘은 공동 기자회견장에 섰다. 메드베데프는 "매우 흥미로운 곳에서 오찬을 함께했다", "치즈버거가 건강에 좋지는 않지만 맛이 좋았다"면서 좋아진 기분을 표현했다. 오바마는 "메드베데프 대통령은 친구이자 동반자"라면서 "그동안 불신이 있

'레이스 헬 버거'에서 햄버거로 오찬을 하고 있는 오바마와 메드베데프.
'오비프(Obama+Beef)'라는 별명이 있을 정도로 오바마는
햄버거를 좋아했고, 외교에도 햄버거를 활용했다.

었으나 내가 대통령에 취임한 이후 1년 반 동안 우리 둘의 관계가 크
게 진전됐으며 구체적인 성과를 도출했다"고 말했다.

실제로 둘은 7번째 만나는 것으로, 그동안 관계를 강화해온 연
장선상에서 러시아의 WTO 가입 문제와 아프가니스탄 전쟁 등 주
요 문제에 대해 협력한다는 합의를 만들어 냈다. 특히 1979년 아프
가니스탄을 직접 침공할 만큼 러시아는 아프가니스탄을 주요 전략
지역으로 간주하고 있어 러시아가 개입하기 시작하면 아프가니스탄
문제는 더욱 복잡해질 수 있었다. 그런데 메드베데프가 미국의 입장
을 지지하기로 해 미국으로서는 걱정을 덜게 되었다.

오바마와 메드베데프는 공동 기자회견을 마치고 양복 윗도리
를 어깨에 걸친 채 라파예트 공원을 가로질러서 미 상무부 건물까지

4. 역발상 음식 외교

걸어가면서 얘기를 계속했다. '햄버거 외교'에 '격식 파괴 외교'까지 곁들여, 보다 진솔한 대화, 보다 깊은 관계를 추구한 것이다.

나중에 메드베데프는 오바마를 두고 "다른 사람의 논쟁에 귀를 기울이고 대화할 줄 알고 판단할 줄 아는 사람", "결정을 내리면 실행에 옮길 줄 아는 사람"이라고 평했다. 자연스럽게 대화하는 기회를 가졌던 메드베데프가 그런 평가를 해준 것이다.

오바마, "50세 생일 파티는 햄버거 집에서 하겠다"

그렇게 형성된 두 정상 간의 대화 분위기는 보다 전략적인 문제에 대한 해결 방안도 마련하게 된다. 전략무기감축을 위한 새로운 협정New STATRT을 만들어 발효시키는(2011년 2월) 데까지 나아간 것이다. 양국이 가진 대륙간탄도미사일ICBM, 잠수함발사미사일SLBM, 핵 폭격기를 줄이는 합의였다.

오바마는 원래 햄버거를 좋아한다. 2007년 대선 선거운동 중에는 "2011년 50세가 되는데, 50세 생일 파티는 햄버거 집에서 하겠다"고 말해 '오피프Obama+Beef'라는 별명을 얻었다. 특히 쇠고기 패티가 두툼한 햄버거를 좋아하는 그에게 잘 어울리는 별명이 아닐 수 없다.

2009년 5월 초에는 메드베데프와 함께 간 '레이스 헬 버거'에 조 바이든 부통령과 함께 갔다. 미국의 넘버 1, 2가 일반 손님들과 함께 줄을 서서 기다렸다. 차례를 양보하는 사람들이 있었지만 사양하고, 그들과 얘기를 나눴다. 순서가 되자 먼저 바이든이 스위스 치즈버거와 맥주를 주문했고, 오바마는 역시 체다치즈버거를 시켰다. 돈은 각자 냈는데, 치즈버거 값은 6달러 95센트였다. 점원이 돈을 안 받으려 하자 오바마는 "우리가 돈을 안 내면 기자들이 우리의 무임승차를 쓸 것"이라고 농을 하며 돈을 냈다. 잔돈은 점원에게 팁으로 줬다.

5월 말에는 NBC의 유명 앵커 브라이언 윌리엄스와 함께 녹화를 하던 중 점심시간이 되자 튜폰 서클에 있는 햄버거 집 파이브 가이스로 갔다. 양상추와 토마토가 들어간 치즈버거를 시켰다. 파이브 가이스의 전체 이름은 '파이브 가이스 버거즈 앤드 프라이스'. 오바마 대통령이 좋아해 '오바마 햄버거'로도 불인다. 쉐이크쉑, 인앤아웃과 함께 미국의 3대 햄버거 체인점이다.

파이브 가이스는 1986년 제리 머렐과 제이니 머렐 부부가 버지니아주 알링턴에서 시작한 테이크아웃 버거 가게에서 출발했다. 아들들 대학 입학금으로 돈을 좀 마련해 뒀는데, 아들들이 공부에 관심을 보이지 않자 그 돈으로 가게를 차렸다고 한다. 머렐의 아들이 4명이었는데, 아버지와 네 아들이 함께 꾸려간다고 해서 파이브 가이스로 이름 지었다. 처음부터 냉동고기를 쓰지 않고 신선한 쇠고기를 직접 가공해 만든 수제 패티만을 쓰고, 순수 땅콩 기름을 사용했다.

햄버거와 함께 파는 프렌치프라이도 품질 좋은 감자로 만들었다. 아이다호주의 위도 42도 위쪽에서 생산되는 감자만을 사용했는데, 일교차가 큰 북부 지역에서 더디게 자란 감자가 맛있기 때문이다. 초기엔 배달도 안 했다. 신선한 햄버거를 만드는 데에만 주력했다.

주변에 위치한 미 국방부에서 배달 주문을 했지만 거절했다. 하는 수 없이 국방부 직원들이 가게로 가서 햄버거를 찾아갔다고 한다.

그렇게 동네 맛집으로 알려지기 시작하다 주변으로 입소문이 퍼져 2002년에는 프랜차이즈화해 미국 전역으로 매장을 확대했다. 2009년부터는 해외로 진출해 지금은 캐나다와 영국, 프랑스, 독일, 카타르, 사우디아라비아, 홍콩 등 20여 개국에 매장을 두고 있다.

오바마의 '햄버거 집 순례'는 누구도 말릴 수 없는 것이었다. 대통령 임기 중 그가 찾은 워싱턴 인근 햄버거 집만 해도 10여 개나 된다. 몇 번씩 간 집도 있다. 2014년 6월에는 버지니아주 알렉산드리아에 있는 햄버거 집 '파이어 플라이스 레스토랑'에 안 덩컨 교육부 장관과 함께 가기도 했다. 어떤 때는 그냥 햄버거 가게에 들러 건설 노동자들과 함께 먹기도 했다.

햄버거만큼 미국의 대중들이 즐기는 핫도그도 오바마의 외교에 등장한다. 2012년 3월 데이비드 캐머런 영국 총리가 미국을 방문했을 때다. 캐머런이 워싱턴에 내리자마자 오바마는 전용기 에어포스원에 태워 오하이오주 데이튼으로 갔다. 미국대학스포츠협회 NCAA 남자농구 첫 경기를 함께 보기 위해서였다.

오바마의 농구 사랑은 잘 알려져 있다. 퇴근 후에는 편안한 자세로 농구 중계를 보면서 스트레스를 관리해왔다. 둘은 맨 앞줄에 앉아 핫도그를 함께 먹으며 농구를 봤다. 함께 가벼운 차림으로 입을 크게 벌리고 손으로 핫도그를 먹는 두 정상의 모습은 미국과 영국이 아주 친밀한 것처럼 보여주기에는 너무 충분한 것이었다. 둘은 달라도 많이 다른 사람이다.

핫도그를 동반한 오바마의 스포츠 외교

오바마는 케냐 출신 유학생의 아들로 민주당 소속이고, 캐머런
은 최상류층 출신의 보수당 소속이다. 특히 캐머런의 귀족 본능은
숨길 수 없는 것이어서 핫도그를 포크와 나이프로 먹는 모습이 공개
돼 '서민 흉내'라고 조롱당하기도 했다. 재정 정책도 오바마는 서민
중심, 캐머런은 기업과 중상류층 중심이었다. 대외 정책도 오바마는
제3세계와의 협력을, 캐머런은 강대국 중심의 질서 있는 세계를 지
향했다.

하지만 스포츠를 좋아하는 점은 같다. 구체적으로 들어가면 오
바마는 농구와 골프를, 캐머런은 크리켓과 테니스를 좋아하지만, 운
동을 좋아하는 점은 같다. 그래서 둘은 운동을 같이 보고, 같이 하기
도 했다. 2011년 5월 오바마가 영국을 방문했을 때 둘은 팔을 걷어
붙이고 탁구를 쳤다. 그 연장선상에서 2012년 3월에는 농구를 함께
본 것이다. 거기에 핫도그까지 함께 먹으면서 말이다.

미국과 영국은 민족적으로, 문화적으로, 종교적으로 뿌리가 같
은 아버지-아들 사이다. 그럼에도 미국이 독립하는 과정에서 전쟁
까지 치른 경험이 있어 갈등의 요소도 존재한다. 특히 미국이 민주
당, 영국이 보수당 정권인 경우, 반대로 미국이 공화당, 영국이 노동
당 정권인 경우, 갈등은 종종 표면화된다. 오바마는 민주당, 캐머런
은 보수당이니 불협화음이 나오기 쉬운 상황이었다.

오바마가 그런 걸 모를 리 없었다. 그래서 되도록 같은 것을 찾
고, 서로 친근한 모습을 보이려 노력했다. 그게 스포츠 외교, 핫도그

외교로 나타났다. 두 정상이 운동을 같이 보고 핫도그를 손으로 들고 함께 먹는 모습을 보면서 미국인, 영국인들은 "아! 우리가 원래 하나였지!", "아! 우리는 지금도 함께 가고 있는 거지!" 이런 감정을 느꼈을 것이다.

오바마의 '햄버거 외교', '핫도그 외교'는 서민 외교고, 소통 외교다. 서민적 풍모로 외국 정상과 자연스럽게 교감하려 한 것이다. 미국과 세계 대중들을 향해서는 '나와 다르지 않은 사람', '바로 내 이웃의 아저씨' 인상을 주어 쉽게 소통하려 한 것이다. 외국 정상과 함께 하는 경우도 있었지만, 오바마가 혼자서 또는 참모들과 햄버거, 핫도그를 먹는 경우도 자주 보였다. 줄 서서 가게를 찾은 보통 사람들과 얘기하고, 악수하고, 사진도 같이 찍어 주고, 주문하고, 10달러 정도의 돈을 직접 내고 했다. 그런 모습은 SNS를 타고 미국 전역,

스포츠를 좋아한 오바마는 '스포츠 외교'도 적극적으로 전개했다.
영국 총리 캐머런과는 농구 경기를 함께 보기도 했으며, 탁구를 같이 치기도 했다.

세계 전체로 퍼져나갔다.

특히 젊은 세대는 여기에 열광했다. 드는 비용과 시간에 비해서 얻는 효과는 엄청났다. 비용은 10달러 정도의 햄버거 값이면 충분했다. 시간은 얘기 좀 하고 악수하고 사진 찍는데 15분, 먹는데 5분, 모두 20분 정도 드는 것이었다. 이런 소통에다가 백악관 청소원과 주먹인사를 하고, 백악관 직원 아들에게 허리를 숙여 자신의 머리카락을 만질 수 있게 하는 등 인간적인 모습까지 지녀 그는 임기 끝날 때까지 높은 지지율을 유지했다.

임기 말인 2016년 11월에도 지지율이 50퍼센트가 넘었다. 1989년 퇴임한 로널드 레이건, 2001년 퇴임한 빌 클린턴과 비슷한 높은 지지율이었다. 오바마 직전 대통령 조지 부시(주니어 부시)의 임기 말 지지율은 20퍼센트대였다.

햄버거가 외교 무대에 등장한 것은 오바마 경우 말고도 많다. 2017년 11월 도널드 트럼프 미국 대통령이 일본을 방문했는데, 아베 신조 일본 총리는 미국산 쇠고기로 만든 수제 햄버거를 대접했다. 골프장으로 초대해 라운딩을 먼저 했다. 미국에서 활동하는 유명 프로 골퍼 마쓰야마 히데키가 동반했다. 트럼프의 요청이었다. 미국-일본 협력을 강화하기로 했고, 북한에 대한 대응도 100퍼센트 함께하기로 했다.

당시는 트럼프 행정부가 북한에 대한 군사적 공격 가능성까지 검토하며 강경 대응할 때였다. 이듬해인 2018년 4월 아베가 미국을 방문했을 때에도 역시 골프를 함께 했고, 트럼프가 햄버거 점심을 내놓았다. 당시 아베는 급하게 플로리다의 트럼프 별장 마라라고 리

조트로 트럼프를 찾아갔다. 북미가 처음으로 정상회담을 하기로 한 상황에서 일본의 입장을 전하기 위해서였다.

아베는 트럼프에게 북한에 대한 군사적 압박을 강화해야 한다고 강조했다. 북한이 두려워하는 것은 미국의 무력행사와 중국의 송유관 차단이라면서 강경 정책을 주문한 것이다. 북한의 대륙간탄도미사일과 중 · 단거리미사일, 그리고 생화학무기를 폐기하도록 해야 한다고도 역설했다. 2018년 4월 말 남북 정상회담, 6월 북미 정상회담이 예정되어 있는 가운데 아베는 한반도 평화를 해치고 북미 대결의 길을 바라면서 그런 길로 미국을 들어서게 하려 애를 쓰고 있었다.

베트남 사람들이 열광한 오바마의 서민 행보

2019년 6월 트럼프가 다시 도쿄를 방문했을 때에도 골프와 햄버거였다. 이번에도 먼저 골프를 치고, 미국산 쇠고기 수제 버거를 내놨다. 도쿄의 유명 햄버거 집 '더 버거샵'에 특별 주문한 '트럼프 맞춤형 더블 치즈버거'였다. 이 집은 평소 호주산 쇠고기를 썼는데, 미국산 쇠고기로 바꾸고 고기의 양도 1.3배로 늘렸다. 겹쳐진 쇠고기 패티가 320그램이었다.

트럼프는 빵은 옆으로 빼놓고 고기에 케첩을 잔뜩 뿌려서 맛있게 먹었다. 물론 표정은 아주 만족스러웠다. 케첩 뿌린 스테이크는 트럼프가 평소 즐겨 먹는 것이었다. 친미 외교, 미일 동맹 강화를 노골적으로 강조한 아베가 트럼프의 호감을 사기 위한 아부성 행보였다.

2021년 4월에는 스가 요시히데 일본 총리가 워싱턴으로 날아가 조 바이든 미국 대통령을 만났는데 오찬 메뉴가 햄버거였다. 프렌치프라이도 콜라도 없이 달랑 버거와 물 한잔이었다. 코로나19 때문에 거한 오찬을 할 수 없었다는 게 미국 측의 설명이었다. 하지만 곤란하다는 미국의 당초 의견에도 일대일 면담을 고집한 일본에 대해 미국의 불편한 심기가 담긴 것이란 얘기도 나왔다. 둘 다 실제 햄버거를 먹지는 않았다. 뭔가 어색한 오찬 회담이 아닐 수 없었다.

오바마의 서민 외교는 다른 나라를 방문했을 때에도 가끔 선보였다. 이때는 햄버거, 핫도그보다는 그 나라의 서민 식당을 찾았다. 2016년 5월 베트남 하노이를 방문했을 때에는 '분짜 흐엉 리엔'이라는 서민 식당에 들러 분짜를 시켜 먹었다.

'분'은 쌀국수, '짜'는 숯불에 구운 돼지고기 완자를 말하는데, 분짜는 쌀국수와 완자, 야채, 새콤한 소스가 함께 나오는 베트남 전통 음식이다. 쌀국수와 완자, 야채를 젓가락으로 함께 집어 소스에 찍어서 먹는다. CNN의 음식 문화 프로그램 진행자 앤서니 보데인과 함께 맥주 한 병까지 시켰는데 음식 값이 모두 7,000원 정도였다.

오바마의 이런 서민 행보에 베트남 사람들은 열광했다. 지금도 이 식당에 가면 오바마가 앉았던 자리가 유리관에 넣어져 보존되고 있고, 이를 보기 위해 많은 사람들이 찾는다. 오바마가 베트남 국가주석과 이런 식당에 마주앉았더라면 더 극적인 효과를 내면서 미국과 베트남이 친밀해지는 데 도움이 되지 않았을까 생각해본다. 외교라는 것이 정상과 정상, 정부와 정부 사이도 중요하지만, 사람과 사람 사이도 중요하다. 그런 행보를 보였더라면 베트남인들이 미국에 대한 호감은 더 높아졌을 것이다.

미국과 베트남은 1960~1970년대 10년 이상 전쟁을 했다. 다시 관계를 회복해 수교를 한 것이 1995년이다. 경제적 교류와 남중국해 문제에 대한 협력으로 관계를 강화해왔지만 여전히 과거의 앙금은 남아 있다. 오바마와 베트남 정상의 더 극적인 서민 외교가 있었더라면 그런 앙금도 많이 희석되지 않았을까? 여전히 경계 대상 사회주의 국가로 베트남을 인식하는 미국인들에게 베트남이 더 정감 있는 모습으로 다가가지 않았을까?

오바마의 햄버거 외교, 핫도그 외교, 서민 외교는 성공적이었다. 하지만 누구나 그걸 성공적으로 할 수는 없다. 전제는 진정성이 있어야 한다는 것이다. 평소 오바마의 모습이 정감 있고 인간적인 면모를 갖췄기 때문에 그런 외교가 공감을 받고 감동을 줄 수 있었다. 평소 귀족적이고, 권위적이고, 거리감 느끼게 하는 대통령이 오바마의 행보를 쫓는다면 가짜이고 가식이라는 비난과 조소를 피하기 어려울 것이다. 역시 가장 좋은 정책은 진정성과 진솔함이다.

5.

쌉쓸한 외교

키신저를 열 받게 한 비너 슈니첼

'아시아는 이제 스스로 자기 방위를 하라'

현대 세계사에서 미국과 일본의 관계만큼 격동적인 관계도 흔치는 않을 것 같다. 제2차 세계대전에서 서로 맞서 엄청난 전쟁을 치렀다. 인류 역사에 단 두 개의 핵무기가 사용되었는데, 그게 바로 미국이 일본에 투하한 것이다.

그렇게 무서운 방식으로 전쟁을 끝내고 미국은 군정을 실시해 억지로 평화 국가 일본을 만들어냈다. 하지만 소련의 위협에 대항하기 위해 곧 서독과 함께 일본을 다시 일으켜 세운다. 이후 미일 동맹은 동북아 안보를 책임지는 핵심적 기제를 자임하며 스스로를 강화해간다.

1960년대 말에서 1970년대 초에 걸쳐 미일 동맹은 위기의 시간과 마주하게 된다. 1969년 7월 리처드 닉슨 미국 대통령은 '아시아의 방위는 아시아 스스로 알아서 하라'는 내용의 닉슨 독트린을 발표한다. 그러면서 실제로 1971년 3월 주한미군의 제7사단 2만 명을 철수한다. 박정희 정권과 한마디 협의도 없었다.

일본도 이에 위기의식을 느끼지 않을 수 없었다. 소위 방기의 우려 때문이었다. 동맹은 적을 막는 데 서로 필요하기 때문에 만드는 것이지만, 실제 동맹을 운영하다 보면 갈등과 알력도 생기게 마련이다. 그걸 동맹 정치라고 한다. 구체적인 내용은 방기와 연루에 대한 우려다.

한국과 미국을 예로 들자면, 한국이 미국 말을 잘 안 들으면 버림받을 수 있다는 걱정이 방기의 우려다. 너무 미국 말을 잘 듣다가는 쓸데없이 미국이 이라크를 상대로 일으키는 전쟁에 개입하게 될 수 있다는 것이 연루의 우려다. 동맹은 그렇게 방기와 연루의 우려 속에서 밀고 당기기를 하면서 운영된다.

1960년대 말에서 1970년대 초 일본이 걱정한 것은 방기였다. 베트남전쟁에서 고전을 면치 못하던 미국이 '아시아는 이제 스스로 자기 방위를 하라'고 선언하고, 한국에서 7사단을 빼는 것을 보면서 '이제 미국이 일본을 버릴 수도 있구나'라고 생각하게 된 것이다. 게다가 1971년 두 개의 닉슨 쇼크가 일본을 강타한다. 하나는 7월 15일 미중 관계 개선 발표였다.

헨리 키신저 백악관 국가안보보좌관이 비밀리에 베이징을 방문해 마오쩌둥, 저우언라이와 회담했음을 밝히고, 이듬해인 1972년에 미중 정상회담을 하겠다는 내용이었다. 세계가 깜짝 놀랐다. 그야말로 닉슨이 세계에 준 엄청난 쇼크였다. 냉전의 한가운데에서 핵심 적대국 미국과 중국이 비밀리에 고위급 회담을 열고 관계를 개선해 나간다는 발표였으니 세계가 충격을 받지 않을 수 없었다.

일본의 충격은 더 심했다. 미일 동맹이 뭔가? 소련과 중국에 대항하기 위해 미국과 일본이 호흡을 같이 한다는 것 아닌가. 그런데 미국이 갑자기 적국 중국과 친구가 된다면 이제 일본은 어찌 되는 것인가. 게다가 7월 15일 발표가 있기 직전까지 미국은 이를 일본에게 통보하지 않았고, 마지막 순간에 전화로 알려줬다. 핵심 동맹국 사이에 있을 수 있는 일이 아니었다. 일본 사람들은 걱정하고 또 걱정하지 않을 수 없었다. '미국이 일본을 버리나 보다' 하는 방기에 대한 우려가 그 어느 때보다 커질 수밖에 없었다.

또 하나의 닉슨 쇼크는 1971년 8월 16일 발표된 금태환 금지 선언이었다. 제2차 세계대전이 끝나면서 생긴 브레턴우즈 체제의

1969년 '아시아의 방위는 아시아 스스로 알아서 하라'는 내용의 닉슨 독트린을 발표한 리처드 닉슨. 닉슨 독트린은 일본인들에게 큰 충격을 주었다.

5. 씁쓸한 외교

핵심은 금태환 제도와 고정환율 제도였다. 1944년 미국 뉴햄프셔주의 브레턴우즈라는 작은 마을에 세계 44개국의 대표 700여 명이 모여 이 체제를 만들었다.

2018년 보스턴에서 연구년을 하고 있을 때 나는 브레턴우즈 체제가 만들어진 현장이 어떻게 생겼는지 궁금해서 일부러 시간을 내서 가보았다. 브레턴우즈는 작은 마을 수준이다. 길 한쪽에 마을이 있고 반대쪽 언덕에 하얀 색깔의 호텔이 있다. 마운트워싱턴 호텔이다.

영국의 대표로는 우리가 잘 아는 세계적인 경제학자 존 메이너드 케인스가 참석했다. 1936년 『고용, 이자 및 화폐에 관한 일반이론』이라는 저서를 통해 정부가 재정 지출 확대로 수요와 고용을 창출해 경제를 활성화시켜야 한다는 주장을 펴 많은 국가들의 재정·통화정책에 큰 영향을 미치고 있던 인물이다. 영국은 케인스를 대표로 보내 제2차 세계대전 이후 세계경제 질서를 정하는 데 중요한 역할을 하려 했다.

미국의 대표는 해리 덱스터 화이트였다. 당시 미국의 재무부 차관보였다. 집안이 가난해 38세의 늦은 나이에 하버드대학에서 경제학 박사 학위를 받은 뒤 위스콘신주의 작은 대학에서 교수를 잠깐 하다 재무부에 들어간 뒤 재무장관 헨리 모건도와 호흡을 맞춰 재무부에서 핵심 역할을 하고 있던 인물이다.

'브레턴우즈 체제'와 미국 중심으로 운영되는 세계 경제 질서

이 둘을 비롯한 각국의 대표들은 마운트워싱턴 호텔 골드 룸에 모여 수시로 회의하고 협상을 했다. 호텔 정문으로 들어서서 오른쪽으로 돌아 조금 가면 골드 룸이 있다. 이 방은 역사적인 유산으로 보존되어 있다.

큰 원형 탁자에 나무의자 12개가 놓여 있고, 탁자 위에는 '의자에 앉지 말아 달라', '여기서 음식을 먹지 말아 달라'라는 표시가 있다. 방의 벽에는 영국 대표 케인스와 미국 재무장관 모건도가 심각한 표정으로 대화하는 모습, 미국과 소련의 대표가 만나는 모습 등이 담긴 흑백 사진들이 걸려 있다. 당시 치열한 협상의 분위기를 물씬 풍겨준다.

물론 협상의 주역은 케인스와 화이트였다. 제2차 세계대전 이후 세계의 금융 패권을 놓고 벌이는 협상이니 전쟁과 다를 바 없었다. 그래서 이 협상은 '브레턴우즈 전쟁'이라고도 불린다. 케인스가 명성과 이론적 능력을 바탕으로 먼저 새로운 제안을 했다. 세계의 중앙은행 격인 국제결제은행ICU를 설립해 '방코르'라는 초국가적인 화폐를 발행해 세계가 사용할 수 있도록 하자는 것이었다. 이른바 '케인스 플랜'이었다. 미국의 달러가 기축통화가 되고 미국이 세계경제를 쥐락펴락하는 것을 막기 위한 제의였다.

이에 맞서 화이트는 달러를 기축통화로 하는 금본위제를 주장했다. 달러화만 금과 교환할 수 있게 하고, 다른 통화들은 달러화에 대한 교환 비율을 정해 고정시키자고 제의했다. 금을 달러와 직접 연결시키고, 다른 나라 통화들도 달러를 통해 금과 연결되도록 하자는 것이었다. 소위 '화이트 플랜'이었다.

둘은 치열하게 논쟁했다. 회의 자체가 무산될 위기도 여러 번이었다. 그런 과정을 통해 결국 승리는 화이트의 차지가 되었다. 화이트가 모든 정열을 쏟아 치밀하고 세심하게 접근한 게 승리의 요인으로 작용했겠지만, 승리의 일등공신은 무엇보다도 제2차 세계대전 승전의 요인이 된 미국의 경제력이 그의 뒤를 받쳐주고 있었기 때문이다.

그래서 결국 미국 달러만 금과 바꿀 수 있게 했다. 금 1온스의 값은 35달러로 고정시켜 놓았다. 그리고 1달러에 해당하는 각국 화폐의 가치도 고정해놓았다. 달러 연동 금본위제를 확립한 것이다. 당시 미국은 전 세계 금의 70퍼센트 정도를 가지고 있었다. 제2차 세계대전 동안 유럽의 각국이 물자 대금으로 미국에 금을 지불했기 때문이다. 그래서 이 많은 금을 기반으로 하는 달러화가 기축통화 역할을 할 수 있게 된 것이다.

제2차 세계대전 후 유럽 각국들도 돈이 필요했다. 자국의 화폐를 찍어 낼 수는 있었다. 하지만 찍어낸 돈을 바꿔줄 만큼 금을 갖고 있지는 않았다. 국가의 신용도가 지금처럼 높지 못했던 당시 금 없이 유럽 각국이 자국 화폐를 찍어내는 행위는 인플레이션과 경제 질서의 혼란만 가중시킬 뿐이었다.

그래서 금이 충분한 미국이 달러를 적절히 찍어 내고, 그 달러에 각국 화폐의 교환 비율을 적절하게 정해 놓는 것이 당시로서는 세계 금융 질서를 안정화시키는 최선의 방안이었다. 이 '화이트 플랜'의 승리로 제2차 세계대전 후 세계 경제 질서는 미국 중심으로 운영되게 되었다.

'브레턴우즈 체제'의 몰락과 일본의 타격

1950년대까지는 브레턴우즈 체제가 잘 운영되었다. 하지만 1960년대 미국의 국제수지는 계속 적자였고, 베트남전쟁에 돈을 많이 써 달러에 대한 신뢰성은 낮아졌다. 반면에 일본과 서독의 경제는 급성장하면서 엔화와 마르크화 가치는 올라갔다. 이런 상황 속에서 달러화 가치가 하락할 조짐을 보이자 달러를 가진 나라들이 대거 달러화를 금으로 바꾸기 시작했다.

미국은 금 보유량이 3분의 1로 줄자 금태환을 정지시키지 않을 수 없었다. 금태환 정지는 곧 브레턴우즈 체제의 종말을 의미하는 것이었다. 일본은 그 체제 속에서 1달러=360엔의 고정환율을 적용해 안정 속 고도 성장을 구가했다. 그런데 이제 그 체제가 붕괴된 것이니 경제가 좋은 일본의 엔화는 높은 평가를 받아 엔화의 환율이 떨어지게 되었다. 이는 곧 일본의 수출에 대한 큰 타격을 의미하는 것이었다. 실제 일본의 수출 기업은 큰 타격을 입어 일본 경제는 어려운 상황에 직면하게 된다.

이렇게 닉슨 독트린과 두 개의 닉슨 쇼크로 미국과 일본의 관계는 소원해졌다. 일본은 미국에게 배신감을 느꼈다. 일본은 공산 중국과 실용적 차원에서 교류를 해야 한다는 필요성을 일찌감치 절감하고 있었다. 요시다 시게루 총리(재임: 1946.5~1947.5)는 "빨간색이든 초록색이든 상관없이 중국과 정치적 유대 관계를 쌓고 무역 관계를 강화하겠다"고 선언하기도 했다. 물론 미국은 이를 마뜩찮게 생각했다. 1950~1960년대를 거쳐 오면서 일본은 중국과 교류 확대를 원했고, 실제 중국과의 경제 교류를 확대해 나갔다.

하지만 이에 대해 미국은 못마땅하게 생각했고, 그래서 일본은 중국과 더 가까워지는 것은 자제하고 있었다. 미국의 반대를 수용해 중국과 거리를 두는 정책을 펴고 있었던 것이다. 그런데 미국이 하루아침에 돌변했으니 일본은 황당하지 않을 수 없었다. 미국이 아시아에서의 동맹 파트너를 일본에서 중국으로 바꾸는 것 아닌가 하는 의구심마저 갖게 되었다.

그래서 일본은 스스로 중국과 관계를 개선하는 작업에 나선다. 1972년 7월부터 중국 측과 접촉을 활발하게 전개하면서 국교 수립 작업에 나선 것이다. 그리고는 2개월 만인 9월 일본은 하나의 중국 원칙을 인정하고, 중국은 일제의 침략에 대한 배상 청구를 포기하기로 하는 합의를 만들어 내면서 양국은 수교한다.

그런 일본에 대해 미국은 신뢰를 거둬들이게 된다. 미국과 일본이 서로 불신하게 된 것이다. 미국은 일본을 불신할 뿐만 아니라 일본의 군국주의화를 염려하는 지경에 이른다. 1970년 방위청 장관이 된 나카소네 야스히로는 자주 방위를 핵심으로 하는 방위 개혁안을 추진했고, 일본 내 우익 세력들은 자국의 안보를 독자적으로 확보하기 위해서는 핵무장을 해야 한다고 주장하고 있었다. 이렇게 1970년대 초 미국과 일본의 관계는 꽁꽁 얼어붙은 동토를 지나고 있었다.

이런 상황이었으니 헨리 키신저 당시 백악관 국가안보보좌관의 눈에 일본이 좋게 보일 리가 없었다. 키신저는 기본적으로 일본보다는 중국이 중요하다고 생각하고 있었다. 소련에 맞서기 위해서는 중국을 살려서 중국으로 하여금 소련을 견제하도록 하는 게 효율적이라고 여겼다.

소련과 중국은 이념적으로 동질적이지만 흐루쇼프의 스탈린 격하 운동 이후 갈등이 커졌고, 국경 분쟁까지 계속되면서 관계가 더욱 악화되어 있었기 때문에 중국을 활용해 소련을 견제하도록 하면 미국이 대소 정책을 펴기가 훨씬 쉬워진다고 판단한 것이다. 게다가 키신저는 일본이 안보는 미국에 맡기고 경제에 올인하는 모습을 싫어했다. 일본이 지나치게 이기적인 모습을 보이고 있다는 판단이었을 것이다.

1970년부터 주미 일본 대사를 맡고 있던 우시바 노부히코는 이런 키신저의 마음을 사기 위해 일본 대사관으로 그를 자주 초대했다. 점심 식사를 대접하며 키신저의 일본에 대한 인상과 인식을 바꾸려 노력했다. 그런데 효과는 정반대였다. 식사를 내놓지 않느니만 못했다. 키신저가 싫어하는 음식을 매번 내놓았으니 말이다.

우시바는 키신저를 초대하면 늘 비너 슈니첼을 내놓았다. '비엔나의'라는 의미의 '비너wiener'와 얇게 썬 고기를 튀긴 요리를 의미하는 '슈니첼schnitzel'이 합쳐진 이름이니 오스트리아식 돈가스라고 할 수 있는 음식이다. 튀기는 고기는 주로 송아지 고기를 이용하고, 삶은 감자나 감자 샐러드와 함께 먹는다. 비엔나의 거의 모든 레스토랑이 비너 슈니첼을 파는데, 독일 사람들도 좋아하는 음식이다.

외교 음식에 대한 인식이 부족했던 우시바

우시바는 키신저가 독일 출신이어서 이걸 좋아할 것이라고 생각한 것 같다. 키신저는 독일에서 태어났지만, 유대인으로 아돌프 히틀러의 박해를 피해 가족이 모두 미국 뉴욕으로 이주해 빈민가에서 살았다.

주경야독하며 고등학교를 마치고 제2차 세계대전 당시 미군에서 복무했고, 이후 하버드대학에 진학해 정치학 박사 학위를 받은 뒤 하버드대학 교수를 하다가 닉슨 대통령 당선을 돕고 그의 국가안보보좌관이 되어 있었다. 키신저는 국가안보보좌관이 되자마자 외교 업무를 장악해 국무부를 무력화하고 닉슨 행정부의 외교 안보를 좌지우지하고 있었다. 키신저의 생각은 곧 미국 외교의 방향이었다.

우시바가 그런 키신저와 자주 접촉하는 것까진 좋았다. 그런데 외교 음식에 대한 인식은 부족했다. 단순히 독일 출신이라고 해서

© Kobako

우시바는 키신저가 독일 출신이라 비너 슈니첼을 좋아할 것이라고 생각했다.
그러나 독일 출신이지만 유대인 박해를 피해 어릴 적 미국으로 이주한
키신저는 비너 슈니첼을 좋아하지 않았다.

오스트리아식이나 독일식 음식을 좋아할 거라고 생각했다. 하지만 키신저는 워싱턴의 일본 대사관에 갈 때마다 일식을 기대하고 있었다. 그런데 그때마다 나온 게 비너 슈니첼이었다. 실망이 이만저만이 아니었다.

게다가 우시바가 비너 슈니첼을 내놓는 이유는 우시바 자신이 그걸 좋아하기 때문이었다. 제2차 세계대전 발발 전 일본과 독일이 정치·경제 영역에서 긴밀하게 협력해 나갈 때 우시바의 아버지는 독일과 무역으로 돈을 벌었고, 그 바람에 우시바도 독일이 관심을 많이 가져 고등학교 시절부터 독일어를 잘했다. 덕분에 도쿄대학 법대를 졸업하고 외무성에 들어갈 수 있었고, 곧 베를린 주재 일본 대사관에 배치 받아 그곳에서 오래 근무했다. 나치 독일과 일본이 협력하는 일을 적극 도운 것이다.

우시바는 독일식 문화에 익숙해져 있어서 독일 음식을 좋아했고, 특히 비서 슈니첼을 좋아했다. 이런 이야기를 미 국무부 내 일본 전문가로부터 들은 키신저는 우시바를 싫어하게 되었고, 일본의 이야기를 잘 들으려 하지 않았다. 나치에 쫓겨 독일을 버리고 나온 키신저로서는 이런 이력의 우시바가 좋을 리 만무했을 것이다. 게다가 자기가 싫어하는 음식만 내놓았으니 우시바를 곱게 보긴 힘들었을 것이다.

대사의 일은 크게 보면 두 가지다. 하나는 자기 나라와 주재국 사이 신뢰를 쌓아가는 데 기여하는 것이다. 다른 하나는 주요 정보를 확보해 자기 나라에 보고하는 것이다. 이 두 가지를 잘하자면 주재국의 주요 인물들과 촘촘한 네트워크를 구축하는 것이 무엇보다 중요하다. 그런 점에서 우시바는 대사로서 빵점에 가까웠다. 당시 미국 외교의 핵심 중의 핵심 키신저가 만나고 싶어 하지 않는 인물이 되어 있었으니 말이다.

당시 미국과 일본은 무역 갈등도 겪고 있었다. 일본 경제가 발전하면서 시장을 놓고, 또 무역 규제를 두고 알력을 겪게 된 것이다. 일본은 자국에서 생산되는 섬유를 미국에 되도록 많이 수출하려 했다. 하지만 미국은 이를 막으려 했다. 닉슨이 1968년 공화당 대통령 후보가 될 수 있었던 여러 가지 원인 가운데 하나는 경합 주였던 노스캐롤라이나와 사우스캐롤라이나에 섬유 산업을 육성해 많은 고용을 창출하고 일본산 섬유 수출은 통제하겠다고 공약한 것이었다.

그래서 닉슨은 대통령이 된 뒤 값싼 섬유류를 수출하는 아시아 국가들에게 쿼터를 부여하려 했다. 각국이 일정량 이상은 미국에 수출하지 못하게 하려는 것이었다. 이런 상황이었으니 만나면 섬유 수출을 확대할 수 있게 해달라는 일본 외교관들을 미국 외교관들이 달가워할 리가 없었다.

실리적이기만 한 일본 외교관들에게 실망한 키신저

1971년 8월 말 어느 토요일, 우시바가 키신저 국가안보보좌관을 찾아갔다. 키신저는 '서부 백악관'으로 불리던 닉슨의 별장에 머물고 있었다. 닉슨은 캘리포니아의 작은 어촌 샌클레멘테에 별장을 구입해 가끔 이용하고 있었고, 그곳에는 키신저의 사무실도 하나 마련되어 있었다.

'닉슨 쇼크' 이후 어색하게 된 일본과 미국 관계를 좀 원만하게 조정해야 했지만, 키신저의 태도는 딱딱하기만 했다. "우리는 늘 섬유 얘기만 하고 있어요"라며 일본의 섬유 수출 확대 주장을 계속해 온 우시바에게 일침을 가했다. 중국의 지도자들을 만난 이후 키신저의 일본과 일본 외교관들에 대한 평가는 더욱 가혹해져 있었다.

키신저는 저우언라이와 마오쩌둥과 소통하며 세상을 바꾸는 고차원의 논의를 진행하고 있었고, 그들과의 격조 높은 대화 내용을 늘 좋게 기억하고 있었다. 키신저는 저우언라이와 처음 회담한 후 "공직 생활을 통틀어 가장 깊이 있고, 포괄적이고, 의미 있는 논의"를 했다고 닉슨에게 보고를 했다.

특히 저우언라이에 대해서는 자신의 회고록을 통해 "나는 저우언라이보다 더 강렬한 인상을 준 사람을 만난 적이 없다"고 평가하며, "철학에 능통하고 역사를 통찰하고 분석하는 능력이 뛰어나며, 남다른 지략과 재치 있는 언변을 가지고 있고, 풍류를 아는 걸출한 위인"이라고 칭송하기까지 했다.

그런 중국인들을 접하다 실리적이기만 한 일본 외교관들을 접하려니 답답하기도 했을 것 같다. 그렇게 우시바에게 불만을 표한 키신저는 상황이 상황인 만큼 일본을 달래는 말도 좀 해줬다. "미국의 우방국은 여전히 일본이다", "미국의 아시아 최우방국이 일본에서 중국으로 바뀔 것이란 말은 터무니없는 것이다", "중국이 우리 편인 것은 아니다", "미국의 정책은 중국을 덜 공격적이게 만드는 것이다" 등등의 말을 해준 것이다.

그럼에도 당시 키신저의 본심은 일본보다 중국이 더 중요하다는 것이었다. 또 중국은 전통적으로 세계적 시야를 가지고 있는데 비해 일본은 시야가 좁고 장기적인 비전이 없기 때문에 세계 정치의 파트너로서 일본보다는 중국이 더 신뢰할 만하다는 생각도 가지고 있었다. 일본 외교관에 대해서는 세계를 상대로 일본 상품을 팔아먹으려 하는 '소니 세일즈맨' 이상도 이하도 아니라고 생각하고 있었다.

우시바 이후에도 미국 주재 일본 대사들은 키신저와 접촉하려 했지만, 키신저는 쉽사리 만나주지 않았다. 그래서 그가 주요 포스트를 차지하고 있는 동안 미국-일본 관계는 그다지 좋지 않았다. 물론 당시의 국제정치 상황, 즉 미국의 대중 관계 개선 전략과 그에 따른 일본의 실망과 배신감, 미국과 일본의 무역 갈등 등이 미국과 일본의 관계를 크게 규정하고 있었다.

그래서 미국과 일본은 당시 소원한 관계였다. 더욱이 키신저는 중국의 지도자들과 고담준론, 고차원의 세계 전략을 논하는 것을 즐겼다. 그러니 일본과 지엽적인 이야기들을 하는 것이 하찮게 느껴졌을 것이다. 거기에다 일본 외교관의 눈치 없는 음식 외교까지 겹쳐 키신저의 일본관은 부정적이었고, 1970년대 초 미국과 일본의 관계는 쉬이 개선되지 않았다.

당시 일본의 외교는 경제적 이익에 초점을 맞추고 있었고, 상대에 대한 배려는 적었다. 상대에 대한 연구도 부족했고, 국내적 필요에 따른 요구를 계속할 뿐이었다. 우시바의 비너 슈니첼은 당시 이러한 일본 외교의 실상을 잘 드러내는 상징물이 아닐 수 없었다.

'캐비아 좌파'
올랑드 조롱한
캐비아 만찬

좌파 대통령 미테랑의 고급 음식 취향

프랑스는 늘 자유를 추구한다. 1789년 프랑스대혁명은 시민들의 자유와 평등 욕구가 용암처럼 분출된 것이었다. 프랑스인들의 자유주의 지향은 1848년 2월 혁명, 1968년의 68혁명 이어졌다. 프랑스의 이런 자유주의 물결은 유럽 사회뿐만 아니라 지구 전체에 지대한 영향을 미쳐왔다.

프랑스의 자유 지향은 미국 중심의 현대 세계 정치에도 나름의 균형추 역할을 해왔다. 나토NATO(북대서양조약기구)가 지나치게 미국 중심으로 운영되고 있다고 항의하며 1966년 탈퇴했었고(2009년 나토에 복귀했다), 2003년 미국이 이라크를 침공했을 때에는 정당성 없는 전쟁이라며 반대했다. 2021년에는 미국과 영국, 호주가 오커스AUKUS라는 새로운 동맹을 출범시키자 미국과 호주에 주재하는 대사들을 소환하며 강력 항의하기도 했다.

자유 지향의 국가답게 프랑스는 국내 정치도 변화가 심하고 이념 지형도 다양하다. 극우파가 득세하기도 하고 좌파가 힘을 얻어 대통령이 되기도 한다. 좌파 대통령으로 우리에게 익숙한 인물은 프랑수아 미테랑(재임 1981~1995)과 프랑수아 올랑드(재임 2012~2017)다.

프랑스의 자유 지향은 이들 좌파 대통령의 생활에서도 여실히 엿보인다. 미테랑은 내연녀와 혼외 딸을 두고 있으면서, 대통령 임기 중에도 이 내연녀의 집에 자주 갔다. 올랑드도 여배우 쥘리 가예와 밀회를 계속했고, 임기 중에도 밤에는 엘리제궁을 나와 오토바이를 직접 몰고 가예를 만나러 다녔다. 다른 나라에서는 크게 문제가 되었을 만한 일이지만, 프랑스에서는 그저 가십거리에 불과하다. 심지어 '대통령에게도 사생활은 있다', '누구나 사생활을 보호받아야 한다'라는 식의 주장이 오히려 더 힘을 얻고 있는 듯하다.

1994년 11월 프랑스의 주간지 『파리마치』가 미테랑의 혼외 딸을 사진과 함께 보도했을 때, 권위 있는 신문 『르몽드』는 다음날 1면에 「Et, alors?」라는 제목의 사설을 실었다. 영어로 하면 'So what?', 우리말로 하면 '그래서 어쨌다고?' 정도 되는 제목이다. 사생활을 함부로 침해한 『파리마치』를 나무라는 내용이었다. 자유주의의 화신과도 같은 프랑스가 아닐 수 없다.

그럼에도 불구하고 좌파 대통령들의 사생활은 세계적인 관심을 불러일으킬 수밖에 없다. 좌파는 기본적으로 중산층 이하 서민의 삶에 정책의 포커스를 맞추고 있고, 보다 평등한 사회를 지향하는 노선이기 때문일 것이다. 그래서 좌파 대통령들이 뭘 먹는지도 관심 사항이다. 임기 중 미테랑은 매끼 캐비아와 푸아그라, 조개관자, 그리고 양고기를 즐겼다. 프라이팬에 살짝 익힌 푸아그라를 특히 좋아했고, 그의 식탁에는 커다란 캐비아 항아리가 훈제 연어 옆에 놓여 있었다.

다른 대통령들은 행사의 메뉴를 정할 때 3개 정도 후보를 올리도록 했는데, 미테랑은 6개 후보를 올리게 했다. 6개 후보 모두를 퇴짜 놓는 경우도 적지 않았다. 가까운 사람들과 저녁을 함께할 때면 보호 대상인 회색머리멧새(오르톨랑) 요리를 주문해 엘리제궁 조리팀에서 밀렵으로 멧새를 잡아오기도 했다. 보호 대상이긴 하지만 단속은 하지 않아 가능한 일이었다.

거위에게 강제로 먹이를 먹여 비대해진 간을 요리로 만들어 내는 푸아그라처럼 멧새 요리도 만드는 과정이 끔찍하다. 멧새를 잡아 어두운 곳에 두고 모이를 준다. 어두운 곳에서는 멧새가 폭식을 하는데, 그렇게 해서 몸무게를 세 배로 늘린다. 그걸 산 채로 브랜디의 일종인 아르마냐크에 담근다. 이후 털을 뽑아 통으로 굽는다. 미테랑은 죽기 전 최후의 만찬으로 이걸 먹을 만큼 멧새 요리를 좋아했다.

1995년 쿠바 국가평의회 의장 피델 카스트로가 엘리제궁을 찾았을 때도 두 정상은 송로버섯과 새끼 오리 가슴살 요리를 함께 먹었다. 반면에 우파인 샤를 드골 대통령은 음식에 관심이 별로 없었다. 드골의 개인 참모 출신인 조르주 퐁피두 대통령도 맑은 수프와 담백한 메인 요리 하나 정도로 가볍게 식사를 했다. 음식에는 좌우가 따로 없고, 개혁도 혁명도 식탁에서는 구분할 수 없는 것일까?

프랑스의 좌파 대통령 프랑수와 미테랑. 그는 끼니때마다 캐비아와 푸아그라,
조개관자, 양고기를 즐기는 등 음식과 관련해서는 고급 취향을 가졌다.

역사상 처음으로 사회주의혁명에 성공해 소련을 건설한 블라
디미르 레닌은 먹는 것에는 영 무관심했다. 뭘 좋아하는지, 뭘 먹는
지 물어보면, 제대로 대답하는 게 없었다. 다만 맥주를 즐길 뿐이었
다. 그의 후계자 이오시프 스탈린은 완전히 달랐다. 양고기, 쌀, 토마
토로 만든 스튜 카르초를 좋아했고, 사워크라우트(양배추 절임)으로
만든 수프 슈치와 보드카도 즐겼다. 그의 고향이 그루지아이기 때문
이기도 했을 것이다.

럭셔리한 음식을 즐기는 '캐비아 좌파'

그루지아는 기후가 좋고 요리 전통이 화려한 것으로 유명하다.
좋은 와인이 많이 나고, 절인 치즈, 말린 과일, 그리고 쇠고기·양고

기 · 닭고기 요리가 두루 발달해 있으며, 잔치 문화도 여전히 남아 있는 풍요로운 곳이다. 스탈린은 크렘린에서 손님을 접대할 때 전채부터 디저트까지 한꺼번에 내도록 했다고 한다. 서빙하는 인원 중에 간첩이 숨어 있을 수 있고, 들락거리면서 도청을 할 수도 있다고 보았기 때문이다.

코스 요리는 원래 러시아에서 유래한 것이고, 이걸 앙투안 카렘이 19세기 초 프랑스에 들여온 것인데, 거꾸로 소련은 일괄 서빙 방식으로 돌아가 있었던 것이다. 니키타 흐루쇼프는 스탈린 비판자답게 스탈린식 화려한 식사는 좋아하지 않았다. 다만 고기를 좋아해서 버섯이나 자두와 함께 요리한 쇠고기를 즐겼다. 미하일 고르바초프는 기름진 것을 삼가고 소박한 음식을 좋아했다. 음식에는 진정 좌우가 없고, 좌파 가운데서도 사람에 따라 천차만별인 것 같다.

올랑드도 고급 취향이긴 하지만, 그가 대통령을 할 당시는 프랑스가 재정 위기 상태여서 송로버섯이나 바닷가재 등의 비싼 식재료 구입은 자제했다. 올랑드가 대통령에 취임한 뒤 얼마 안 되어서 미테랑 대통령 시절에 주로 활동했던 사회당 원로들을 엘리제궁으로 초대해 식사를 냈다.

식사는 뷔페였다. 차려진 뷔페를 본 원로들은 자신들이 왕성하게 활동하던 미테랑 시대와는 완전히 달라진 상황을 인식하지 않을 수 없었다. 샌드위치와 소시지, 감자칩, 올리브가 뷔페의 메뉴였다. 와인도 지역 등급 와인이었다. 프랑스는 와인을 4등급으로 나누고 있는데, 최고 등급은 원산지 통제 명칭 와인AOC, 두 번째는 우수 품질 제한 와인VDQS, 세 번째는 지역 등급 와인Vdp, 마지막은 테이블

5. 씁쓸한 외교

와인VdT이다. 네 등급 중 세 번째 와인으로 사회당 원로들을 대접한 것이다.

올랑드는 그래도 필요할 땐 해산물로 차린 고급 노르딕 메뉴 등으로 만찬을 하기도 하고, 2015년 12월 오바마 미국 대통령이 파리를 방문했을 때에는 미슐랭 3스타인 앙브루아지라는 고급 음식점에서 식사를 대접하기도 했다. 앙브루아지는 송로버섯과 가리비, 바닷가재 요리를 파는 곳으로 한 끼에 44만 원 정도 하는 식당이다.

귀족 생활을 하면서 럭셔리한 음식을 좋아하는 좌파를 프랑스에서는 '고슈 카비아gauche caviar'라고 한다. gauche는 좌파, caviar는 철갑상어 알, 캐비아를 이르는 것이니, '캐비아 좌파'가 된다.

캐비아는 프랑스의 고급 식당에서 보통 1인 분에 10만 원에서 200만 원까지 받는다. 그래서 '바다의 다이아몬드', '바다의 검은 보석'이라고도 불린다. 연어 알은 빨간색, 잉어 알은 주황색이지만, 철갑상어 알은 검은색이다. 철갑상어는 강에서도 살고 가까운 바다에서도 산다. '강의 다이아몬드'는 좀 운치가 없어 보여서 '바다의 다이아몬드'로 부르는 게 아닌가 한다.

이런 비싼 캐비아를 즐기면서 진보적 가치를 열심히 주장하는 사람들을 캐비아 좌파라고 하는데, 독일식 표현은 '토스카나 프락치온Toskana Fraktion'이다. Toskana는 음식과 자연 풍광, 문화, 예술 등을 모두 즐길 수 있는 이탈리아의 중부지방, fraktion은 당파라는 의미이니, 멋진 데서 휴가를 만끽하는 부류라는 뜻이다. 영국에서는 샴페인을 즐기는 좌파라는 의미로 '샴페인 레프트champagne left'라고 한다. 미국식으로 하면 '리무진 리버럴limousine liberal'이다. 우리의

'강남 좌파'와 같은 말이다.

프랑스에서 캐비아 좌파라는 말이 나온 것은 1980년대 초다. 한 주간지가 「돈독 오른 좌파」라는 제목의 기사를 냈다. 이 기사의 주인공은 대저택에 살고 롤스로이스를 몰고 다니면서 사회주의 구호를 외치고 있었다. 이 기사를 계기로 프랑스 사람들은 부유한 좌파 지식인과 사회당 정치인들을 캐비아 좌파라고 부르며 조롱하기 시작했다.

지식인 가운데는 『슬픔이여 안녕』, 『브람스를 좋아하시나요』을 쓴 여류 작가 프랑수아즈 사강이 유명하다. 그녀는 "돈이 행복을 가져다주는 것은 아니지만, 버스에서 우는 것보다는 재규어에서 우는 것이 낫다"고 말해 고급 취향을 숨기지 않았다. 실제 그녀는 멋스러움과 고성능을 다 갖춘 것으로 유명한 럭셔리 브랜드 재규어의 스포츠카 XK140을 타고 다녔다. 이 차의 액셀러레이터를 맨발로 밟으며 고속도로를 달리는 것을 좋아했고, 고급 별장 생활도 즐겼다.

철학자 베르나르 앙리 레비도 캐비아 좌파로 잘 알려졌다. 레비는 『인간의 얼굴을 한 야만』이라는 저서를 통해 전체주의를 비판하고, 세계의 분쟁 지역을 탐방하며 자유와 권리의 보편적 보장을 강조해왔다. 그러면서도 기업가 아버지 덕에 가진 재산을 이용해 럭셔리한 생활을 십분 즐겼다.

정치인 중에는 미테랑과 올랑드, 도미니크 스트로스칸 등이 대표적이다. 미테랑과 올랑드는 대통령을 지내 워낙 유명하지만, 스트로스칸도 그에 못지않은 프랑스 사회당의 저명인사다. 스트로스칸은 산업부 장관과 재무부 장관을 지냈고, 2007년부터는 국제통화기

금(IMF) 총재로 활동했기에 2012년 프랑스 대선의 유력한 사회당 대통령 후보로 부각되기도 했다. 부잣집에서 태어나 제트기를 타고 여행을 다니는 호사까지 대놓고 누리는 인물이었다.

그래서 그는 특별히 '울트라 카비아ultra caviar'로 불렸다. 고슈 카비아 중에서도 최고 수준이라는 것이었다. 경제적으로도 정치적으로도 그렇게 잘 나가던 스트로스칸은 2011년 5월 뉴욕의 호텔에서 청소부를 성폭행한 혐의로 체포되었다. 그 바람에 IMF 총재직도 사퇴해야 했고, 불명예스럽게 정치 생명을 마감해야 했다.

그런데 이후 성폭행을 당했다고 주장한 여성의 진술이 일관성 없는 것으로 드러나 뉴욕 검찰이 공소를 취하했다. 그래서 중도우파인 대중운동연합UMP 소속의 당시 대통령 니콜라 사르코지 측이 음모를 꾸며 스트로스칸을 낙마시킨 것 아니냐는 의혹이 제기되었다. 유력 주자인 스트로스칸을 사전에 꺼꾸러뜨려 2012년 대선에서 쉽게 승리하겠다는 생각으로 덫을 놓은 것 아니냐는 의혹이었다. 분명한 것은 아직 밝혀지지 않아 여전히 의문으로 남아 있다.

캐비아 앞에서 당혹감과 낭패감을 느낀 올랑드

2012년 대통령이 된 고슈 카비아 올랑드는 재정 위기를 감안해 비교적 검소하게 엘리제궁을 운영하며 캐비아 좌파의 이미지를 벗어나기 위해 노력하고 있었다. 그러던 중 2014년 2월 워싱턴 방문길에 올랐다. 오바마 미국 대통령과 정상회담을 했다. 프랑스 대통령이 미국을 방문한 것은 1996년 이후 18년 만이었다.

당시 유럽과 미국의 관계는 소원했다. 미국의 국가안전보장국 NSA이 유럽의 정상들에 대해 도청을 해왔다는 것이 밝혀졌기 때문이다. 오바마는 전통적인 우방인 유럽과의 불편한 관계를 해소하려 했다.

당시 추진되던 유럽연합EU과 미국 사이 자유무역협정 협상 과정에서, 미국은 목소리 큰 프랑스의 협조를 구할 필요도 있었다. 프랑스가 아프리카의 말리와 중앙아프리카공화국 등에서 알 카에다와 연계된 반군 척결에 주도적으로 나서주는 것에 대해, 미국은 격려의 필요성도 느끼고 있었다.

그래서 올랑드를 초청했고, 오바마는 앤드루 공군기지까지 나가 직접 영접했다. 만나서 바로 버지니아에 있는 토마스 제퍼슨의 생가를 찾았다. 미국의 프랑스 주재 공사를 지내고, 프랑스를 누구보다 사랑한 제퍼슨의 생가에서 두 정상은 제퍼슨 얘기를 나누며 공감과 공유의 폭을 넓혔다.

만찬은 그 어떤 파티보다 융숭하게 준비했다. 2009년 오바마 행정부 출범 이후 7번째 국빈 만찬이었다. 미식의 나라 프랑스의 대통령을 대접하는 것인데다 올랑드의 고급 취향도 알고 있는 만큼 최고급의 화려한 음식으로 준비했다. 이 한 끼에 들어간 돈이 무려 5억 3,000만 원에 이를 정도였다. 영부인 미셸 오바마가 백악관 뜰에서 기른 각종 채소를 어항 모양의 그릇에 정원처럼 배열한 '윈터 가든 샐러드'가 입맛을 돋우기 위해 세팅되어 있었다.

메인 메뉴는 콜로라도의 가족 목장에서 숙성시킨 드라이에이징 립 아이 스테이크였다. 드라이에이징은 일정한 온도와 습도, 통풍이 유지되는 공기 중에 고기를 2~4주간 노출시켜 숙성시키는 방식이다. 고기 근육에서 수분이 빠져나가 풍미가 깊어지고, 천연 효소가 근육을 분해해 고기가 부드러워진다. 수분이 빠져나가 가벼워지고, 공기와 접촉한 표면은 말라버려 잘라내야 하기 때문에 고기 값은 비싸진다.

스테이크는 블루치즈와 숯불에 구운 샬럿(양파의 일종), 느타리버섯, 삶은 근대와 함께 나오게 되어 있었다. 식사와 함께 캘리포니아와 버지니아에서 생산된 와인, 그리고 오바마의 고향 하와이에서 온 초콜릿 케이크도 디저트로 준비되어 있었다.

거기까지는 좋았다. 문제는 메인 요리 전에 나오는 전채였다. 백악관이 전채로 메추리알, 감자요리와 함께 캐비아를 준비했다. 캐비아는 철갑상어 알을 소금에 절인 것이다. 철갑상어 알에 소금을 넣고 휘저은 다음 소쿠리에 담아 흘러나오는 소금물을 버리고 도자기에 담아 저온에 숙성시켜 만든다. 알이 톡톡 터지면서 내는 풍미가 깊다. 처음에는 비릿하고 짭조름한 낯선 맛이 당황스럽게 하지만, 이후 느껴지는 깊은 치즈·버터 맛, 진한 견과류 풍미에 끌려 계속 찾게 되는 음식이다.

비타민과 단백질이 많고 지방은 적어 건강식이기도 하다. 그래서 러시아에서는 철갑상어 알로 기름을 짜 환자의 회복식으로 쓰여왔다. 캐비아는 '세상에서 가장 섹시한 음식'으로 불리기도 한다. 원시적인 맛이 맨 처음에는 생경하지만, 그 맛을 알고부터는 멈출 수가 없는 게 섹스와 닮았다고 해서 붙여진 별칭이다. 고대 페르시아에서는 최음제로 쓰이기도 했고, 중국에서는 철갑상어 척추 속에 있

2009년 프랑스 대통령 프랑수와 올랑드가 미국을 방문하자 버락 오바마는
올랑드의 고급 취향을 감안해 캐비아 등 최고급의 요리를 내놓았다.
하지만 당시 '캐피아 좌파'라는 비아냥을 듣고 있었던 올랑드는
캐비아 앞에서 당혹감과 낭패감을 느꼈을지도 모른다.

는 골수로 가루를 내 결혼하는 신부에게 먹이는 풍습도 있었다. 노
화 방지에도 효과가 있어 최근에는 화장품의 원료로도 쓰인다.

　　백악관이 준비한 캐비아는 오바마의 정치적 고향 시카고 가까
이에 있는 일리노이 강에서 나는 철갑상어의 알로 만든 것이었다.
만찬에 캐비아가 나오는 순간 올랑드의 표정은 어두워졌다. 만찬 분
위기도 싸늘해졌다. 당시 올랑드의 사회당은 국내적으로 캐비아 좌
파라는 비난을 특히 많이 받고 있었다. 사회당 정권의 각료들이 많
은 재산을 가지고 있는 사실이 드러났기 때문이다.

　　프랑스는 다른 선진국들과는 달리 고위 관료들의 재산 공개가
의무화되어 있지 않다. 이것 역시 자유주의 전통 때문일 것이다. 고
위 관료라고 해서 인간의 주요 기본권 가운데 하나인 재산 소유권이

침해받아서는 안 된다는 생각이 강한 것이다. 그런데 올랑드 정권이 출범한 지 10개월밖에 안 된 2013년 3월 제롬 카위작 예산 장관이 탈세를 위해 스위스에 비밀계좌를 가진 것이 드러나 사퇴했다. 여론이 악화되었다. 각료 모두의 재산을 공개하는 방안으로 대처했다.

그러자 사태는 더 악화되었다. 각료들이 부자였기 때문이다. 각료들의 평균 재산은 프랑스 전체 가구 평균의 4배였고, 갑부 장관도 많았다. 외교 장관 로랑 파비위스는 부동산 390만 유로, 주식 120만 유로, 기타 63만 유로 등 모두 573만 유로(약 83억 5,000만 원) 상당의 재산을 가지고 있었다. 고가의 예술 작품은 계산에 넣지도 않았는데 그 정도였다.

노인 장관 미셸 들로네는 560만 유로(약 81억 6,000만 원), 총리 장마르크 애로는 155만 유로(약 22억 6,000만 원)를 신고했다. 대통령 올랑드는 프랑스 남동부 지중해안 리비에라에 있는 주택과 아파트 등을 합쳐 117만 유로(약 17억 원)를 신고했다.

이들 부자 각료 때문에 프랑스에서 캐비아 좌파가 새삼 이슈가 되어 있었다. 올랑드에 대한 지지는 떨어졌다. 미국을 방문할 즈음 지지율이 20퍼센트 정도밖에 안 되었다. 이런 상황인데, 백악관에서 캐비아 만찬을 접했으니 올랑드의 심경은 어땠을까? 그의 어두운 표정이 말해주듯 낭패감과 실망감, 좌절감이 중첩되었을 것이다. '온갖 언론이 또 가십으로 실을 것이고, 파리로 돌아가면 조롱과 비난이 쏟아질 텐데……'. 아마 이런 생각을 하고 있었을 것이다.

지스카르 데스탱의 선례를 떠올렸을지도 모른다. 지스카르 데스탱은 대통령 임기 중 가장 좋아하는 음식이 송로버섯이 들어간 스크램블 에그라고 고백했다. 솔직하긴 했지만 분별없는 얘기였다. 여론의 질타를 받았다. 서민 행보로 상처를 만회하려 했다. 가정집을 방문해 점심을 함께 하기도 했다.

하지만 조롱과 풍자만 심해질 뿐이었다. 어설픈 공인을 흔들고 놀리는 데에는 세계에서 둘째가라면 서러운 프랑스가 아닌가? 데스탱은 결국 1981년 재선에 실패했다. 미테랑에게 졌다. 경기 침체가 주요 원인이었지만, 시민들과의 공감 능력 부족도 일부 원인이 되었다고 보아야 할 것이다. 백악관 만찬장에서 올랑드가 느꼈던 낭패감은 미국에서 돌아온 뒤 실제 위기로 바뀌어 가고 있었다.

올랑드의 지지율은 파리로 돌아온 뒤 점점 낮아져 2014년 4월에는 18퍼센트로 내려갔다. 그해 11월에는 12퍼센트까지 떨어졌다. 2016년 11월에는 4퍼센트까지 내려앉았다. 1959년 제5공화국 출범 이후 샤를 드골, 조르주 퐁피두, 지스카르 데스탱, 프랑수아 미테랑, 자크 시라크, 니콜라 사르코지 등 6명의 대통령이 거쳐 갔지만, 이렇게 낮은 대통령 지지율은 처음이었다.

결국 올랑드는 차기 대선 불출마를 선언할 수밖에 없었다. 물론 그토록 인기가 없었던 첫 번째 이유는 그의 정책 실패였다. 좌파인데도 불구하고 긴축재정을 실행하면서 사회복지 지출을 줄여 사회당의 전통적 지지층인 노동자들의 신뢰를 잃었다. 일자리 창출을 대선 공약으로 제시했지만 실업률은 높아지고, 경제성장률도 하락하는 바람에 우파의 지지도 얻지 못했다.

이런 정책의 실패에다 캐비아 좌파에 대한 곱지 않은 시선이 더해지면서 올랑드는 결국 실패한 대통령 신세를 면치 못했다. 거기에

271

오바마의 캐비아 만찬과 그에 대한 조롱도 한몫 단단히 했음은 물론이다. 프랑스의 캐비아 좌파에게 2014년 2월 백악관 미국-프랑스 정상 만찬은 화려하지만 씁쓸한 성찬으로 영원히 기억될 수밖에 없을 것 같다.

프랑스의 와인 자존심, 이슬람 율법, 그리고 취소된 오찬

문화와 종교 차이로 불발된 오찬과 조찬

프랑스 이야기 하나 더 해보자. 2015년의 일이다. 연초 올랑드 대통령은 이란의 대통령 하산 로하니를 프랑스로 초청했다. 당시 미국과 영국, 프랑스, 중국, 러시아 등 유엔안전보장이사회 상임이사국(P5)과 독일이 합세해 이란과 핵협상을 하고 있었다.

이란은 우라늄 농축을 계속하고 있었고, 이들 P5+1 국가들은 이란이 핵무기 개발 가능성이 있는 것으로 보고 우라늄 농축을 제한하려 했다. 분위기가 나쁘지 않았다. 그래서 올랑드는 핵 협상 타결 이후를 보고 로하니 이란 대통령에게 초청장을 미리 보낸 것이다. 핵 협상이 타결되고 미국을 비롯한 국제사회가 부과했던 경제 제재가 풀리면 이란의 경제가 살아날 것이고, 그러면 이란의 수입이 많이 늘어날 것이니, 프랑스 입장에서는 이란에 대한 수출과 투자 확대 방안을 찾을 필요가 있었던 것이다.

우선 경제 제재와 크게 관련이 없는 농산물·축산물 수출 길을 모색하고 있었다. 경제 제재 해제 이후에 대한 준비로 실무선에서는 프랑스의 국영철도회사 SNCF, 자동차 업체 푸조, 석유회사 토탈 등의 대규모 이란 현지 투자 방안을 타진하고 있었다.

드디어 이란 핵 협상이 2015년 7월에 타결되었다. 이란은 농축 우라늄의 농도(우라늄235의 비율)를 3.67퍼센트 이하로 제한하고, 농축 우라늄 보유량도 300킬로그램을 넘기지 않기로 했다(농도가 3퍼센트 정도 되는 것은 핵발전소의 연료로 쓰이고, 90퍼센트가 넘어가면 핵무기용이 된다).

이란의 핵기술 연구·개발도 나탄즈 시설로 제한하기로 하고, 핵무기 개발이 의심되는 시설에 국제원자력기구IAEA 사찰단이 접근할 수 있도록 했다. 대신 P5+1 국가들은 이란에 대한 경제 제재를 해제하기로 했다. 이런 내용으로 이란 핵 협상이 타결되면서 프랑스는 이란에 대한 수출 확대를 보다 구체적으로 준비하기 시작했다.

정상회담도 적극 추진되어 2015년 11월에 로하니가 프랑스를 방문하기로 했다. 이슬람 국가의 대통령이나 국왕이 유럽을 방문하는 것은 10년 만에 처음이었다. 의전과 의제 등에 대한 구체적인 협상에 들어갔다. 올랑드는 로하니에게 프랑스식 성찬을 내놓으며 분위기를 띄워 무역 협상도 수월하게 끌고 가고 싶어 했다.

2011년 이후 계속되고 있는 시리아 내전에 대한 대응책도 논의해야 하는 상황이었다. 이란은 이슬람 시아파인 바샤르 알아사드 시리아 대통령을 지지해 왔는데, 수니파 반군이 시리아 정부군을 계속 공격하고 있었다. 내전이 계속되면서 죽어가는 시민들은 늘어만 갔다. 올랑드는 이를 해결하는 데에도 기여하고 싶어 했다. 그래서 오찬을 같이 하자고 제안했다.

이란은 신정 체제여서 최고 지도자 지위는 종교 지도자가 맡고 있는데, 당시 종교 지도자 아야톨라 호메이니가 과거 파리에서 망명 생활을 했을 정도로 양국은 인연이 깊다. 이란의 지도자들에게 프랑스가 낯선 나라가 아닌 만큼 올랑드는 로하니를 오찬에 초대해 식사를 함께하며 보다 깊이 있는 협력 관계를 만들어가려 한 것이다.

그런데 이란은 오찬에서 와인을 빼달라고 요청했다. 할랄 고기를 올려달라고도 했다. 프랑스는 고민했다. "오찬에 와인이 나오지만, 이슬람교도가 아닌 사람들에게만 제공되도록 하겠다"고 다시 얘기했다. 이란은 이것도 거절했다. 다시 공은 프랑스로 넘어왔다.

프랑스는 'no wine'이면 'no lunch'라는 입장을 정리했다. 프랑스 문화를 '확실히 존중해라respect obviously,' 그렇지 않으면 '조용히 거절하겠다reject quietly'는 입장으로 정리한 것이다. "게이는 처형까지 해버리는 나라(많은 이슬람 국가들과 마찬가지로 이란에서 동성애자는 사형에 처해진다)의 지도자가 식탁에서 와인 한 잔 미시는 것은 끝까지 사양한다는 게 말이 돼?" 이런 생각을 하는 사람도 프랑스 정부 안에 있었을지도 모른다.

실제로 프랑스 대통령의 참모 가운데는 이란의 '와인 있는 오찬' 거절을 '말도 안 되는ridiculous' 짓이라고 원색적으로 비난하는 사람도 있었다. 그래서 프랑스는 아예 오찬은 취소하고, 대신 조찬 회동을 하자고 제안했다. 하지만 이것도 이란이 거부했다. "너무 싸

2015년 프랑스와 이란은 와인 한 잔을 두고 벌어진 입장 차이 때문에 오찬이
불발되어 더 깊은 관계를 맺어나갈 수 있는 기회를 잃어버리고 말았다.

구려 같다"는 것이 이란 측의 거절 이유였다. 별로 차린 것 없이 조
찬을 하려면 아예 안 하는 게 낫겠다는 얘기였다. 결국 오찬도 조찬
도 없이 그냥 회담만 하는 것으로 했다.

　"우리 문화를 존중해 줘야지", "우리 종교는 무시할래?" 이런
자존심 싸움을 계속하다 결국 "골치 아프니 없는 걸로 하지, 뭐" 이
런 식으로 결론을 내버린 것이다. 문화와 종교 차이가 정상회담의
중요한 절차에 직접 영향을 끼친 대표적인 사례가 아닐 수 없다.

　로하니는 파리까지 와서 올랑드와 프랑스식 성찬은 함께 하지
못한 채 11월 16~17일 양일간의 프랑스 방문 일정을 끝내고 돌아
가야 했다. 무역과 관련한 협상을 안 한 것은 아니다. 하지만 정상이
오찬을 함께 하며 길게 대화하고 친숙해지면서 양국이 더 깊은 관계
를 맺어갈 수 있는 기회는 갖지 못했다.

'음식을 통한 소통'을 중시하는 프랑스

더욱이 프랑스는 핵 협상 과정에서 다른 나라들보다 강경한 입장을 보였었다. 이란에 대해 더 강한 요구를 한 것이다. 그래서 이란과의 사이가 꽤 껄끄러운 상태였다. 프랑스는 핵 협상 타결 뒤 바로 이란에 무역 교섭단을 보냈는데, 핵 협상 당시 강경 입장 때문에 이란에 대한 프랑스의 수출이나 투자 확대는 쉽지 않을 것이라는 게 교섭단의 보고였다. 그런 상황에서 오찬·조찬 회동이 불발돼 서먹한 관계의 급진전은 이뤄지기 어렵게 되었던 것이다.

프랑스와 이란 사이 오찬 불발 사건은 양국의 문화 차이를 확연하게 드러내 주었다. 프랑스는 음식과 미식 문화에 관한 한 지구상에서 자신들이 최고라고 믿고 있고, 그에 대한 자부심도 높다. 2010년에는 프랑스 미식 문화를 유네스코 인류 무형 문화유산으로 등재시켰다.

자연과 인간 능력을 조화시켜 만들어내는 품격 있는 음식, 여러 가지 음식을 적절하게 조합해 만들어내는 예술적인 메뉴 구성, 각 음식에 꼭 맞는 와인을 함께 내놓는 와인 페어링, 격조 있는 테이블 세팅, 세련된 식사 매너, 그리고 좋은 음식을 함께하며 소통하는 관습 등이 모두 합쳐져 프랑스식 가스트로노미gastronomie(미식 문화)가 형성되어 있는데, 유네스코가 이를 인류가 보전해야 할 주요 무형 문화유산으로 지정한 것이다.

지역의 자연과 문화가 어우러져 음식이 나오고 그 음식으로 인해 다시 문화와 인간 사이의 소통이 깊어진다는 것이 프랑스인들의 음식 철학이다. 프랑스인들은 가스트로-커뮤니케이션gastro-communication, 즉, '음식을 통한 소통'을 다른 어떤 나라 사람들보다 중시한다. 좋은 음식을 함께 음미하면서 그 음식에 대한 깊은 감상을 공유하고 현란한 비평도 주고받으면서 정치도 경제도 논하는 것이 프랑스인들의 특징이다. 이런 문화를 함께할 수 있으면 프랑스인들과 더 깊이 교감할 수 있음은 물론이다.

프랑스 미식 문화의 중요한 부분 중 하나가 와인이다. 특히 격식 있는 식사에서 와인은 빠져서는 안 되는 음식이다. 전채, 메인 디시, 디저트에 따라 마시는 와인의 종류도 다르다. 레드 와인 잔과 화이트 와인 잔, 디저트 와인 잔을 따로 두는 게 격식 있는 식탁의 기본 요건이다. 물론 나오는 음식에 따라 거기에 꼭 어울리는 와인을 함께 내놓는 것도 기본 중 기본이다. 음식과 와인이 완벽하게 마리아주mariage(결합)되어야 한다는 게 프랑스식 정찬의 기초인 것이다.

외교 정찬에는 와인이 필수기 때문에 프랑스 외교부는 통상 1만 5,000병의 와인을 외교부 저장소에 준비해두고 있다. 물론 모두 프랑스 와인이다. 화이트 와인 뫼르소, 레드와인 클로드부조 등 종류도 다양하다. 프랑스 외교부는 와인 잔도 프랑스 명품 바카라를 보통 쓰고, 식기로는 세브르 국립도자기제작소에서 만든 고급 도자기를 사용한다.

메인 요리부터 디저트까지 대부분의 음식은 엘리제궁이나 외교부 소속의 셰프들이 직접 만든다. 하지만 바게트만은 외부에서 사오는 경우가 많다. 프랑스에서는 빵 만들기 경연 대회가 다양하게 열리는데, 경연 대회 수상작 가운데 우수한 것을 만들어낸 집에서 주로 사온다.

와인은 음식 문화와 음식 외교에서도 핵심 중 핵심인데, 그래서 와인을 빼달라는 이란의 요구는 프랑스의 문화와 전통에 대한 무지 나 무시 또는 거부로 인식될 수밖에 없었다. "프랑스 문화에 대한 기본 상식도 없이 무슨 외교를 한다고……쯧쯧." 프랑스인들은 이런 인식을 했었던 것이다. 신성모독과 비견될 수도 있는 것이었다. 종교 성이 강한 나라들은 다른 어떤 것보다 종교적 교의를 중시한다. 프랑스인들의 미식 문화에 대한 태도는 그에 못지않다. 그러니 "와인 빼"라는 요구는 프랑스인들에게는 일종의 신성모독으로 느껴졌을 수도 있는 것이다.

2009년에도 비슷한 일이 있었다. 당시 프랑스 대통령 니콜라 사르코지가 이라크의 총리 누리알 말리키를 만찬에 초대했다. 말할 것 없이 와인이 있는 만찬이었다. 이라크는 와인 때문에 어렵다고 얘기했지만, 당시에도 프랑스는 와인을 뺀 만찬을 할 생각이 없었 다. 결국 만찬은 성사되지 못했다.

1999년 4월에도 자크 시라크 대통령과 이란의 모하메드 하타 미 대통령의 만찬 회담이 추진되었지만, 역시 와인 때문에 취소되었 다. 그해 10월에 다시 추진돼 두 정상이 만찬 대신 티타임을 가졌다. 앞으로도 어느 나라 대통령이든 프랑스 대통령과 오찬이나 만찬을 하려면 "와인 빼 달라"는 요청은 하면 안 될 것 같다. 그러려면 차라 리 조찬을 하자고 해야 할 것 같다.

와인 뺀 만찬을 프랑스가 거부한 데에는 나름의 심모원려가 작 용했다고도 할 수 있다. 장기적인 문화 외교 전략이 들어 있는 것이다. 현대 외교의 큰 특징 가운데 하나가 '소프트 파워 외교'다. 과거에는 군사력과 경제력을 앞세운 '하드 파워 외교'가 중심이었다. 상대국 앞바다에 대포를 실은 군함을 세워놓고 협상을 벌여 유리한 결과를 끌어내려는 '포함 외교gunboat diplomacy,' 돈으로 상대국의 외교정책 방향을 바꾸려는 '달러 외교dollar diplomacy' 등이 그것이다.

중식, 터키식과 함께 세계 3대 음식으로 꼽히는 프랑스 음식

하지만 최근에는 자국의 음악, 미술, 영화, 음식 등 다양한 문화적 자원, 즉 소프트 파워를 활용한 외교가 힘을 발휘하고 있다. K-pop, 한국 드라마, 한국 영화를 이용해 세계인들에게 우리에 대한 인식을 확산하고, 우리의 외교정책을 홍보하는 게 우리가 쉽게 볼 수 있는 소프트 파워 외교이다.

실제 해외에 나가 보면 한국 문화의 위력을 바로 체감할 수 있다. 2018년 내가 하버드대학 옌칭연구소에서 연구년을 보내고 있을 때 하버드대학 동아시아학과에서 한국학을 가르치는 교수를 만난 적이 있다. 이분은 한국의 민담民譚이 전공이었다. 민간에서 전해져 오는 이야기의 문화적 · 사회적 의미를 탐구하는 것이었다. 그걸로 하버드대학에서 연구하고 강의도 하고 있었다.

하버드대학에서 '누가 그런 강의를 들을까' 궁금해서 물어봤다. "꽤 많아요. BTS 노래를 듣고 한국에 관심을 갖게 된 학생도 많고, 한국 드라마를 보다가 한국 문화를 배우고 싶어서 오는 학생도 많아요." 이런 답이 돌아왔다. 하버드대학 동아시아학과에는 한국어, 한국 역사, 한국 문화 등을 가르치는 교수들이 몇 분 있는데, 꾸준히 학생들이 강의를 들으러 오면서 강좌들이 꽤 활성화되어 있는 분위기였다.

강의를 듣는 학생들은 정치학, 경제학, 공학 등 다양한 전공들에서 오고, 국적별로도 한국 교포를 포함한 미국인, 영국인 등 세계 여러 나라에서 온 학생들이었다. 세계 각국에서 온 다양한 전공의 우수한 학생들이 BTS가 좋아서 한국에 관심을 갖게 되고, 그래서 한국어, 한국 역사를 배우고 있는 것이다.

2021년 가을 세계인의 관심을 모았던 드라마 〈오징어게임〉도 한국 문화의 세계적 소구력을 잘 보여준 사례가 아닐 수 없다. '무궁화꽃이 피었습니다', '달고나 모양 오리기', '줄다리기', '구슬치기', '오징어게임' 등 우리의 일상 속에 녹아 있던 단순한 게임을 시사적인 문맥으로 연결해 문화 콘텐츠로 만들어내 세계에서 몇 억 명이 시청하도록 한 것은 한국 문화가 한국의 힘의 중심 역할을 해낼 수 있음을 새삼 보여주었다.

이런 사례들은 우리 것 가운데 재미있는 것을 찾아서 세계인들에게 소개하면 우리 편, 우리의 지원 세력을 무궁무진하게 양성해낼 수 있음을 확인해주는 것이기도 했다. 그게 소프트 파워의 힘이고, 소프트 파워 외교의 중요성을 웅변적으로 말해주는 것이라 할 수 있다.

프랑스가 생각하는 자국 소프트 파워의 핵심은 음식 문화다. 프랑스 음식은 중식, 터키식과 함께 세계 3대 음식으로 꼽힌다. 특히 프랑스 음식은 품격 있는 요리의 대명사처럼 여겨져 세계 어느 곳에서나 환영받는다. 그런 만큼 프랑스 요리를 배우려는 사람도 많고,

그런 사람들을 가르치는 요리 학교가 프랑스에 수없이 많다. '르 코르동 블루' 등 전통 있는 요리 학교는 세계 여러 나라에서 분교를 운영하고 있다. 이는 고스란히 프랑스의 경제적 이익이 된다.

그런데 거기서 생기는 수익은 프랑스 음식이 만들어내는 프랑스 문화에 대한 세계적 인식 확산, 프랑스에 대한 외교적 이점에 비하면 새 발의 피다. 음식에 대한 사랑은 프랑스산 제품, 프랑스의 정책, 프랑스 사람, 프랑스라는 국가 자체에 대한 애정으로 이어질 수 있는 것이다.

그래서 프랑스는 실제로 자국의 음식 문화를 세계 속에 널리 그리고 깊이 확산하기 위해 애를 쓰고 있는 것이다. 와인 없는 오찬 거절은 프랑스 음식 문화의 정체성을 분명히 하면서 음식 문화 외교를 장기적으로 계속하려는 긴 안목의 전략에서 나온 조처라고 할 수 있을 것이다.

이탈리아도 음식에 관한 한 프랑스 못지않게 자부심을 갖고 있다. 이탈리아식 음식은 프랑스식, 스페인식과 함께 유럽의 3대 음식으로 꼽힌다. 그런데 프랑스와는 좀 다른 모습이다. 이란 대통령 로하니는 2015년 11월 16일 프랑스를 방문하기 직전 이탈리아에 먼저 갔는데, 역시 이탈리아에도 국빈 만찬에 와인 뺀 할랄 음식을 요구했다. 이탈리아는 이를 들어줬다. 그뿐만 아니라 이탈리아가 자랑하는 고대 예술품 가운데 나체 조각상들은 흰색 커버를 씌워 보이지 않게 했다. 신성한 종교의 힘으로 다스리는 이슬람 국가 이란의 지도자가 나체 조각상을 보고 난처해할 수 있다고 생각했기 때문이다.

이탈리아 내에서도 이런 정부의 조치에 대한 반대가 있었다. 로

마 시의회 의원 등이 나서서, 이란이 요구한다고 식사에 와인을 빼고 조각상에 커버를 씌우는 것은 일종의 문화적 복종이라고 지적했다. 상대의 문화를 존중하는 것도 좋고, 외교적 성과도 중요하지만, 그렇다고 해서 우리 것을 무시하면 안 된다는 이야기였다. 이탈리아 정부의 결정에 대해 '보편적 가치인 예술과 문화에 대한 모욕'이라고까지 주장하는 사람들도 있었다.

이런 국내 여론에도 불구하고 이란의 요구를 들어준 이탈리아의 조처는 프랑스의 자국 미식 문화에 대한 고집과는 크게 대조된다. 우리 것, 특히 음식 문화에 대한 애착은 프랑스를 따라갈 나라가 있을까 싶다.

프랑스가 와인 없는 오찬을 거부한 데에는 다른 이유도 있었다. 프랑스는 유럽에서 이슬람교도들이 가장 많이 사는 나라다. 과거 식민지였던 알제리, 모로코, 튀니지 등에서 들어온 이슬람교도들이 많은데다가 터키에서 입국한 사람들도 많다.

외교 만찬은 단순한 식사가 아니다

프랑스 사람들 가운데에는 점점 많아지는 이슬람교도들에 대해 걱정과 거부감을 가진 사람들도 적지 않다. 극우 정당인 국민전선은 그런 사람들을 지속적으로 부추겨왔다. 외국인, 특히 이슬람교도들은 테러 세력이고 배척의 대상이라고 선전해온 것이다. "키시의 나라에 웬 케밥?"이라는 구호가 그들의 인식을 잘 말해준다. 키시는 달걀, 생크림, 베이컨 등으로 만든 프랑스식 에그 타르트, 케밥은 작게 썬 고기 조각을 구워서 먹는 터키의 전통 요리다. "프랑스에 웬 이슬람교도들이 이렇게 많아지는 거야?"라고 소리를 높이고 있는 것이다.

이런 상황에서 프랑스 정부가 이란의 와인 없는 할랄 음식 오찬을 수용하면, "프랑스가 이제 점점 이슬람화 되어가는구나"하는 인식을 줄 수 있다. 프랑스 정부 입장에서는 가뜩이나 많아지는 이슬람교도들 때문에 골치 아픈데, 이슬람화 되어간다는 비판까지 받게 되는 것은 큰 악재가 아닐 수 없다. 그런 이야기가 확산될수록 정부의 지지도는 떨어질 수밖에 없다. 그러니 그 가능성을 사전에 차단하는 것이 중요하고, 그래서 와인 없는 오찬을 거부한 것이라 할 수 있다.

상대 측 이란에서도 비슷한 고민을 했을 것 같다. 이란 대통령 입장에서 보면, 신정 체제 국가의 지도자인 자신이 파리까지 와서 정상회담을 하고 오찬을 하는데, 그 자리에 와인이 놓여 있고 음식도 할랄 음식이 아닌 일반 음식이 차려져 있는 사진을 이란 국민들에게 보여주는 것은 반드시 피해야 하는 일이었을 것이다. 더욱이 프랑스 사람들이 즐기는 달팽이나 개구리 다리 요리라도 함께 찍혔다면 이란 국민들의 반응이 어땠을까? "이러다 우리가 서구에 먹히는 것 아닌가?" 하는 걱정과 반감을 불러일으킬 수도 있는 것이었다.

프랑스의 와인 고집에는 또 하나의 이유도 있다. 제3공화국의 공화파가 천명한 이후 줄곧 중요한 가치로 인정되어온 '정교분리의 원칙', 즉 '정치와 종교의 엄격한 분리 원칙'이다. 나폴레옹 시절에는 가톨릭교가 실질적인 국교로 기능하면서 공공 부문에도 많은 영향을 미쳤다.

하지만 1871년 제3공화국이 출범한 이후 1905년 '교회와 국가의 분리에 관한 법률'이 제정되어 정교분리는 프랑스 공화정의 중요한 원칙으로 자리 잡게 된다. 그 원칙은 지금도 프랑스 정치의 중요한 부분으로 위치하고 있다.

샤를 드골 대통령도 독실한 가톨릭 신자였다. 당시 프랑스의 가톨릭 신자들은 예수가 십자가에 못 박힌 금요일에는 육류를 먹지 않고 대신 생선을 먹었다. 하지만 엘리제궁은 금요일에도 외국을 손님을 맞는 경우가 많았다. 그래서 드골은 금요 만찬에 육류를 허락했다. 종교적인 규칙과 정치는 다른 영역이라는 생각에서였다.

이란과의 국빈 만찬에 와인을 꼭 넣겠다는 프랑스의 고집은 종교를 정치에 끌어들이면 안 된다는 메시지를 담고 있다. 이슬람교에서 술을 금지하는 것을 알겠는데, 그건 종교적인 원칙이고, 정치적인 행사로 하는 식사에서는 자연스럽게 어떤 음식이든 내놓고 먹을 사람은 먹고 먹기 싫은 사람은 안 먹도록 하면 된다는 이야기다.

모든 영역을 종교의 법칙이나 관례가 지배하는 것은 정교일치, 종교 우위의 신정 체제에서나 있을 수 있는 일이라는 것이다. 와인을 포함시켜야 한다는 단순한 주장인 것 같지만, 실은 심오한 정치철학이 함유되어 있는 것이다.

와인을 넣고 빼는 작은 행위 하나에는 이렇게 많은 스토리가 들어 있다. 외교적인 만찬은 그래서 단순한 식사가 아니다. 특히 문화와 종교가 전혀 다른 나라들 사이의 국빈 만찬은 더욱 그렇다. 세계여러 곳에서 매일같이 정상들의 만찬이 있고 TV 화면으로, 신문의 사진으로 늘 보도되고 있는데, 앞으로는 좀 자세히 볼 일이다. 그 속에서 아주 재미있는 스토리를 발견할지도 모른다.

일본 총리에게
내놓은
신발 디저트

'구두를 식탁에 올리는 문화는 없다'

2018년 4월 말 일본 총리 아베 신조가 중동 순방에 나섰다. 아랍에미리트UAE와 요르단을 거쳐, 5월 초에는 이스라엘과 팔레스타인을 방문했다. 네타냐후 이스라엘 총리와 회담하고, 이스라엘이 자랑하는 사이버 분야에서 서로 협력을 강화하기로 했다. 팔레스타인에게는 1,000만 달러 상당의 식량 지원을 약속했다. 이스라엘과의 협력을 강화하면서도 팔레스타인에게는 지원을 확대해 양측과 모두 친선 관계를 심화하려는 의도였다. 이스라엘과 팔레스타인 사이 등거리외교를 하고 있었던 것이다.

당시 미국의 트럼프 대통령은 노골적인 친이스라엘 정책을 펴고 있었다. 2017년 12월 예루살렘을 이스라엘 수도로 인정한다는 선언을 공식적으로 하고, 텔아비브에 있는 미국 대사관을 예루살렘으로 이전하려 하고 있었다(그 후 5개월 후인 2018년 5월 14일 예루살렘의 미국 대사관이 문을 열었다).

이 문제에 대해서도 일본은 미국의 움직임에 동참하지 않았다. 예루살렘은 기독교와 이슬람교, 유대교의 성지로, 이스라엘과 팔레스타인 모두 자신들의 수도라고 주장하는 도시다. 이스라엘은 1980년 7월 '이스라엘의 수도 예루살렘에 관한 기본법'까지 제정해 예루살렘을 수도로 규정하고 있지만, 국제사회는 이를 인정하지 않는다.

1980년 8월 유엔 안전보장이사회는 결의 478호를 통해 이스라엘이 예루살렘을 수도로 규정하고 있는 행위를 국제법 위반으로 선언하고, 유엔의 모든 회원국 외교관들에게 예루살렘에서 철수할 것을 촉구했다. 이에 따라 유엔 회원국들은 텔아비브에 대사관을 두고 있다.

미국 편들기에 둘째가라면 서러워했을 아베지만, 이 문제만은 미국의 손을 들어줄 수 없었다. 트럼프의 예루살렘 수도 이전 선언 며칠 후 유엔 총회까지 나서서 '예루살렘 결의안'을 통과시키며, 예루살렘 지위의 중립성을 재확인했고, 유럽 각국과 중국, 한국 등 많은 나라들이 여기에 찬성표를 던졌기 때문이다.

일본은 이스라엘과 팔레스타인 사이 등거리외교를 구사하면서, 반미 감정이 심해진 중동에서 일본의 영향력을 강화하려는 작업도 진행하고 있었다. 트럼프의 적나라한 친이스라엘 정책은 중동에서 미국의 입지를 약화시켰고, 일본은 그 틈새를 노려 중동 국가들과의 관계를 강화하고 있었던 것이다.

이는 중동 시장에 대한 점유율을 확대하고 있는 중국에 대한 견제의 성격도 갖고 있었다. 2017년 8월 이후 아베는 이미 세 번 중동을 방문했고, 2018년 4월 네 번째 중동 방문 길에 나선 것이다. 팔레스타인에 대한 우호적인 정책도 중동 전체에 대한 일본의 영향력 확대라는 큰 그림에서 나온 것이었다.

이런 아베의 행보를 예의 관찰하고 있던 이스라엘은 네 번째 중동 방문에 나선 아베에 대해 적극 외교를 폈다. 베냐민 네타냐후 이스라엘 총리는 공식 회담 외에도 아베를 만나 긴밀한 관계를 만들고 싶어 했다. 그래서 5월 2일 아베 부부를 관저로 초청했다. 집으로 초청해 식사를 같이 하면서, 보다 관계를 돈독하게 하려 한 것이다.

만찬은 이스라엘의 스타 셰프 세게브 모셰가 준비했다. 여러 가지 새로운 요리로 명성을 얻고 있는, 말하자면 이스라엘의 백종원이라고 할 만한 요리사다. 2017년 5월 트럼프가 이스라엘을 방문했을 때에도 트럼프와 네타냐후의 얼굴 모양으로 디저트를 만들어 화제를 불러일으켰던 인물이다. 이처럼 특이한 디저트로 재미를 본 모셰는 네타냐후-아베 만찬에도 회심작을 내놨다.

바로 초콜릿 프랄린이다. 설탕에 절인 견과류가 들어간 초콜릿이다. 문제는 이 달콤한 디저트를 담는 그릇이었다. 그 그릇이 신발이었다. 검은색 브로그(가죽에 무늬가 새겨져 있는 튼튼한 구두) 속에 냅킨을 깔고 그 위에 초콜릿 프랄린을 담아 내놓은 것이다. 아베 부부, 네타냐후 부부에게 각각 하나씩 모두 네 짝의 구두가 식탁 위에 버젓이 자리한 것이다. 그것도 멋진 깔개 위에서.

정확히 말하면 실제 사람이 신는 구두는 아니고 예술 작품 구두였다. 영국의 유명한 예술가 톰 딕슨이 알루미늄으로 만든 구두 작

네타냐후와 아베의 만찬에서 이스라엘의 셰프 세게브 모셰는 신발 형상의
그릇에 프랄린을 담아냈는데, 일본의 외교관들은 일본 총리가 모욕을 당했다고
지적했다. 사진은 설탕에 절인 견과류가 들어간 초콜릿 프랄린.

품이었다. 알루미늄으로 정교하게 구두를 만들어 검게 코팅한 작품
인데, 예술 작품 특성에 맞게 원래는 장식품이었다. 장식품이면서 문
을 괴는 데, 또는 책이 쓰러지는 것을 방지하는 데에도 쓰일 수 있는
것이었다. 그런 예술 작품에 초콜릿을 담은 것이다.

예술 작품이긴 했지만, 하필 그것이 신발 형상인 것이 문제가
된 것이다. 신발 형상의 예술 작품이 갤러리에 전시되어 있었다면,
있는 그대로 보아 주었을 것이다. 하지만 식탁 위에 올려지는 순간
그건 신발 형상의 예술 작품에서 불결한 신발로 인식되었다. 거기에
음식이 담겼으니 입방아에 오를 수밖에 없었다.

일본의 외교관들은 구두를 식탁에 올리는 문화는 없다면서 일
본 총리가 모욕을 당한 것이라고 지적했다. 실제 아베 총리 부부도

아주 언짢아했다. 이스라엘의 외교관들은 "돼지 모양의 접시에 초콜 릿을 담아 유대인에게 대접한 것과 같은 것"이라며, "멍청하고 몰상 식한 결정"이라고 열을 올렸다.

이슬람교도와 마찬가지로 유대교도들도 돼지고기를 먹지 않는 다. 유대교와 기독교가 모두 경전으로 인정하는 『구약성서』에 돼지 는 먹어서는 안 될 짐승으로 되어 있기 때문이다. 『구약성서』가 왜 돼지를 먹지 못하는 동물로 규정했는지는 불분명하지만, 아무거나 먹는 불결한 식습관을 가진 돼지를 더럽게 여겼기 때문이라는 것이 많은 학자들의 주장이다.

유대인에게 돼지는 식탁에 오르면 안 되는 것이다. 그런 유대인 에게 돼지 모양의 접시로 음식을 대접하면 어떤 반응일까? 일본인 한테 신발에 음식을 주는 것도 그에 못지않은 결례이고 몰상식이라 는 게 이스라엘 외교관들의 이야기다.

중동에서 신발은 '항의나 반감을 표시할 때 쓰는 것'

어느 나라나 비슷하게 신발을 좀 멀리하려는 경향이 있지만, 일 본 사람들은 신발을 신고 집에 들어가지 않는다. 우리처럼 현관에 벗어놓는다. 우리는 들어가는 방향으로 그냥 벗어 놓고 들어가지만, 일본인들은 벗은 신발을 돌려놓고 들어간다. 나올 때 편하게 신고 나올 수 있게 하는 것이다. 일본인의 준비성과 용의주도함을 생활 속에서 확인할 수 있는 모습이기도 하다. 사무실도 신발을 벗고 들 어가게 해놓은 곳이 많다. 총리실, 장관실, 국회의원 사무실 모두 신발을 벗고 들어가게 되어 있다.

중동의 문화도 신발은 천한 것으로 여긴다. 조지 부시George W. Bush 미국 대통령은 중동 사람으로부터 그 천한 신발로 공격을 당한 적이 있다. 미국은 2001년 9월 11일 발생한 9·11 테러를 저지른 알카에다의 배후에 사담 후세인 이라크 대통령이 있다고 보고 2003년 3월 이라크를 침공했다. 사담 후세인 이라크 대통령과 그가 속한 이슬람 수니파를 제거하고, 이슬람 시아파를 중심으로 안정화 작업을 진행했다.

하지만 밀려난 수니파가 반군이 되어 내전 상황이 계속됐다. 반군이 미군과 새 이라크 정부군에 대해 지속적으로 공격을 감행하면서 미국의 생각대로 이라크는 정리되지 않고 있었다. 구체적인 상황을 살피기 위해 2008년 12월 부시가 바그다드를 방문했다. 기자회견을 했다. 부시는 이라크 전쟁은 이라크를 위해, 또 미국을 위해 필요하다고 강조했다. 미국은 이라크에 민주주의를 정착시키려 노력하고 있다고도 역설했다.

그런 부시에게 앞에서 별안간 신발 한 짝이 날아들었다. "이라크인의 선물이면서 작별의 키스다"라는 외침과 함께. 부시는 잽싸게 고개를 숙여 신발을 피했다. 그러자 곧 한 짝이 또 날아왔다. 이번에는 "이건 과부들과 고아 그리고 이라크에서 죽은 사람들이 주는 것이다"라는 고함과 함께였다. 부시의 왼쪽에 앉아 있던 이라크 총리가 골키퍼처럼 민첩하게 막아냈다. 덕분에 부시는 신발로 얼굴을 직격당하는 미국 대통령 신세는 가까스로 면했다.

세계 대통령이라 불리는 미국 대통령을 향해 신발을 던진 사람은 이라크 TV 방송사 알바그다디아의 기자 문타다르 알 자이디였다. 미국의 이라크 침공 과정에서 수많은 이라크인들이 죽고, 침공 이후 내전의 과정에서도 무고한 이라크인들이 죽어가는 상황에 격분해 침공의 당사국 미국 대통령 부시에게 신발을 던진 것이다. 중동 사람들에게 신발은 더럽고 부정한 것이다.

이슬람교들은 사원에 들어갈 때는 신발을 벗는다. 기도하기 전에는 먼저 발을 깨끗하게 씻는다. 신발은 사람의 가장 밑바닥에 있는 것이고, 신발을 던지는 것은 가장 밑바닥만도 못한 존재라는 의미를 담고 있다. 부시에게 던진 신발도 그런 의미였다. 알 자이디 기자는 아랍 세계에서 영웅이 되었다. 하지만, 외국의 국가원수를 공격한 혐의로 재판 끝에 1년 형을 선고받는 것을 피할 수 없었다. 이후 9개월 복역한 뒤 석방되었다.

2011년 1월 이집트에서 시민들이 대규모 반정부 시위에 나섰을 때에도 손에 신발을 들고 휘두르면서 "무바라크 퇴진"을 외쳤다. 그렇게 18일간 시위를 계속해 30년 철권통치를 이어오던 호스니 무바라크 대통령을 권좌에서 끌어내렸다. 2016년 2월에는 이집트의 한 국회의원이 회의를 하다가 갑자기 동료 의원에게 신발을 던졌는데, 이집트 주재 이스라엘 대사를 집으로 초대해 만났다는 것이 이유였다. 이집트는 이스라엘과는 오랫동안 갈등관계를 형성하고 있는데, 왜 그런 나라의 대사를 집에까지 초대해 만났냐는 항의이자 비난이었다.

2012년 2월 반기문 유엔 사무총장이 팔레스타인 사람들이 사는 가자지구의 최북단 에레즈를 방문했을 때에도 팔레스타인 시위대가 반 총장의 차량에 신발을 던졌다. 이스라엘과 팔레스타인 사이의 평화 협상을 주선하기 위해 양측의 국경 지대 에레즈를 방문했던 것인데, 팔레스타인 사람들은 유엔과 강대국을 친이스라엘로 간주해 신발을 던지며 반감을 표시한 것이다. 이렇게 중동에서 신발은 '경멸의 의미를 담은 것'이며, '항의나 반감을 표시할 때 쓰는 것'이고, '낮고도 낮은 존재'인 것이다.

그렇다면 이스라엘도 외교부가 있는데, 왜 이런 큰 외교적 결례가 발생했을까? 이스라엘 총리가 만찬의 구체적인 내용과 메뉴 등에 대해 사전에 외교부와 상의했더라면 이런 일이 일어나지는 않았을 것이다.

하지만 네타냐후는 그렇게 하지 않았다. 집으로 초대해 자연스럽게 저녁을 먹으면서 보다 막역한 관계를 형성하려 했다. 스타 셰프를 초대해 만찬을 맡기고 메뉴도 그의 계획이 맡겼던 것으로 보인다. 셰프는 창의적인 생각과 서프라이즈를 통해 만찬 분위기를 북돋우려 했을 것이다. 그런 점에 포커스를 두다 보니 일본의 문화, 신발이 식탁에 올라와서 유발할 수 있는 논란에 대해 주목하지 못한 것이다.

그 바람에 달콤한 초콜릿 프랄린은 일본과 이스라엘 관계를 어색하게 하는 쓸쓸한 뒷맛을 남기게 되었다. 어쨌거나 신발 디저트는 현대 세계 외교사에 하나의 재밌는 이야깃거리 하나를 남겼다.

6.

독한 맛 외교

중국을
벌벌 떨게 한
스테이크

중국 사회의 문제로 떠오른 아편

오늘의 중국은 미국을 위협한다. 경제적으로 곧 미국을 추격할 태세고, 군사적으로도, 정치적으로도 미국의 힘을 추월하려고 한다. 그래서 지금의 세계를 규정하는 핵심 이슈는 미중 전략 경쟁이다. 두 나라의 경쟁이 어느 쪽으로 흘러가느냐에 따라 동북아뿐만 아니라 세계가 영향 받게 되어 있다.

중국은 계속 미국을 앞지르기 위해 진력하고, 미국은 동맹국을 묶어 이를 제어하려 하고 있다. 그러면서 미국과 동맹국 사이에도 알력이 곧잘 발생한다. 중국은 미국과 미국의 동맹국 사이를 비집고 들어가려 하고, 그러면서 미국-중국, 미국-동맹국 사이 균열은 더 커지기도 한다. 지금의 중국은 세계 정치의 2인자로 만족하지 못할 만큼 욕심과 힘을 지니고 있다.

그런 중국도 1949년 마오쩌둥이 중화인민공화국을 세우기 직전 100년 동안은 엄청난 시련을 겪었다. '백년의 고난'이라고 할 만하다. 서구 제국과 러시아, 일본이 모두 나서 중국을 나눠 먹으려 했다. 그 시작은 아편전쟁이었다. 이름 그대로 아편 때문에 일어난 전쟁이었다. 전쟁을 일으킨 쪽은 영국이었다.

영국은 청나라와 18세기 후반부터 무역을 시작했다. 차와 비단, 도자기, 목면 등을 수입하고, 모직물과 면직물을 수출했다. 수입이 많았다. 차와 비단 등을 사고 은으로 대금을 지급하는 경우도 많았다. 계속 무역 적자를 보던 영국이 생각해낸 수출품이 아편이었다. 영국의 동인도회사가 인도에서 생산한 아편을 중국에 팔기 시작했다. 1773년 처음으로 중국에 아편을 들여갈 때만 해도 밀수 형태였는데, 그해 수출량은 66킬로그램짜리 1,000상자 정도였다.

그러다가 1830년대가 되어서는 공공연하게 수출했다. 중국의 항구에 하역하면 청나라 상인들이 아편을 사서 아편 소굴 주인이나 소매업자에게 넘겼다. 이렇게 넘겨진 아편은 중상류 계층을 중심으로 많은 중국인들에게 공급되었다. 1835년에는 2만 7,000상자, 1839년에는 4만 상자가 광저우 항으로 들어가 중국 전역으로 팔려나갔다. 1839년 당시 아편중독자가 400만 명 정도에 이르렀다.

아편중독자가 많아져 심각한 사회문제가 되자 청나라 정부가 강력 대응에 나서지 않을 수 없었다. 1839년 3월 8대 황제 도광제는 당시 가장 유능한 관료 임칙서林則徐를 흠차대신(황제가 주요 사건을 처리하기 위해 특별히 임명하는 장관)으로 광저우에 파견했다. 임칙서는 영국 정부에 아편 수출 중지를 요구했지만 소용없었다. 그러자

아편을 흡입하고 있는 중국인들. 1839년 당시 아편중독자가 400만 명에
이를 정도로 중국에서 아편은 심각한 사회문제가 되어 있었다.

광저우 외국인 거주 지역을 군대로 포위해 아편을 넘겨받고, 아편
상인들을 국외로 추방했다. 인수한 아편 2만 1,000상자 모두를 폐
기했다.

  1839년 11월에는 광저우 주강 하구에서 청나라 군함이 영국
군함을 공격했다. 이를 계기로 영국은 48척의 군함과 4,000명의 병
력을 동원해 주강을 거슬러 올라가 1840년 7월 저우산 군도를 점령
했다. 영국의 공세가 계속되자 청나라 정부는 강경파 임칙서를 해임
하고, 다음 흠차대신으로 협상파 기선琦善을 파견해 영국과 전쟁을
하지 않고 문제를 해결하려 했다.

  기선은 임기응변에 능했다. 협상을 지연시키면서 담판은 하려

하지 않았다. 그러자 영국군은 1841년 1월 7일 주강 삼각주(홍콩과 광저우, 마카오를 연결하는 주강 하구의 삼각지대)의 요새를 공격했다. 청군은 주강 하구 인근에 3개의 방어선을 친 채 11개 포대, 300여 개의 대포를 설치해놓고 있었다. 영국군은 이들을 무차별 공격하기 시작했다. 영국에서 건조되어 바로 파견된 증기 철선 네메시스호가 동원되었다.

그리스신화에 나오는 복수의 여신 네메시스의 이름을 딴 만큼 당시로서는 가공할 만한 능력을 가진 영국 해군의 회심작이었다. 60마력의 증기 엔진 두 개와 큰 돛대 두 개를 장착해 바람을 이용하기도 하고 바람이 없으면 엔진으로 움직이도록 되어 있었다. 선체는 나무가 아니라 철이어서 불에 타지도 않았다. 두꺼운 나무를 써야 하는 목선보다 가볍기까지 했고, 길이 56미터, 폭 8.8미터, 적하 중량은 660톤이었다. 선회포와 캐넌포, 로켓 발사대까지 갖고 있었다.

스테이크를 보고 질겁을 한 기선

1840년 3월 28일 영국 포츠머스 항을 출항할 때 목적지를 아는 사람은 영국 정부의 최고위층 몇 사람뿐이었다. 선장도 몰랐다. 러시아와 오스만튀르크 사이 긴장이 고조되어 있던 흑해로 간다는 소문이 무성했다. 하지만 배는 지중해의 입구 지브롤터해협으로 들어가지 않고 계속 남쪽으로 향했다. 아프리카 희망봉을 돌아 인도 쪽으로 향했다. 10월 6일 실론(스리랑카)에 도착했을 때 중국으로 가라는 명령이 내려졌다. 그렇게 네메시스는 아편전쟁 참전을 지시

받고 주강 하구에 나타났다.

네메시스 앞의 청나라 군함은 추풍낙엽이었다. 청군의 군함은 정크선(돛을 단 중국의 범선)이었다. 돛으로 바람을 받아 움직이는 정크선과 증기기관을 단 네메시스는 플라이급과 헤비급만큼이나 차이가 컸다. 게다가 정크선은 나무, 네메시스는 철이었다. 청군은 급히 미국의 증기선을 사들였지만 이를 운용할 기술자가 없어 무용지물이었다. 영국군은 군함뿐만 아니라 총도 첨단이었다.

청군은 화승총을 쓰고 있었는데, 영국군은 강선 수석총과 뇌관 격발 소총을 쓰고 있었다. 발사 속도와 사거리, 정확도에서 비교가 되지 않았다. 물론 청군의 요새는 쉽게 점령되었다. 주강 삼각주 전투는 오전 8시에 시작되어 12시쯤 끝났다. 4시간의 공격으로 청군을 초토화한 영국군은 사망자 하나 없이 부상자만 38명 나왔다. 청나라 군인은 277명이 전사하고 467명이 부상했으며, 100명이 포로로 잡혔다. 이후 중국인들은 네메시스호를 '악마의 배'로 불렀다.

전투에 완전히 패한 뒤 1월 20일 기선은 영국의 협상 대표 찰스 엘리엇 대위와 마주 앉았다. 영국군은 식사를 먼저 내왔다. 메뉴는 스테이크였다. 기선은 회담 바로 전날 영국 함대에 음식을 보냈다.

전통적으로 중국은 외교 사절이 오면 조공 사절 규정에 따라 음식을 보냈다. 기선도 거세한 소 20마리, 양 200마리, 달걀 2,000개, 거기에 오리와 닭까지 많은 양을 추가해서 보냈다. 오늘날 중국인들은 세계 돼지고기 소비량의 거의 절반을 차지할 만큼 돼지고기를 좋아하지만, 그때까지만 해도 돼지고기는 꺼려서 보내지 않았다.

영국군이 내놓은 스테이크는 전날 기선이 보낸 소고기로 만들지 않았을까? 기선은 처음 보는 음식, 스테이크를 물끄러미 보고 있었다. 자세히 보니 핏기가 스며 나오고 있었다. 레어였다. 살짝만 구운 것이다. 이를 본 기선은 기겁을 했다. 중국인으로서는 날짐승을 창으로 찔러 칼로 베어 먹는 사나운 오랑캐를 떠올리지 않을 수 없었을 것이다. 네메시스에 놀라고, 첨단 소총에 놀랐는데, 피가 흐르는 스테이크에 다시 놀란 것이다.

놀란 기선을 보며 엘리엇 대위는 "당신네 요리가 세계적인 것은 인정하지만 중국이 요리처럼 대포를 잘 만들었다면 지금 우리는 서로 반대쪽 테이블에 앉아 있을 것이오"라고 조롱했다. 이런 전방위 공격에 겁먹은 기선이 담대하게 영국군 대표를 설득해 중국의 이익을 보호하기는 쉽지 않았을 것이다. 몰락하는 대국의 관료로 피할수 없는 상황을 마주하면서 더없는 비애를 맛보고 있었을지도 모른다. 기선은 영국군이 원하는 것을 모두 들어줄 수밖에 없었다.

그렇게 맺어진 것이 촨비가조약이다. '영국은 홍콩을 차지한다, 영국과 청나라 관리는 동등한 관계다, 청나라가 600만 달러를 배상한다, 광저우 교역을 재개한다' 등의 내용으로 되어 있었다. 기선은 겁을 먹고 영국과 이런 조약을 체결했다. 하지만 이를 알게 된 도광제는 영토 할양은 있을 수 없다며 대노했고, 기선을 파직한 뒤 재산까지 몰수했다. 촨비가조약은 이행되지는 않았고, 그래서 가조약으로 불린다.

촨비가조약이 폐기되자 영국은 다시 공격에 나섰다. 2월 말 주 강의 주요 요새를 점령하고 40척의 청군 군함을 침몰시켰다. 참찬대신으로 광저우에 파견된 양방은 영국의 요구대로 교역을 재개하고, 영국에 600만 달러의 배상금을 줬다. 하지만 이는 도광제 모르게 한 행동으로 청나라 정부의 공식 입장은 아니었다.

동양까지 지배하기 시작한 서양의 패권

1841년 8월 새로 부임한 영국군 사령관 헨리 포틴저는 도광제와 직접 협상하기 위해 홍콩을 떠나 북쪽으로 향했다. 8월 말 샤먼을 점령했고, 10월 중순에는 저우산과 닝보도 차지했다. 1842년 5월 항저우의 외항 차푸를 점령했고, 6월에는 상하이에 입성했다. 곧 양쯔강에 들어섰다. 난징을 점령하기 위해서였다.

여기서 다시 네메시스호가 위력을 발휘했다. 증기 엔진을 이용해 물살이 센 양쯔강을 바람의 도움도 없이 거슬러 올라갈 수 있었다. 그렇게 양쯔강을 타고 가 7월에는 난징을 차지했다. 그러자 청나라 정부가 협상을 제안했다. 양측이 협상한 끝에 8월 29일 난징 부근 양쯔강까지 와 있던 영국 해군의 콘월리스호에서 난징조약이 체결되었다.

난징조약의 내용은 ① 홍콩을 영국에 할양한다, ② 광저우, 샤먼, 푸저우, 닝보, 상하이를 개항한다, ③ 개항장에 영사관을 설치한다, ④ 전쟁 배상금 1,200만 달러와 몰수된 아편 보상금 600만 달러를 영국에 지불한다, ⑤ 공행과 같은 독점 상인은 폐지하고, 공행의 채무 300만 달러를 영국에 지불한다, ⑥ 수출입 상품에 대한 관세를 제한한다, ⑦ 청나라와 영국의 관리는 대등한 교섭권을 가진다 등이었다.

약 1년 6개월 전에 맺었던 촨비가조약의 내용이 그대로 반영되었다. 아편 때문에 일어난 전쟁인데, 조약 어디에도 아편에 대한 이야기는 없다. 영국은 아편 무역을 합법화하려 했지만, 청나라는 그것만은 막았다. 의견이 맞선 만큼 조약에 명기하진 못했다. 청나라 국내적으로는 아편전쟁 이후에도 계속 아편 거래는 불법이었다. 하지만 아편전쟁 후 청나라는 단속할 힘이 없었다. 영국은 아편 수출을 중단할 의지가 전혀 없었다. 그래서 아편전쟁 이후에도 아편은 중국에 계속 들어갔다.

난징조약은 패전국 청나라에 완전 불리한 불평등조약이었다. 동양의 패권국과 서양의 패권국이 처음으로 전쟁을 했는데, 동양이 패하고 서양이 이겼다. 이를 명료하게 보여주는 것이 난징조약이었다. 이후 중국은 영국뿐만 아니라 프랑스, 러시아, 독일, 일본까지 합세한 외세에 영토 이곳저곳을 점령당했다. 서양의 패권이 동양까지 지배하기 시작한 것이다.

영국에 이어 서양의 패권을 이어받은 미국은 서아시아, 동남아, 오세아니아, 일본, 한반도까지 깊숙이 영향을 미치고 있다. 그 와중에 다시 굴기하는 중국이 미국의 힘에 맞서나가는 형국이 지금의 세계 정치 구도다. 중국이 다시 굴기하기까지는 150년 정도의 시간이 소요되었다.

그 사이 중국은 서양 제국에게 핍박을 당하고 일본의 침략을 받았으며, 심한 내전을 겪었다. 그러다 중국공산당이 민심을 얻어 나라를 세웠지만, 초기에는 혼란과 시행착오를 겪었다. 그것이 수많은 인명을 앗아가기도 했다. 하지만 1970년대 후반 덩샤오핑이 개혁·개방 정책을 펼치면서 새로운 동력을 얻기 시작해 발전을 거듭하고 오늘의 중국을 이룰 수 있게 되었다.

중국의 근현대사를 도식화하면, '아편전쟁 패전-서양 침략-일본 침략-내전-중국공산당 승리-초기 혼란-개혁·개방-굴기'. 이렇게 그려볼 수 있겠다. 그 시작은 1841년 1월 주강 삼각주 전투였고, 여기서 패한 기선의 일방적 양보에 의한 찬비가조약 체결이었다. 기선의 일방적 양보에는 영국의 군사력과 함께 무시무시한 스테이크 요리도 한몫했다.

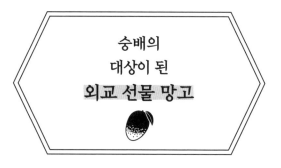

숭배의
대상이 된
외교 선물 망고

인도인이 믿는 힌두교와도 깊이 연결된 망고

지금은 망고가 귀한 과일이라고 말할 수 없게 되었지만, 예전엔 쉽게 볼 수 없는 것이었다. 그도 그럴 것이 원산지인 인도와 그 옆의 파키스탄, 방글라데시 등 서아시아 일부에서만 망고를 생산했기 때문이다. 지금은 중국, 태국, 필리핀, 타이완, 멕시코 등도 생산해 수출하고 있다.

하지만 여전히 세계 최대 망고 생산국은 인도로, 전체 생산량의 40퍼센트 정도를 점하고 있다. 인도 망고는 종류가 1,200종에 이를 만큼 다종다양한데, 그중에서도 '알퐁소'라는 이름의 망고가 단맛이 강하고 식감이 풍부해 망고 중의 망고로 일컬어진다.

과거 망고는 귀한 과일이었던 만큼 상징과 의미도 많이 부여되어 있었다. 원산지가 인도여서 인도인이 믿는 힌두교와도 깊이 연결되어 있다. 힌두교의 최고신은 시바고, 그의 아들이 가네샤다. 가네샤는 코끼리처럼 생긴 얼굴에 코가 길고, 이빨은 하나며, 팔은 넷인데다, 튀어나온 배는 뱀이 감싸고 있고, 쥐를 타고 있다. 기묘한 형상의 신 가네샤는 지혜와 풍요, 행운, 우정, 그리고 화해의 신이다. 현실 세계에서 가네샤를 상징하는 것이 바로 망고다.

그러니 인도에서 망고는 행운을 빌 때, 화해를 기하고 싶을 때 서로 주고받는다. 인도와 파키스탄 등 남아시아에서는 지금도 달콤하고 품질 좋은 망고를 생산하는 지역을 큰 자랑거리로 삼을 만큼 망고는 남다른 지위를 가지고 있다. 그래서 이들 국가에서 망고는 외교 선물로 제격이 아닐 수 없다.

실제 외교 현장에서 많이 쓰여왔다. 1947년 8월 15일 인도와 파키스탄이 영국으로부터 독립했는데, 이때 파키스탄의 초대 총리 리아콰트 알리 칸이 인도의 초대 총리 자와할랄 네루에게 독립 축하 선물로 보낸 것이 망고다. 영국 식민시기까지 인도는 한 나라였지만, 북서부(서파키스탄. 지금의 파키스탄. 종족은 페르시아 · 터키 · 아랍인 혼혈족, 언어는 우루두어)와 북동부(동파키스탄. 지금의 방글라데시. 종족은 뱅골인, 언어는 뱅골어)는 이슬람교도들이 거주하고 있어 나머지 힌두교도 거주 지역과 갈등을 겪고 있었다.

그래서 영국으로부터 독립하면서 아예 인도와 파키스탄으로 분리해서 독립하게 된 것이다. 이후 파키스탄 내부에서 종족과 언어가 다른 동파키스탄이 1950년대부터 독립운동을 전개했다. 동파키스탄이 결국 서파키스탄 정부군과의 독립전쟁에서 승리하면서 1971년 12월 방글라데시로 분리, 독립해 지금에 이르고 있다. 아무

가네샤는 인도에서 지혜, 풍요, 행운, 우정, 화해를 상징하는 신이다.
인도에서 행운을 빌 때, 화해를 기하고 싶을 때 망고를 서로 주고받는 것은
망고가 현실 세계에서 가네샤를 상징하는 과일이기 때문이다.

튼 우리가 일제로부터 독립하기 딱 1년 전인 1947년 8월 15일 해
방을 맞으면서 그 뜻깊은 날의 축하 선물로 파키스탄이 인도에 선물
한 것이 바로 망고다.

　1971년 동파키스탄이 방글라데시로 독립할 당시 인도는 동파
키스탄을 지원하면서 서파키스탄과 전쟁을 벌였다. 서파키스탄은
동파키스탄의 독립군과 싸우면서 동시에 인도와도 싸워야 했다. 결
국 힘에 부친 서파키스탄이 손을 들어 동파키스탄은 독립하게 된 것

인데, 서파키스탄과 인도 사이에도 전쟁을 끝내는 평화 협상이 필요했다.

이때 양측이 화해의 상징으로 망고 바구니를 교환했다. 덕분에 협상은 조금씩 진전되어 1972년 7월 인도 북서부에 있는 휴양지 심라에서 평화 협정(그래서 이름이 '심라협정'이다)을 체결할 수 있게 되었다. 서로 주권을 존중하고, 내정에 간섭하지 않으며, 관계 정상화를 위해 적극 노력한다는 내용이었다.

1977년에는 무함마드 지아 울하크가 쿠데타를 일으켜 파키스탄 대통령이 되었다. 심라협정 이후에도 인도-파키스탄은 평화로운 관계를 만들어내지 못했는데, 그런 긴장된 관계를 관리해나가기 위해 지아 울하크 대통령은 인도에 가끔 망고를 보냈다. 그런 그가 1988년 비행기를 타고 가다 비행기 폭발 사고로 사망했는데, 아이러니하게도 폭탄이 숨겨져 있던 곳이 망고 상자 속이었다. 망고는 그에게 약이 되기도 했지만, 병이 되기도 했다. 아니 병 정도가 아니라 죽음이 되었다.

미국과 인도의 정상회담 촉매제로 작용한 망고

서아시아 국가와 미국과의 관계에서도 망고는 가끔 등장한다. 2006년 미국과 인도가 조지 W. 부시 대통령과 만모한 싱 총리의 정상회담을 추진했다. 그런 상황에서 갑자기 부시가 인도 망고를 극찬했다. "어느 과일과 비교할 수 없는 맛"이라는 찬사를 날린 것이다. 미국에 수입할 수 있도록 하겠다는 얘기도 덧붙였다. 정상회담 분위기를 만들어내기 위한 것이었다.

결국 정상회담이 열렸고, 미국은 인도가 핵확산금지조약NPT에 가입하지 않았음에도 국제원자력기구IAEA의 핵사찰은 받도록 했다. 대신 미국은 인도의 원자로 현대화에 필요한 기술과 장비를 지원하기로 합의했다. 물론 이는 미국의 대중국 견제라는 아시아 전략과 맞물려 있는 것이었다. 중국을 포위하기 위해 인도의 협력이 필요했고, 그래서 인도가 필요한 것을 제공한 것이다. 인도도 중국에 대한 견제의 필요성은 공감하고 있었고, 그래서 미국의 요구를 일부 들어주면서 필요한 것을 얻고 미국과의 공조를 강화한 것이다. 그런 큰 그림을 미국과 인도가 함께 그려 나가는 데 망고가 중요한 촉매 역할을 했다.

인도는 2007년 들어서 미국에 대한 망고 수출을 위해 본격적으로 움직였다. 망고 시장을 열어달라고 미국에 적극 요구하면서, 대신 미국의 할리데이비슨 오토바이를 수입하겠다고 했다. 그런 노력 끝에 2009년부터는 인도 망고를 미국에 수출할 수 있게 되었다. 미국은 2010년부터는 파키스탄 망고도 수입하기 시작하는데, 당시 아프가니스탄 전쟁과 관련해 파키스탄의 적극적인 지원을 받아내기 위해서였다.

파키스탄은 미국과 우호적인 관계를 지속하면서 많은 군사원조를 받았다. 한편으로는 아프가니스탄 반군에 대한 지원도 계속했다. 미국 입장에서는 파키스탄이 아프가니스탄 반군과 관계를 끊고 미국을 더 분명하게 지원해 주기를 바랐다. 그래서 힐러리 클린턴 미 국무 장관은 2010년 7월 이슬라마바드를 방문해 5억 달러에 이르는 개발 원조 지원도 발표하고, 망고도 수입하겠다고 발표했다.

2014년 9월에는 나와즈 샤리프 파키스탄 총리가 나렌드라 모디 인도 총리에게 망고를 보냈는데, 더 악화된 관계를 개선해보기 위한 것이었다. 인도와 파키스탄의 오랜 분쟁 지점이 양국 사이에 위치한 카슈미르 지역인데, 파키스탄 정부가 카슈미르 분리주의자들을 접촉한 것이 드러나면서 관계가 나빠졌다. 그래서 더 이상 관계의 악화를 원치 않으며 개선 방안을 논의해보자는 의미로 파키스탄이 망고를 보낸 것이다.

9월 말에 유엔 총회에서 두 총리가 기조연설을 했는데, 카슈미르 분쟁과 관련해 서로 상대방의 책임을 주장했다. 망고 몇 개로 숙적 관계가 하루아침에 좋아질 수는 없는 것이었다. 카슈미르를 둘러싼 인도와 파키스탄의 분쟁은 민족, 종교, 언어 등 다양한 요소가 얽혀 있어 여전히 끝이 보일 기미조차 없다. 언젠가 양국이 망고를 교환하며 화해 분위기를 만들고, 더 깊이 있는 협상도 진행해 카슈미르 분쟁이 조금씩 해결되어 나가길 바랄 따름이다.

이렇게 여러 가지 양태로 외교 현장에 등장하는 망고의 가장 극적인 모습은 1968년 중국에 건네진 파키스탄의 망고 바구니다. 1968년 8월 파키스탄 외무 장관 미안 알샤드 후세인이 중국을 방문했다. 마오쩌둥 주석도 만났다. 그 자리에서 그는 파키스탄이 자랑하는 고급 망고를 담은 바구니를 선물로 전했다. 망고 40개가 들어 있었다.

마오쩌둥은 이걸 먹지 않고 '마오쩌둥 사상 선전대'에 보냈다. 당시 중국에는 문화대혁명의 광풍이 휘몰아치고 있었다. 1966년 시작된 문화대혁명은 마오쩌둥이 류샤오치, 덩샤오핑 중심의 실용주의 노선에 맞서 사회주의혁명 기풍을 다시 세우고, 자신의 권력을 강화하기 위해 진행한 극좌 사회주의 운동이다. 운동의 전위에 선 것은 맹목적으로 마오쩌둥을 추종하는 청소년 조직 '홍위병'이었다. 홍위병은 전국 각지에서 마오쩌둥 사상 찬양, 구습타파를 위한 대대적인 시위를 전개하면서, 부르주아적 요소를 공격하고, 실용주의자들을 무력으로 몰아냈다.

하지만 실용주의자들의 저항이 만만치 않은 데다 홍위병에 내분이 발생해 홍위병은 이선으로 물러서게 되었고, 곧 인민해방군에 의해 깊숙한 산골로 추방된다. 이후 홍위병을 대체하는 것이 '마오쩌둥 사상 선전대'였다. 마오쩌둥의 이념을 중국 곳곳에 선전하며 문화대혁명의 분위기를 이끌어갔다. 마오쩌둥에 대한 개인숭배도 이들이 주도해나갔다. 마오쩌둥이 이들의 노고를 치하하기 위해 망고를 보내준 것이다. 마오쩌둥이 원래 과일을 좋아하지 않기 때문이기도 했다.

실제로 과일 바구니가 전해진 단위 조직은 칭화대학에 있는 '수도공농 마오쩌둥 사상 선전대'였다. 이 조직은 베이징에 있는 인쇄 공장, 편직물 공장, 차량 제조 공장, 기계 공장 등 6개 대규모 공장에 소속된 노동자 대표들이 모여 조직한 것으로, 베이징의 칭화대학에 사무실을 두고 있었다.

마오쩌둥 우상화에 동원된 망고

　마오쩌둥의 비서가 8월 5일 이 선전대에 직접 들러 "외국 손님이 마 주석께 드린 건데 마 주석께서는 드시지 않고 공인들이 골고루 맛보라고 보낸 것"이라면서 과일 바구니를 놓고 갔다. 8월 7일자『인민일보』는 당시 상황이 이렇게 전하고 있다.

　"5일 오후, 마 주석께서 '수도공농 마오쩌둥 사상 선전대'에 망고를 보냈다는 특대 소식이 칭화대에 전해지자 사람들은 즉시 위대한 수령 마 주석께서 보내주신 진기한 선물의 주위에 모여 열렬히 환호하면서 노래를 부르고 뜨거운 눈물을 흘렸다. 그들은 충성심을 모아 가장 경애하는 위대한 수령 마 주석의 만수무강을 빌고 빌었다. 만수무강! 만수무강!"

　뜻밖의 선물을 받은 '수도공농 마오쩌둥 사상 선전대'는 곧 '모든 노동자가 주석의 은총을 나눠 가져야 한다'면서 망고를 노동자들에게 보내기로 결정했다. 그런데 망고는 40개뿐이었다. 궁리 끝에 40개 진짜 망고와 함께 밀랍으로 만든 모형 망고를 보내기로 했다. 그렇게 중국 전역의 공장, 광산, 학교 등 각급 기관과 단체에 보내졌다. 망고나 모형 망고를 받은 노동자들은 큰 환영 행사를 열었다. 감격의 눈물을 흘리며 "마 주석 만세", "마 주석 만수무강" 외쳤다.

　대부분의 지방에는 망고 모형이 전해졌는데, 지역에 망고 모형이 도착하면 대형 환영 대회가 열렸다. 1968년 9월 16일에는 푸젠성 푸저우시에 모형 망고가 도착했다. 노동자들이 대규모로 모여 환영 대회를 열었다. 17일에는 산둥성 지난시에, 10월 14일에는 지린

마오쩌둥은 파키스탄에서 선물로 받은 망고 바구니를 마오쩌둥의 이념을 중국
곳곳에 선전하며 문화대혁명의 분위기를 이끌어가던 '마오쩌둥 사상 선전대'에
보냈고, 망고는 우상화에 동원되었다.

성 창춘시에 밀랍 망고가 전해져 큰 환영 행사로 이를 영접했다.

진짜 망고를 받은 기관은 얼마 되지 않는데, 기계 공장인 베이
징제일기상창도 그중 하나였다. 망고를 받은 날은 명절과 같았다. 노
동자들은 한 자리에 모여 "마 주석 만수무강"을 크게 외쳤다. 이 공
장은 상하이에 자매 공장이 있었는데, 받은 망고를 나눠서 비행기를
빌려 상하이로 보냈다.

역시 진짜 망고를 받은 편물 공장 베이징침직총창은 성대한 환
영식을 한 뒤, 망고에 밀랍을 발라 단상 위에 올려놓았다. 노동자들
은 단상 위의 망고에 수시로 절을 했다. 그런데 밀랍을 바르기 전 소
독을 제대로 하지 않아 곧 망고가 상하기 시작했다. 그러자 이 공장
은 밀랍을 제거한 뒤, 가마솥에 망고를 넣고 끓여 노동자들에게 '망
고탕'을 모금씩 나눠주었다. 베이징인민인쇄공장도 진짜 망고를 받

았는데, 이렇게 진짜 망고를 받은 기관들은 보존 방법을 고민하지 않을 수 없었다. 주석의 귀한 선물이니 먹어 없앨 수도 없고 함부로 상하게 해서도 안 되었다. 어떤 기관은 포름알데히드 용액에 넣어 보존했다. 그렇게 보존된 망고를 보며 주석의 은혜를 늘 상기하자는 취지였다. 받은 망고를 큰 물탱크에 넣고 노동자들이 그 물을 한 컵씩 마시도록 한 공장도 있었다. 주석의 마음이 담긴 망고 물을 마시며 주석의 정신을 늘 되새기자는 의도였다.

그런 광풍 속에서 곤욕을 치른 사람도 적지 않았다. 헤이룽장성의 건설병단(생산 현장에서 일하면서 군사적 임무도 동시에 수행하는 준군사조직) 소속 한 간부는 밀랍 망고를 두고 다른 사람과 이야기를 나누다가 "내가 윈난성에서 군대 생활을 할 때 망고를 먹어봤는데, 그렇게 생각같이 좋은 것은 아니다"라고 말했다. 그러자 상대가 "그렇게 좋은 게 아니면 외국에서 마 주석께 보냈겠는가?"라고 맞받았다. 이 이야기는 곧 상부에 보고되어 이 간부는 바로 간부직을 박탈당했다. 이와 비슷한 일은 여기저기서 지속적으로 발생했다고 한다.

망고 숭배 바람은 한동안 계속되었다. 유리관에 밀랍 망고를 넣어 놓고 노동자들이 지나가면서 절을 하는 경우도 있었고, 망고 접시를 노동자들이 떠받치고 있는 대형 포스터도 등장했다. 망고 메달도 나왔고, 망고 그림이 그려진 그릇, 컵, 거울도 보급되었다. 망고 모양으로 수를 놓은 이불도 있었다. 외교 선물 망고는, 너무 엉뚱하게도, 그렇게 우상화에 이용되었다.

달디단 과일 망고는 외교 현장에서 선의를 전달하고 화해를 이끌어 주기도 했지만, 괴상하게 이용되면서 많은 사람들을 엉뚱한 세계로 몰아가는 매개가 되기도 한 것이다. 사람이 어떤 생각을 하고 어떻게 쓰느냐에 따라 음식은 만 가지의 얼굴을 가질 수 있음을 이 망고 숭배 사례가 적나라하게 보여주고 있다고 하지 않을 수 없다.

아버지 부시의
재선 막아선
연어 회

연어 회를 먹고 5분간 졸도한 부시

1992년 1월 조지 H. W. 부시는 호주와 아시아 순방에 나섰다. 미국의 수출을 확대하기 위한 경제 외교 행보였다. 호주를 먼저 갔다가 싱가포르, 한국을 거쳐 일본까지 가는 긴 여정이었다. 67세로 고령이었지만 부시는 평소 운동을 부지런히 해서 건강이 나쁘지는 않았다. 긴 여행 끝에 일본에 내린 것이 1월 8일. 이런 저런 일정을 소화하고, 오후 7시쯤 미야자와 기이치 일본 총리가 주최하는 관저 만찬에 참석했다.

만찬에는 4가지 요리가 준비되어 있었다. 첫 번째로는 전채로 '캐비아를 올린 연어 회', 두 번째는 '버섯을 넣은 맑은 수프'였다. 세 번째 것은 메인 요리로 '후추 소스를 곁들인 소고기 구이'였으며, 마지막으로는 백향과 아이스크림이 디저트로 나왔다.

첫 번째로 나온 연어 회는 당연히 찬 음식이었다. 이걸 먹고 잠시 후 부시의 얼굴색이 달라지기 시작했다. 캐비아까지 올렸으니 최고급 연어 회였지만 부시와 잘 맞지 않았다. 곧 얼굴색이 하얗게 변했다. 실제 현장에 있던 사람들은 "대통령의 얼굴이 하얀 종잇장처럼 변해갔다"고 말했다.

부시는 이내 구역질을 하며 토했다. 와이셔츠와 양복 윗도리가 엉망이 되었다. 그러더니 바로 왼쪽에 앉아 있던 미야자와 총리 쪽으로 기울어지면서 다시 토했다. 미야자와의 바지도 곤죽이 되어버렸다. 미야자와가 쓰러지는 부시의 머리를 받아 안았다. 경호원 한 명이 테이블을 뛰어넘어 부시의 몸통을 잡았다. 그리고는 부시를 바닥에 누였고, 주치의인 내과의사 버튼 리가 급히 달려가 응급조치를 했다.

바닥에 누워 있던 부시는 5분 정도 시간이 지나자 눈꺼풀을 떨면서 깨어났다. 겨우 의식을 회복한 것이다. 부시는 걱정스런 눈으로 관찰하고 있던 주치의에게 투덜거렸다. "만찬이 끝날 때까지 나를 테이블 밑으로 밀어놓지 그랬어."

만찬 얼마 전까지만 해도 그는 펄펄 날았다. 도쿄에 도착해 아카사카 영빈관에서 열린 환영식에 참석했고, 미야자와 총리를 만나 세 시간 동안 회담을 했다. 이어 테니스까지 했다. 일본 왕궁에서 주일 미국 대사 마이클 아마코스트와 짝을 이뤄 아키히토 일왕-나루히토 왕세자 조와 복식 게임을 했다. 두 세트를 했는데 다 지긴 했다. 미국의 방송사들과 인터뷰도 있었는데, 그 자리에서도 이런저런 질문에 에너지 넘치게 답했고, 컨디션이 좋다고 호언하기까지 했다.

하지만 만찬이 시작될 때쯤 감기 기운을 느끼면서 컨디션이 안 좋아지기 시작했다. 그럼에도 일본에서 내로라하는 사람들이 자신을 보러온 만큼 참고 자리를 지켰지만, 연어 회를 먹고 난 후에는 거북해진 속을 진정시킬 수 없었던 것이다.

5분 정도 졸도를 했다가 주치의에게 농을 던지며 일어난 부시는 만찬 참석자들에게 손을 흔들어 '아무 일 없음'을 신고하려 했다. "여러분들의 주의를 끌고 싶었을 뿐입니다"라며 능청을 떨기까지 했다. 그리고는 곧 리무진을 타고 영빈관으로 향했다. 부시 대통령의 부인 바버라 부시는 만찬장에 남았다. 만찬에 참석한 사람들이 부시를 만나기 위해 왔는데, 부시가 가버렸으니 부인이라도 남아줘야 하는 상황이었다.

바버라 부시는 그렇게 남아서 부시 대신 만찬사를 했다. 그 만

조지 H. W. 부시는 미야자와 기이치 일본 총리가 주최하는 관저 만찬에서 연어 회를 먹고 5분 정도 졸도를 했는데, 이는 부시의 재선을 막는 한 요인이 되었다.

찬사가 또한 '걸작'이었다. "오늘밤 이 같은 일이 발생한 것은 모두 마이클 아마코스트 주일 미국 대사 탓입니다. 오늘 대통령과 대사는 한 조가 돼서 일왕 부자와 테니스 시합을 했습니다. 그런데 형편없이 져서 아주 피곤한 것 같습니다. 부시 가문은 지는 데 익숙하지 않거든요." 좌중에서는 폭소가 터졌다.

부시가 미국 대통령이 아니고 일반인이었다면 그날 졸도는 그저 해피엔딩의 작은 해프닝에 불과했을 것이다. 심각한 질병도 아니고 급성 위장염이었다. 누구나 한번쯤 겪을 수 있는 일이었던 것이다. 하지만 부시는 미국 대통령이었다. 그게 그렇게 간단치가 않았다. 사실 부시는 졸도했다가 깨어나서 할 일은 다했다. 다음 날인 9일 미야자와 총리와 정상회담을 갖고 미국과 일본 사이 통상 현안을 논의했다. 특히 미국산 자동차 부품을 일본이 더 사야 한다고 일본 총리에게 강력 요구했다.

그래서 결국 일본의 미국제 자동차 부품 수입 규모를 당시의 90억 달러에서 1995년까지 190억 달러로 100억 달러 늘린다는데 합의했다. 미국산 자동차도 일본이 더 수입하기로 했다. 큰 틀에서는 미국과 일본이 정치와 경제, 안보 분야에서 장기 동반 협력 관계를 형성하는 문제도 집중 논의했다. 그럼에도 미국의 언론은 그런 문제보다는 부시의 졸도에 훨씬 많은 관심을 보였다.

"문제는 경제야! 바보야!"

당초 일본의 언론들은 부시가 쓰러지는 장면을 보도하는 것을 자제했다. 사건 직후 NHK를 통해 공개된 화면은 미야자와 총리가 부시의 머리를 받치고 있는 부분부터였다. 미국 방송사들도 이걸 방송했다.

그러다가 11일에는 ABC방송이 부시가 얼굴이 창백해지면서 음식물을 토하고 쓰러지는 장면이 모두 포함된 화면을 방송하기 시작했다. 당시 NHK가 만찬 현장을 찍어 외국 방송사에 보내줬는데, ABC가 이걸 녹화해 뒀다가 11일부터 방송하기 시작한 것이다. 부시의 얼굴이 하얗게 되어가면서 토하고 넘어지는 장면이 반복적으로 미국인들에게 생생하게 전해졌다.

미국의 코미디언들은 앞다퉈 부시가 쓰러지는 모습을 패러디했다. NBC의 유명한 코미디 프로그램 〈Saturday Night Live(SNL)〉은 부시의 졸도를 1963년 케네디 암살과 비교하면서 풍자 소재로 십분 활용했다. 그러자 부시에 대한 지지도는 떨어졌다. 1월 10일 『뉴욕타임스』와 CBS가 발표한 여론조사에서 그에 대한 지지도는 48퍼센트였는데, 취임 이후 50퍼센트 아래로 내려간 것은 그때가 처음이었다. 1991년 11월 같은 조사에서 그에 대한 지지도는 51퍼센트였다.

부시가 쓰러진 것은 그게 처음이 아니었다. 1991년 5월에도 메릴랜드주에 있는 캠프데이비드 별장에서 조깅을 하다 쓰러졌다. 그레이브스병 때문이었다. 갑상선에 문제가 생겨 심장이 빠르고 불규칙하게 뛰는 현상이 일어난 것이다. 1991년에 이어 1992년에도 졸도를 한 것이니 미국 시민들이 두 번째 졸도를 받아들이는 강도는 첫 번째와는 많이 다를 수밖에 없었다.

부시의 졸도는 1979년 지미 카터의 경우를 연상시키기도 했다. 카터는 그해 캠프데이비드 인근에서 조깅을 하다가 갑자기 비틀거렸다. 무더운 날씨를 무릅쓰고 달리다 일사병에 걸린 것이다. 이 모습은 미국인들에게 카터의 건강을 걱정하게 만들었다. 카터는 이듬해 대선에서 로널드 레이건에게 져 재선에 실패했다.

반면에 부시의 졸도는 경쟁자 빌 클린턴에게는 큰 호재였다. 1992년 대선 당시 민주당 대통령 후보 클린턴은 46세에 불과했다. 젊고 활기 넘쳤다. 연설도 잘했다. 에너지 넘치는 모습으로 경제를 살리겠다고 외쳤다. 임기 중 두 번이나 쓰러진 부시는 클린턴에 비하면 너무 늙고 약해 보였다. 이런 대조적인 모습은 부시의 재선에 큰 악재로 작용할 수밖에 없었다.

결국 부시는 클린턴에게 져서 4년 임기만을 마치고 백악관을 떠나야 했다. 물론 당시 경제가 안 좋았던 것이 첫 번째 패인이었다. 그걸 알고 클린턴은 "문제는 경제야! 바보야!It's economy, stupid"라는 구호를 대대적으로 외치며 부시 행정부의 경제 실정을 파고들었다. 젊은 패기로 경제를 일으킬 수 있음도 역설했다. 이런 부분이 부시의 큰 패인이었지만, 67세라는 많은 나이와 두 번의 절도, 특히 연어회를 먹고 토하면서 쓰러지는 장면도 재선 실패의 큰 요인이 아닐 수 없었다.

그런가 하면, 조지 H. W. 부시의 아들 조지 W. 부시도 졸도를 한 적이 있다. 2002년 1월 백악관에서 볼티모어와 마이애미 팀이 벌이는 미식축구 경기를 TV로 보며 프레첼을 먹다 잠깐 의식을 잃은 것이다. 먹던 프레첼이 식도에 걸려 목의 미주신경을 압박해 심장 박동이 급격히 떨어지고 뇌에 공급되는 혈액이 감소해 졸도한 것이다. 그 바람에 바닥에 쓰러지면서 왼쪽 뺨에 찰과상을 입었고, 아랫입술에 멍도 들었다. 다행히 몇 초 후 깨어나 맥박과 혈압도 정상으로 돌아왔지만, 아찔한 순간이 아닐 수 없었다.

다음 날 아침 기자들을 만난 부시는 "바닥에 쓰러진 뒤 다시 깨어나 처음 본 것은 내 개들이 매우 걱정하는 모습이었다"며 능청을 떨었다. 또, "어머니가 프레첼을 먹을 때는 잘 씹으라고 말했다. 늘 어머니 말을 잘 들어야 한다"고 농을 부리기도 했다. 아버지와 아들이 유머가 어찌 그리 비슷한지······.

그럼에도 아들 부시는 2004년 재선에 성공했다. 민주당 후보 존 케리와 맞붙어 힘겨운 경쟁을 벌였지만, 최종적으로 대통령 선거인단 수에서 286대 251로 앞서 승리했다. 당시 나는 KBS에서 기자로 일하고 있었는데, 부시가 재선되는 경우, 아니면 케리가 당선되는 경우 한반도 문제는 어떻게 되는 것인지에 대한 1시간짜리 다큐멘터리를 만들고 있었다.

방송 시간도 미리 정해져 있었다. 11월 7일(일요일) 오후 8시였다. 매주 일요일에 방송되는 〈일요스페셜〉 시간에 방송될 다큐를 '미국 신행정부와 한반도'라는 가제목으로 준비하고 있었던 것이다. 부시가 이기는 경우와 케리가 이기는 경우 모두에 대비해 준비하고 있었다. 미국의 대선 투표는 11월 2일 오후 2시(이하 한국 시간)에 시작하도록 되어 있었고, 별일 없으면 3일에는 당선자가 결정될 예정이었었다. 당선자가 정해지면 다큐의 내용을 좀더 명료하게 정리해 마무리할 생각이었다.

미국 대선 결과를 예의 주시하며 결과를 기다리고 있었다. 투표가 끝나고 개표가 진행되자 두 후보는 엎치락뒤치락하며 앞서거니 뒤서거니 했다. 미국 대선은 개표가 거의 끝나고 당선이 확정적인 상황이 되면 진 후보가 패배를 인정하고 이긴 후보에게 축하 전화를 하면서 사실상 종료된다.

나는 11월 3일 CNN을 보면서 그걸 기다리고 있었다. 그걸 보고 다큐의 내용을 최종 정리해야 했으니까. 개표 막판으로 가면서 플로리다와 펜실베이니아, 오하이오가 관건이 되었다. 대표적인 스윙 스테이트(민주당이나 공화당 어느 쪽도 지배적이지 못한 주)인데다 선거인단도 플로리다 27명, 펜실베이니아 21명, 오하이오 20명으로 많았다.

3개 주에서 모두 시소게임이 계속되다가 3일 오후 1시쯤 펜실베이니아의 승부가 먼저 정해졌다. 승자는 케리였다. 그때까지 확보한 전체 선거인단 수는 부시 197명, 케리 188명이 되었다. 여전히 백중세였다. 그런데 오후 2시쯤 플로리다를 부시가 가져가는 것으로 확정되었다. 부시의 승세가 굳어져갔다. 게다가 오하이오 개표도 51퍼센트 대 48퍼센트로 부시가 조금 앞서고 있었다.

그러자 백악관이 오후 7시쯤 "부시 대통령이 오하이오에서 14만 표 차로 앞서고 있어 잠정 투표(선거인 명부에 등록되어 있지 않은 유권자를 우선 투표하게 하고, 나중에 일일이 유권자의 신분을 확인한 뒤 유효 투표 여부를 확정한 뒤 집계하는 방식)를 감안해도 통계적으로 뒤집을 수 없다"며 사실상 승리를 선언했다.

하지만 케리 캠프는 승복할 생각이 없었다. 바로 민주당 부통령 후보 존 에드워즈가 나서 "마지만 한 표까지 지켜볼 것"이라고 발표했다. 오하이오주의 개표가 모두 끝날 때까지 기다리겠다는 메시지였다. 잠정 표까지 모두 개표를 하려면 일주일은 더 기다려야 했다. 케리 캠프는 근소한 차이로 개표가 완료된 다른 주에 대한 재검표도 요구할 태세였다.

부시 집안에 독한 음식이 된 연어 회

케리가 재검표를 실제 요구면 대선 승자 결정은 한참 늦어질 수밖에 없었다. 7일 방송용 다큐를 만들던 내겐 날벼락이 아닐 수 없었다. 대선 승자가 결정되지 않으면 다큐가 완성될 수 없었기 때문이다. 보도본부에서 긴급 논의에 들어가 대체 다큐를 만들기로 했다. '미국 민주주의와 대선'이라는 제목으로 미국 대통령 선거의 특징과 문제점을 짚어보는 다큐를 긴급하게 만들기로 한 것이다.

나는 갑자기 방향을 바꿔 새로운 다큐를 만들어내야 했다. 날벼락이 아닐 수 없었다. 4일 만에 1시간짜리 프로그램을 만들어내야 하는 것이니 말이다. 바로 원고 작성에 들어갔다. 미국의 독립 과정, 대통령 선거의 특징, 그런 선거제도가 마련된 배경, 각 주의 역사와 독립성, 미국의 문화적·민족적 다양성과 선거제도, 잠정 투표의 특징과 성립 배경 등 미국 정치의 근본적인 특성과 그런 특성이 형성되는 과정, 그 결과로서의 선거제도, 그에 담긴 다양한 의미와 문제점을 다각적으로 분석하는 내용으로 급하게 원고를 써가고 있었다.

3일 밤을 새워 4일 아침까지 원고를 완성하고, 바로 4일 아침부터 영상 편집을 시작해야 7일 오후 8시 방송 시간에 겨우 맞출 수가 있었다. 3일 밤늦게까지 쓴 커피를 입에 달고 원고를 쓰고 있었다. 물론 바로 옆 TV는 CNN에 고정해 놓고 말이다. TV 소리는 죽이고 화면을 가끔 보면서 원고에 속도를 내고 있었다.

그렇게 혼자서 열을 내고 있는 사이 4일 새벽 1시쯤이 되었다. 갑자기 CNN 화면에 커다랗게 "Kerry Concedes to Bush(케리, 부시에 패배 인정)"이라고 자막이 떴다. 얼른 TV 소리를 키웠다. 케리가 부시에게 축하 전화를 했다고 전했다. 케리가 패배를 인정한 것이다. 미국 대선이 끝난 것이다. 잠정 투표를 확인해도 승리할 가능성이 거의 없어졌고, 패배 인정이 너무 늦어지면 민주당에 대한 여

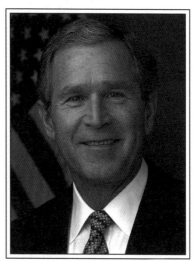

아버지 조지 H. W. 부시의 뒤를 이어 미국 대통령이 된 조지 W. 부시.
250년 미국 역사에서 아버지와 아들이 대통령을 지낸 경우는
애덤스 집안에 이어 부시 집안이 두 번째다.

론이 안 좋아질 수 있었기 때문에 결국 패배를 인정한 것이다.

나는 쾌재를 불렀다. 그러면 안 되는데 그랬다. 부시가 재선되면 공화당의 대북 강경 정책이 계속되어 한반도에 어두운 그림자가 드리워질 가능성이 높았다. 반면 민주당의 케리가 당선되면 어느 정도는 북한을 대화상대로 인정하면서 핵 문제에 대한 대화를 다시 시도할 가능성이 높았다. 그런 점에서 나는 케리의 당선을 바라고 있었다.

그런데 당장 닥쳐 있는 문제가 나의 시야를 흐려 놓았다. 며칠 만에 새로운 다큐를 만들어내야 하는 절박한 상황에 놓여 있는 나를 케리의 패배 인정 전화가 해방시켜 주었다. 그래서 나도 모르게 쾌재를 불러버린 것이다.

슬퍼해야 할 일이었지만, 눈앞의 편익에 눈이 멀어버렸다. 서둘러 가제목 '미국 신행정부와 한반도'로 준비해둔 것을 '부시 2기 북핵 그리고 한반도'로 변경해 제목을 정한 뒤, 다큐의 내용도 정리하고 새벽 2시쯤 퇴근했다. 나도 어쩔 수 없는 소시민에 불과함을 새삼 몸으로 느끼면서……

아버지 부시 이야기를 하다가 아들 부시 이야기로 길어졌지만, 다시 아버지 부시 이야기로 돌아가보자. 아버지 부시는 대통령 임기를 마치고 여유롭게 지내던 2007년 3월에도 졸도를 한 적이 있다. 당시 나이는 82세가 되어 있었다. 캘리포니아주의 남쪽에 있는 리버사이드 카운티의 한 골프장에서 골프를 치던 부시는 갑자기 좀 피곤한 듯한 모습을 보이더니 이내 갑자기 정신을 잃었다. 당시 기온이 34.4도까지 올라가는 찜통 더위였는데, 그 속에서 골프를 하다가 탈수가 심해져 쓰러진 것이다.

같이 골프를 하던 친구가 인공호흡을 해 겨우 살아났다. 위기를 넘긴 부시는 "이날 벌어진 가장 끔찍한 기억은 내가 쓰러질 때 옆에 있는 친구 녀석이 구강 대 구강 인공호흡을 했다는 점"이라며, "옆에 멋진 여인이 여섯 명이나 있었는데 정작 인공호흡은 사내놈이 했어"라고 농담을 던졌다. 여유와 유머는 여전했다.

미국 역사에서 가족이 대통령을 한 경우는 몇 차례 있다. 제2대 대통령 존 애덤스에 이어 그의 아들 존 퀸시 애덤스는 제6대 대통령을 지냈다. 제9대 대통령 윌리엄 해리슨과 제23대 대통령 벤저민 해리슨은 할아버지-손자 관계다. 제26대 대통령 시어도어 루스벨트는 제32대 대통령 프랭클린 루스벨트의 처삼촌이다. 프랭클린 루스벨트의 부인 엘리너 루스벨트의 삼촌이 시어도어 루스벨트다.

제42대 대통령 빌 클린턴에 이어 그의 부인 힐러리 클린턴이 2016년 민주당의 후보로 대선에 출마했지만 공화당의 도널드 트럼프에게 졌다. 전체 유권자 득표수에서는 이겼지만, 선거인단 수에서 져 첫 부부 대통령의 탄생은 이뤄지지 않았다. 250년 미국 역사에서 아버지와 아들이 대통령을 지낸 경우는 애덤스 집안에 이어 부시 집안이 두 번째다.

애덤스 집안은 아버지와 아들이 모두 단선에 그쳤다. 아버지 존 애덤스는 토머스 제퍼슨에 져서, 아들 존 퀸시 애덤스는 앤드류 잭슨에게 패배해 단임에 그쳤다. 부시 집안은 아버지는 단임이었지만, 아들은 재선에 성공했다. 1992년 1월 일본에서 연어 회를 먹고 쓰러지지만 않았더라면 아버지, 아들이 모두 8년 동안 미국 대통령을 하는 진기록을 만들었을지 모를 일이다. 부시 집안에게는 연어 회가 독한 음식이 되어버렸다.

러시아의
무법자를 키운
세계 3대 진미 만찬

후원-피후원 관계인 러시아 정부 최고위층과 하부 엘리트

2002년 5월 어느 날, 러시아 상트페테르부르크의 최고급 레스토랑 '뉴아일랜드'. 네바 강에 세워진 선상 레스토랑인 이 음식점은 그날따라 특별히 더 깔끔하게 단장하고 있었다. 종업원들도 긴장한 표정으로 분주히 접시를 날랐다. 차려진 음식은 상트페테르부르크와 인근에서 구한 최고급 식재료들로 만든 것이었다.

푸아그라와 생강 쿠키가 한쪽에 놓여 있었고, 다른 한쪽에는 숙성 와인으로 만든 캐러멜과 말린 자두가 자리했다. 캐비아는 얼음 위에 올려져 있었다. 가운데 자리는 구운 소고기 필렛이 검은 송로버섯과 함께 자리를 잡고 있었다. 식감 부드러운 곰보버섯과 베이비 캐럿도 함께 올라가 있었다. 세계 3대 진미로 꼽히는 푸아그라, 캐비아, 송로버섯이 한 상 위로 차려진 것이다. 이 중 하나만 있어도 최고급 식사라 할 수 있는데, 세 가지 모두가 포함되어 있으니 최고 중의 최고 만찬이 아닐 수 없다.

이날 이 최고 중의 최고 식사를 두고 마주 앉은 사람은 러시아 대통령 블라디미르 푸틴과 미국 대통령 조지 W. 부시였다. 둘은 모스크바에서 만나 정상회담을 가졌다. 양국이 가진 핵무기를 줄이는 전략 공격 무기 감축 조약SORT,Strategic Offensive Reductions Treaty을 체결했다. 2012년까지 양국이 보유한 전략 핵탄두를 1,700~2,000기 수준으로 축소한다는 내용이었다.

2001년 12월 부시 행정부가 미사일 방어 계획MD을 추진하기 위해 탄도탄요격미사일ABM 조약 탈퇴를 선언하면서 미국-러시아 관계가 일시 서먹해지기도 했지만, 새로운 핵무기 감축 조약을 만들어 내면서 양국 사이는 다시 좋아졌다. 이런 분위기를 이어가기 위해 푸틴은 부시를 러시아의 전통과 예술성을 깊이 간직하고 있는 상트페테르부르크로 초대했다.

상트페테르부르크에서 부시와 푸틴 접대를 직접 맡은 사람은 예브게니 프리고진이었다. 지금 러시아 정치에서 약방의 감초처럼 여기저기 등장하는 인물이다. 푸틴의 최측근으로 막강한 정치적 영향력을 행사하면서 돈까지 엄청나게 벌고 있는, 꿩 먹고 알까지 제대로 챙겨 먹고 있는 사람이다. 프리고진은 무일푼에서 러시아의 신흥 올리가르흐(재벌)까지 초고속으로 성장한 특이한 인물이다.

러시아는 정치사회적 시스템이 정비되어 있지 않고, 법이나 제도보다는 대통령이나 고위 관료와의 비공식적 관계가 더 중요한 후진적인 사회다. '정부와의 커넥션이 모든 것을 결정한다'고 할 수 있

블라디미르 푸틴(왼쪽)과 조지 부시(오른쪽). 그들은 2002년 5월 24일 양국이 가진 핵무기를 줄이는 전략 공격 무기 감축 조약을 체결했다.

을 정도다.

정부 최고위층과 하부 엘리트들은 후원-피후원의 관계로 묶여 있다. 위에서는 권력과 부를 나눠주고, 하부 엘리트들은 일부 권력과 부를 받아먹는 대신 충성을 제공한다. 그런 관계로 엮인 사람들이 러시아의 권력과 부를 대부분 장악하고 있는 것이다. 프리고진의 급속 성장은 이런 러시아 사회의 후진성을 적나라하게 보여준다.

1961년 상트페테르부르크에서 태어난 프리고진은 스포츠 학교에서 크로스컨트리 스키 선수로 교육을 받았다. 약학 전문학교로 진학해 졸업했지만, 졸업 후 스키 강사 생활을 했다. 정상적인 생활은 아니었던 것 같다. 20세에 강도와 사기, 성매매 알선 등의 혐의로 징역을 살기 시작해 9년 동안 감옥에 있었다. 1990년 출옥했는데, 마침 소련이 망해가고 자본주의 물결이 밀려들던 시기였다. 개인 사업도 막 시작되고 있었다.

프리고진은 그런 분위기 속에서 핫도그 매점을 시작했다. 상트 페테르부르크에서는 처음이었다. 장사 수완을 발휘하기 시작했다. 핫도그 장사로 돈을 번 프리고진은 친구와 함께 '콘트라스트'라는 식료품 체인점을 차렸다. 국가 상점의 초라한 상품들만 보아왔던 러시아 사람들은 새롭고 신선한 먹을거리로 가득한 '콘트라스트'에 몰려들었다. 상트페테르부르크 시내와 인근에서 손님들이 끊이지 않았다.

1990년대 중반 프리고진은 음식점으로 사업 영역을 확장했다. 상트페테르부르크와 모스크바에 고급 레스토랑을 열었다. 그중 하나가 '뉴아일랜드'였다. 네바 강에 배를 띄워 만든 상트페테르부르크의 첫 선상 레스토랑이었다. 파리 센강에 있는 선상 레스토랑을 보고 아이디어를 얻었다고 한다. 돈도 돈이지만, 이 식당은 주목적은 접대였다. 이런 사업들을 할 당시부터 푸틴과 친분을 쌓았다.

푸틴의 셰프가 된 프리고진

푸틴은 1975년 소련의 정보기관 국가보안위원회(KGB)에 들어가 1991년 중령으로 예편한 뒤 고향 상트페테르부르크로 돌아왔다. 상트페테르부르크 시장의 보좌역으로 일하다 1994년에는 제1부시장이 되었다. 한창 자유경제가 도입될 시기 상트페테르부르크에서 푸틴은 시 행정의 주요 부분을 맡고 있었고, 프리고진은 시의 허가가 필요한 사업들을 하고 있었다.

프리고진은 푸틴에게 적극 접근했다. 먼저 푸틴의 보디가드 중 하나를 자기 사람으로 만들었다. 그를 통해 푸틴과 관계를 형성했고, 푸틴이 1997년 보리스 옐친 러시아 대통령의 비서실 부실장이 되면서 모스크바로 진출한 이후에도 그 관계를 계속 강화해나갔다.

'뉴아일랜드'는 그런 관계를 형성하고 강화하는 데 효율적으로 이용되었다. 옐친을 이 음식점으로 초대하기도 했다. 모나코의 왕세자 알베르 2세에게는 이 식당에서 프리고진 자신이 직접 만든 보드카 경단, 노랑 토마토 셔벗을 대접하기도 했다. 2001년 여름에는 푸틴과 프랑스 대통령 자크 시라크를 초대해 프리고진이 직접 서빙을 했다.

여봐란 듯이 두 정상 곁에 머물며 음식 설명도 하고 이런 저런 대화도 나눴다. 물론 식사 시간을 되도록 길게 끌었고 정상 곁에 되도록 자주 갔다. 이때부터 프리고진은 '푸틴의 셰프'로 불리기 시작했다. 푸틴과의 관계는 이때를 계기로 깊어졌다. 이렇게 '푸틴의 셰프'가 된 프리고진은 이듬해 5월 푸틴-부시 정상 만찬까지 차리면서 확실하게 푸틴의 측근이 되었다. 2003년 가을에는 푸틴의 생일 파티를 '뉴아일랜드'에서 할 정도였다.

푸틴의 곁을 차지한 프리고진은 이제 러시아판 봉이 김선달이 되었다. 2007년 '콩코드'라는 급식 업체를 차린 뒤 상트페테르부르크 각급 학교의 급식 공급을 맡았다. 이후 모스크바로 영역을 확대했다. 그러더니 군대 급식까지 장악했다. 그뿐만 아니라 대통령 취임식 등 정부의 주요 행사 때마다 연회를 차리는 것도 프리고진이었다. 이렇게 급식과 연회 등으로 벌어들인 돈이 수십억 달러에 이르는 것으로 알려졌다.

그 수입 중 일부를 써서 2016년에는 인터넷 기업 '인터넷 리서치 에이전시IRA'를 만들었다. 상트페테르부르크 주택가에 있는 4층짜리 건물을 빌려 사람을 고용한 뒤 인터넷으로 필요한 정보를 흘려주는 일을 했다. 2016년은 미국에서 도널드 트럼프와 힐러리 클린턴이 대권을 두고 치열하게 경쟁하던 때였다.

이 업체가 주로 한 일은 트럼프의 당선을 돕는 일이었다. 미국 사회의 분열을 조장하고 힐러리 클린턴을 헐뜯는 글, 광고 등을 트위터와 페이스북 등에 대량으로 뿌렸다. 힐러리 클린턴이 오사마 빈 라덴과 악수하는 모습을 조작한 사진, '힐러리는 사탄이다'라 문구 등을 SNS를 통해 유포했다. 미국인들의 신분을 도용해 가짜 계정을 만들기도 하고, 자동 증식 프로그램인 봇bots'을 심어 놓는 수법도 이용했다. 이런 혐의가 드러나 미국 재무부의 제재를 받기도 했다.

그의 사업은 여기에 그치지 않는다. 민간 군사기업PMC '바그너 그룹'의 실소유주로도 알려졌다. 바그너 그룹은 러시아 특수부대 출신들을 고용해 러시아 정부가 직접 개입하기 어려운 곳에 정부군 대신 파견하기도 하고, 분쟁 지역에 용병을 파견해 돈을 벌기도 한다.

2014년 2월 러시아가 우크라이나 크림반도를 병합할 때부터 본격 활동을 시작했다. 크림반도를 합병하는 과정에서 바그너 그룹 용병들은 러시아 정규군과 합세해 우크라이나군을 무장해제하고, 크림반도의 치안을 유지하는 임무를 수행했다. 2014년 4월 우크라이나 동부 돈바스 지역에서 우크라이나 정부군과 친러 반군 사이 내전이 발생했을 때에는 바그너 그룹 용병들이 반군을 지원하는 역할을 했다.

우크라이나군 공수부대원들이 탄 비행기를 격추시키고, 우크라이나군의 탄약을 탈취하기도 했다. 우크라이나 정부기관을 공격하기도 했고, 주민들을 상대로 친러 반군의 입장을 선전하는 공작도 수행했다. 미국의 민간 군사기업은 주요 시설 경비나 요인 경호 등의 일을 맡아 하면서 정규군의 보조 역할을 주로 하지만, 바그너 그룹 용병들은 최전선에서 직접 전투를 하는 경우가 많다.

2016년에는 시리아에 파견되어 IS(이슬람국가)가 점령하고 있던 팔미라를 탈환하는 작전에 투입되었다. 치열한 전투 끝에 탈환에 성공했다. 그러자 러시아 정부가 그곳의 로마시대 원형극장에서 승리를 축하하는 오케스트라 공연을 열어주기도 했다. 2018년에는 시

민간 군사기업 바그너 그룹은 러시아 특수부대 출신들을 고용해
러시아 정부가 직접 개입하기 어려운 곳에 정부군 대신 파견하기도 하고,
분쟁 지역에 용병을 파견해 돈을 벌기도 한다. 바그너 그룹의 로고.

리아 북동부 데이르에조르 지역에서 바그너 그룹 용병들이 미군과 전투를 벌였다. 용병들이 미군이 보호하고 있는 유전을 공격한 것이다.

미군의 역공을 받고 용병 수십 명이 죽었는데, 바그너 그룹은 이후에도 그런 대리전쟁을 여기저기서 벌이고 있다. 아프리카 말리에 1,000명의 용병을 파견해 정부군 편에서 반군과 싸워주는 대가로 광산 개발권 얻는 것으로 전해진다. 중앙아프리카공화국에도 2018년 용병을 파견해 정부군을 도와주고 다이아몬드와 금 채굴권을 확보했다.

우크라이나 전쟁은 하이브리드 전쟁

2019년에는 리비아에 용병 1,200여 명을 보내 반군 측을 도왔다. 반군의 대표는 칼리파 하프타르 장군인데, 유엔의 지원을 받고 있는 리비아 정부에 맞서 내전을 계속했다. 유엔이 지원하는 정부가 아니라 그에 맞서는 반군 곁에서 포격을 지원하고 요인을 저격하는 일을 수행한 것이다. 수단, 모잠비크 등의 내전에도 용병을 보냈다.

바그너 그룹은 돈을 벌면서 친러시아 세력을 돕기도 하고 양성하기도 하는 역할을 여전히 계속하고 있다. 활동의 폭이 넓어지면서 국제사회로부터 비난의 화살도 맞고 있다. 아프가니스탄 전쟁과 이라크 전쟁의 과정에서 미국의 민간 군사기업 '블랙워터'가 민간인 살해 등의 심각한 문제를 일으킨 것처럼 바그너 그룹도 곳곳에서 민간인 학살, 고문, 성폭력 등의 악행을 저질러 국제사회의 비난을 받고 있는 것이다.

2021년 12월 유럽연합EU는 바그너 그룹이 그동안 인권 탄압과 폭력 조장 행위를 해왔다며 그룹의 최고위 관계자 8명에 대해 여행 금지와 해외 자금 동결 조치를 내렸다. 유럽연합은 관련 성명을 통해 "바그너 그룹은 용병을 모집해 훈련시킨 뒤 전 세계의 분쟁 지역에서 폭력을 조장하고, 천연자원 약탈과 민간인들에 대한 위협을 자행하며 국제법을 어겼다"며 불법성을 고발했다. 또한 "리비아와 시리아, 우크라이나(돈바스), 중앙아프리카공화국 등 활동 지역에서 안정을 파괴하고, 고문은 물론 재판 없는 약식·임의 처형과 학살을 자행했다"며 제재의 필요성을 강조했다.

하지만 바그너 그룹은 이런 국제사회의 비난과 제재에 전혀 아랑곳하지 않는다. 2022년 2월 러시아의 우크라이나 침공 당시에도 바그너의 용병들은 체첸공화국의 특수부대와 함께 우크라이나의 수도 키이우에 잠입해 우크라이나 대통령 볼로디미르 젤렌스키를 암살하려 한 것으로 전해진다. 특히 당시 바그너 그룹은 범죄 기록이 있는 사람, 여권이 없는 사람까지도 용병으로 모았고, 오랜 내전을 겪으면서 시가전에 대한 풍부한 경험이 있는 시리아 출신들도 용병으로 모집해 우크라이나로 보냈다.

바그너 그룹은 자신들에 대한 취재에는 무시무시하게 대처한다. 2018년 7월 중앙아프리카공화국에서 러시아 독립 언론의 기자 3명이 바그너 그룹의 실상을 취재하고 있었다. 그런데 어느 날 이들 모두 괴한에 의해 살해되었다. 이 독립 언론들은 반정부 망명객 미하일 호도르콥스키의 지원을 받고 있었다.

호도르콥스키는 프리고진과 닮은꼴이었다. 1980년대 후반부터 수입품 판매와 은행업으로 돈을 모았다. 이후 보리스 옐친 대통령과 친근한 관계를 형성해 1996년 민영화된 거대 석유기업 유코스를 인수해 신흥 재벌이 되었다. 개인 재산이 120억 달러까지 되었었다. 자신의 재력을 바탕으로 정치활동을 왕성하게 했다.

푸틴의 경쟁자가 되어가자 그는 갑자기 조세 포탈과 횡령 혐의로 기소되어 2005년 9년 형을 선고받았다. 복역 중 소치 동계올림픽을 앞두고 2013년 12월 사면을 받아 스위스로 망명했다. 호도르콥스키는 남은 돈으로 독립 언론을 도우면서 반푸틴 활동을 하고 있다. 기자 3명을 죽인 것은 바그너 그룹이 호도르콥스키에게 날리는 '너도 조심해' 경고이기도 했다.

2010년대부터 러시아가 특히 중시하는 전쟁 개념이 '하이브리드 전쟁'이다. 정규전과 비정규전, 사이버전이 합쳐진 전쟁을 말한다. 러시아군은 2013년 총참모장 발레리 게라시모프가 '하이브리드 전쟁'의 개념을 체계적으로 정리한 이후 이를 실제 전장에서 적극 활용하고 있다.

게라시모프가 정의한 하이브리드 전쟁의 개념은 "선전포고 없이 이뤄지는 정치와 경제, 정부, 기타 비군사적 조치를 현지 주민의 항의 잠재력과 결합한 비대칭적 군사행동"이다. 그는 "전통적인 능력, 비정규적 전술 및 대형, 무차별적 폭력과 강압을 포함하는 테러분자의 행동, 그리고 범죄적 무질서를 포함하는 전쟁의 다양한 형태들을 통합한다"며 하이브리드 전쟁의 종합적인 성격을 강조했다.

그러면서 그는 "정치적으로 안정되어 있고 경제적으로 번영된

국가라도 몇 개월 심지어 며칠 내에 격렬한 무력 충돌의 장으로 바뀔 수 있고, 외국 개입의 희생자가 될 수 있으며, 혼란과 인도주의적 재난, 내전이 혼재된 상태에서 침몰할 수 있다"며 하이브리드 전쟁의 효율성을 강조하기도 했다.

2022년 2월 우크라이나 전쟁은 러시아가 추구하는 하이브리드 전쟁의 모습을 적나라하게 보여줬다. 러시아는 전쟁을 시작하기 전 가짜뉴스로 심리전을 충분히 전개했다. 친러시아 성향의 정치인을 포섭해 정권 교체를 하겠다는 소문을 퍼뜨려 우크라이나 정계에 혼란을 야기했다. 여기 저기 폭탄을 터뜨리겠다는 협박 이메일을 대량으로 살포하기도 했다.

사이버공격도 벌였다. 우크라이나 국방부와 군 웹사이트에 디도스 공격을 가하고, 국영 은행과 상업은행 웹사이트에도 사이버 공격을 퍼부어 인터넷 뱅킹과 현금 인출기 기능을 몇 시간 동안 마비시켰다. 실제 전쟁을 시작한 이후에도 우크라이나 정부군이 돈바스 지역의 러시아인을 상대로 인종 청소를 벌이고 있다는 가짜뉴스를 뿌리는 등 다종다양한 형태의 공격을 계속했다.

'푸틴의 사병'으로 불리는 바그너 그룹

'푸틴의 사병'으로도 불리는 바그너 그룹은 이 하이브리드 전쟁의 첨병 역할을 충실히 하고 있다. 필요한 지역에 파견되어 전투도 하면서 비행기 격추, 요인 암살, 혼란 야기, 사이버 공격 등 다양한 활동을 전개하고 있는 것이다. 2022년 2월 우크라이나 전쟁에서 보여준 하이브리드 전쟁도 상당 부분은 바그너 그룹의 작품이었을 것이다.

이처럼 바그너 그룹은 러시아 정부와 철저히 공조하면서 푸틴의 가려운 곳을 제대로 긁어주고 있다. 푸틴은 세계 여러 지역에서 일어나는 내전에 개입하고 싶어 하지만 대놓고 하긴 쉽지 않다. 그걸 바그너 그룹이 대신 해준다. 그러면서 제3세계에서 러시아의 영향력을 확대해 나가고 있다. 분쟁에 개입하는 과정에서 불법행위나 인권유린이 발생해도 러시아 정부는 "정부가 한 일이 아니다"고 발뺌을 할 수 있다. 돈도 적게 든다. 바그너 그룹은 분쟁의 현장에서 대신 싸워주고 광산 개발권 등 이권을 챙기니 정부가 따로 돈을 줄 필요가 없다. 누이 좋고 매부 좋은 관계인 것이다.

러시아에는 바그너 그룹 외에도 민간 군사기업이 여럿 있다. 하지만 푸틴의 셰프 프리고진의 바그너 그룹이 주요 위치를 점하고 있

© Kwh1050

러시아의 우크라이나의 침공과 관련해 영국 런던의 러시아 대사관 철문에
붙어 있는 반전 메시지들. 우크라이나 전쟁은 러시아가 추구하는
하이브리드 전쟁의 모습을 적나라하게 보여줬다.

는 것은, 최고 권력층과의 커넥션이 무엇보다 중요한 러시아 정치의 생리상 너무 당연한 일이 아닐 수 없다. 러시아가 이렇게 민간 군사 기업을 해외에서 적극 활용하는 모습을 보면서 중국도 부지런히 움직이고 있다.

중국에는 4,000개가 넘는 민간 보안회사PSC가 있다. 인민해방 군이나 무장 경찰 전역자들을 고용해 보안 서비스를 해주는 회사들이다. 이런 회사들은 조금만 성격을 전환하면 바로 민간 군사기업이 될 수 있다. 중국은 일대일로 정책을 추진하면서 해양과 대륙을 통해 자신의 경제적·정치적 영향력을 세계적으로 확대하려 하고 있다. 그만큼 해외에서의 군사적 수요도 늘어나고 있다. 그렇다고 인민 해방군을 파견할 수는 없다. 그러니 민간 군사기업의 육성 필요성은 높아지고 있는 것이다.

실제 미국의 블랙워터에서 최고경영자를 맡았던 인물의 컨설팅을 받고 있다. 에릭 프린스 이야긴데, 그는 블랙워터를 경영하다가 2007년 이라크에서의 비무장 민간인 사살 사건 이후 손을 뗐다. 이후 홍콩에 '프론티어 서비스 그룹FSG'이라는 민간 보안 회사를 차린 뒤 중국 정부에 컨설팅을 해주고 있다. 그의 컨설팅을 받고 있는 중국은 조만간 민간 군사기업을 만들어 해외 활동에 적극 활용할 것으로 예상된다.

미국, 러시아뿐만 아니라 중국까지 나서서 민간 군사기업을 양산하고 이를 세계 곳곳에 경쟁적으로 투사하는 상황은 끔찍하다. 아프리카, 동남아, 남미에서 이들이 분쟁을 잠재우고 평화를 가져오길 기대할 수 있을까? 강대국이 개입해서 항구적인 평화가 온 적이 있었던가? 제3세계는 내부에서 더 분열하고 싸우는 사이 강대국은 이를 더 조장하고 거기서 더 이권을 챙기는 상황이 심화되지 않겠는가?

바그너 그룹은 용병 6,000여 명을 확보하고 있는 것으로 전해진다. 대부분 러시아군 특수부대 출신들이지만 우크라이나와 벨라루스, 세르비아 출신들도 있다. 본사는 아르헨티나에 사업자 등록을 해둔 채, 상트페테르부르크와 홍콩에 사무소를 두고 있다. 대표는 드미트리 우트킨인데, 프리고진과 오랜 사업 동료다.

1970년 우크라이나에서 태어난 그는 러시아군의 정보국 산하 특수부대인 스페츠나츠 여단에서 중령까지 지냈다. 2013년 예편해 사설 보안업체에서 일하다가 2014년 바그너 그룹을 설립했다. 우트킨의 현역 시절 작전 호출명(콜사인)이 '바그너'였다고 한다. 바그너는 우리가 잘 아는 독일의 작곡가 빌헬름 바그너를 말하는 것이다. 우트킨이 바그너의 음악을 좋아해서 그런 작전 호출명을 썼다고 한다.

그가 바그너를 좋아한 이유는 자신이 숭배하는 아돌프 히틀러가 바그너를 좋아했기 때문이라고 한다. 우트킨을 내세워 운영되는 바그너 그룹은 프리고진이 푸틴의 제3세계에서의 영향력 확대를 도우면서 스스로 이권도 챙기게 해주는 역할을 충실히 하고 있다. 프리고진이 얼마나 강력한 러시아의 무법자인지도 바그너 그룹은 여실히 보여주고 있다.

이뿐만 아니라 프리고진은 크렘린이 추진하는 미디어 장악에도 직접 관여하고 있다. '패트리어트 프로젝트'라는 이름의 미디어 그룹을 세워 '애국적인' 내용을 중점 보도하고 홍보하는 사업을 하고 있는 것이다. 통신사 등 4개 언론 매체를 합쳐서 만든 이 그룹은 푸틴의 입맛에 맞는 뉴스를 생산해 러시아뿐만 아니라 세계로 공급하는 역할을 열심히 하고 있다. 그의 손이 어디까지 뻗칠지 아직은 짐작하지도 어렵다.

프리고진은 지금 상트페테르부르크에서 왕처럼 산다. 헬기장과 농구장이 있는 대저택에 거주하면서 자가용 비행기를 타고 여행한다. 흑해 연안에 별장과 최고급 요트도 갖고 있다. 그동안 벌어들인 재산을 해외에 세운 페이퍼 컴퍼니에 빼돌려놓고 있다는 의혹도 받고 있다. 그래서 러시아의 미래당 대표 알렉세이 나발니의 추적을 받아왔다.

나발리는 2018년 프리고진 소유의 급식업체가 불결한 음식을 학생들에게 공급해 식중독을 일으킨 사실을 밝혀내고 이를 유튜브로 공개했다. 이후에도 급식과 용병 사업의 이면을 파헤치기 위해 취재를 계속해왔다. 이를 통해 프리고진의 불법 거래와 프리고진-푸틴의 돈을 통한 연결 고리를 밝히려는 것이 나발니의 목표였다. 이를 포함한 푸틴의 부패를 추적하던 나발니는 2020년 8월 돌연 독극물 공격을 받았다. 범인들은 톰스크의 호텔에 침입해 나발니의 속옷 사타구니 부분에 나비촉이라는 독극물을 발랐다. 나발니는 톰스크에서 모스크바로 가던 비행기 안에서 쓰러졌다. 옴스크에 비상 착륙해 치료를 받다가 독일 베를린으로 이송되어 추가 치료를 받고 18일 만에 깨어났다.

이후 나발니는 러시아로 돌아가 당국에 체포되었다. 2014년에

횡령 혐의로 집행유예 판결을 받았는데, 그 집행유예에 따른 의무를 이행하지 않았다는 이유였다. 재판 후 3년 6개월의 실형을 선고받고 복역 중이다. 하지만 그를 지지하는 세력이 만만치 않고 석방을 요구하는 시위도 종종 일어난다. 감옥에 있으면서도 푸틴의 가장 강력한 정적 역할을 계속하고 있는 것이다.

러시아의 정치 생리를 간파해 신흥 재벌이 된 프리고진

나발니에 대한 독극물 공격은 러시아의 정보기관인 연방보안국FSB이 저질렀을 가능성이 높다. 해외 언론들의 취재 결과도 비슷하다. 푸틴이나 푸틴의 측근들이 나발니를 제거할 이유는 충분하다고 할 수 있겠다.

그런데 그런 암살 사건의 주체와 전말이 그렇게 쉽게 드러나는 것도 러시아 정치의 단면을 잘 보여주고 있다. 후진적 정치 관행에서 벗어나지 못해 정적 관계들이 많고, 서로 물고물리는 관계가 복잡하게 얽혀 있는 것이다. 그러니 부정부패도 많고, 이에 대한 폭로도 많은 것이다.

나발니는 2022년 2월 푸틴의 우크라이나 공격도 "러시아 내부 문제에 대한 관심을 외부로 돌리고 러시아 시민들이 빼앗긴 것을 숨기기 위해" 저지른 것이라고 단정했다. 감옥에서 이런 내용을 녹화해 러시아의 독립 TV 채널인 '도즈드 TV'를 통해 공개했다. 그동안 쌓인 부패가 폭로될까 두려워 우크라이나를 침공해서 사람들의 관심을 그쪽으로 돌려놓고, 정적들의 대한 공격도 무력화하려 했다는 것이다.

이른바 관심 전환 가설을 말하는 것이다. 정치학에서 오래전부터 설득력 있는 가설로 인정되고 있는 것이다. 국내적인 난관에 봉착했을 때 국가 지도자들은 이 관심을 대외적인 문제로 돌리려 한다는 것이다. 그래서 주변국과 외교적인 갈등·마찰을 일으키고, 심지어 전쟁까지 일으킨다는 이야기다. 박정희 정권이 독재에 대한 불만과 비판을 피하기 위해 종종 북한의 위협을 과장하고 간첩단을 조작했던 것은 너무 유명한 사례다.

푸틴이 우크라이나를 침공한 이유는 여럿이다. 첫째는 푸틴 자신이 말하는 것처럼 러시아의 안보를 확보하려는 것이다. 1990년 독일 통일 당시 미국도 독일도 북대서양조약기구NATO를 동진시키지 않겠다고 약속했다. 문건으로 만들지는 않았지만 구두로 약속했다. 하지만 이후 NATO는 계속 동진했다. 체코, 폴란드, 헝가리 등 동유럽, 그리고 에스토니아, 라트비아, 리투아니아 등 발트3국도 NATO에 가입했다. 우크라이나도 가입을 적극 추진했다.

푸틴으로서는 우크라이나가 NATO에 가입하면 러시아의 안보에 치명타가 될 수 있다고 판단했을 것이다. 그래서 우크라이나의 NATO 불가입 약속을 미국과 서구, 우크라이나에 요구했지만 거절당했다. 그래서 우크라이나 NATO 불가입을 분명히 하기 위해 침공을 감행했다고 할 수 있는 것이다.

둘째는 경제적인 이유다. 전쟁으로 국제 정세가 불안해지면 천연자원의 값은 올라간다. 특히 천연가스와 석유는 러시아 경제의 매우 큰 부분을 차지하는데, 전쟁은 이들의 가격을 인상시킨다.

그러니 러시아로서는 전쟁을 하면서도 경제가 좋아지는 상황을 기대했다고 할 수 있다. 전쟁 도발로 미국과 서구의 경제 제재는 가중되겠지만, 러시아 경제는 상대적으로 대외 의존도가 낮고, 천연자원은 풍부한 편이어서 제재가 엄청난 부담으로 작용하지는 않을 것으로 푸틴은 생각했던 것으로 보인다. 부정적 효과보다는 긍정적 효과가 큰 것으로 보고 전쟁을 시작한 것이다.

하지만 실제로는 국제 제재의 강도가 세계 역사의 그 어느 시기보다 높았다. 러시아산 자원을 국제사회가 수입하지 않고 러시아가 필요로 하는 전략 물자 수출을 하지 않았다. 전 세계 200여 개국 1만 1,000여 개 금융기관이 사용하는 국제은행간결제망SWIFT에서 러시아를 배제했다. 러시아 루블화 가치와 주가는 폭락하고 금리도 폭등했다. 경제가 좋기는커녕 경제에 대한 엄청난 타격을 면치 못했다.

셋째는 보다 큰 차원에서 러시아의 유럽과 세계에서의 영향력 확대를 겨냥했다고 할 수 있다. 과거 냉전 시절 소련은 미국과 함께 세계를 양분했다. 하지만 지금은 겨우 유엔안전보장이사회 상임이사국을 유지하고 있는 정도다. 러시아로서는 과거 제국에 대한 향수를 갖고 있다고 할 수 있다.

게다가 중국은 승승장구하고 있다. 경제력은 미국을 위협할 정도고, 이를 바탕으로 국제사회에서 발언권을 계속 높여가고 있다. 러시아는 그런 중국과 합세해 미국을 견제하면서 자신들의 영향력을 확대하겠다는 생각을 하고 있다. 더욱이 미국은 경제적·정치적 영향력이 약화되어가고 있는 상황이다.

2008년 금융위기, 코로나19를 겪으면서 미국의 패권은 이전과는 다른 양상이 되어 있다. 그래서 'G0(G제로)의 시대'라는 말까지 나오지 않았는가. 미국은 패권을 잃었고 중국은 아직 패권을 갖지 못해 패권국이 존재하지 않는 시대가 되었다는 이야기다. 미국은 중국에 대한 견제도 인도·태평양 전략에 따라 일본, 호주, 인도, 한국 등의 도움을 받아서 하려 하고 있다. 이런 상황이 러시아의 영향력을 크게 확대할 수 있는 기회라고 푸틴은 생각한 것이다.

세 가지 모두 푸틴의 생각대로 쉽게 얻어질 수 있는 것은 아니다. 그런데도 푸틴은 그런 국가 전략 차원에서 우크라이나를 침공한 것이다. 거기에 더해 국내적 어려움을 덮으려는 의도도 포함되어 있다고 보는 것이 맞을 것이다. '모든 대외 정책은 국내 정치의 종속변수다'라는 말도 있지 않은가. 물론 이 말이 진리일 수는 없다. 그런데도 이런 말이 생겼고, 지금도 종종 인용되는 것은 여전히 때에 따라 적실성이 있다는 이야기기다. 푸틴의 우크라이나 침공에도 이 이야기는 그대로 적용될 수 있을 것 같다.

러시아의 부패와 정치 행태, 대외 전략까지 길게 이야기했지만, 다시 돌아가면 프리고진은 러시아의 정치 생리를 조기해 파악해 신흥 재벌이 되었고, 그가 앞으로 어떤 행보를 보이는지를 잘 관찰하면 러시아 정치의 실정을 보다 깊이 파악하는 데 많이 도움이 될 것 같다. 최고위층과의 연계를 바탕으로 실제 어떤 과정을 통해 얼마나 더 벌고 얼마만한 권력을 더 확보하는지 잘 살펴보자.

그런 흥미로운 인물이 바닥에서 한 번에 튀어 올라가게 된 결정적인 계기가 된 것이 2002년 5월 네바 강 만찬이었다. 푸틴과 부시에게 세계 3대 진미를 모두 바치면서 그의 왕국을 건설하려는 야심

을 키웠던 것이다. 그런 점에서 그때 푸틴과 부시가 함께 즐긴 푸아
그라와 캐비아, 송로버섯은 그들에게는 진미였겠지만, 러시아 시민
들에게는 쓰고 독한 음식이 되어버렸다.

6. 독한 맛 외교

프랑스 정치와 외교에
깊이 파고든
쿠스쿠스

필리포는 '르펜의 오른팔' · '당의 최고 브레인'

프랑스 국내 정치 이야기지만 결국 외교 이야기가 되는 음식 외교 스토리 하나 살펴보자. 프랑스는 자유를 중시하는 나라답게 정치 지형도 극좌에서 극우 세력까지 폭이 넓다. 공산당에서부터 극우 정당까지 많은 정당들이 역동적으로 움직이고 있다.

프랑스공산당은 1981년 사회당의 프랑수아 미테랑 대통령 당선을 도와 내각 구성에도 참여했지만, 지금은 세력이 좀 약화되었다. 하지만 여전히 4만여 명의 당원을 갖고 있고, 의회에서도 꾸준히 의석을 유지하고 있다. 그런가 하면 극우 정당 국민연합도 반난민 정책, 민족주의 노선 등을 내세우며 프랑스 정치의 주요 세력으로 역할을 계속하고 있다.

2017년 대선에서는 1차 투표에서 마린 르펜 국민전선(당시 당명은 국민전선으로, 2018년 6월 당명을 국민연합으로 바꿨다) 대표가 1위를 차지해 존재감을 과시하기도 했다. 결선에서 에마뉘엘 마크롱에게 패한 뒤 세력이 약화되긴 했지만, 유럽 내의 반이민 세력과 연대해 극우 목소리를 계속 내면서 여전히 프랑스 정치에서 만만치 않은 입지를 과시하고 있다.

국민전선은 1972년 장 마리 르펜이 창당했다. 제2차 세계대전 당시의 유대인 학살, 즉 홀로코스트를 부인하는 등 처음부터 극우를 표방했다. 반유대주의와 함께 반세계화, 보호 무역주의, 반이민, 프랑스 민족주의 등을 주요 노선으로 주장했다. 군소 정당 수준을 벗어나지 못하다가 2000년대 들어 의회 의석을 차지하기 시작하면서 조금씩 힘을 얻기 시작했다. 2011년 1월 장 마리 르펜의 딸 마린 르펜이 대표가 된 뒤 당과 대표에 대한 대중 지지도는 꾸준히 상승해 2017년 대선에서는 르펜이 결선까지 진출하는 기염을 토하기도 했다.

당시 국민전선의 선전에 한 몫 단단히 한 인물이 당의 2인자 플로리앙 필리포다. 필리포는 명문 국립행정학교ENA를 졸업한 1981년생 젊은 세대로, 내무 공무원을 하다가 2011년 국민전선에 입당했다. 대중을 사로잡는 그의 연설은 젊은 층에게 인기가 높았고, 그 힘으로 국민전선을 젊은 층에 가까이 갈 수 있도록 해주었다.

입당 후 당의 홍보를 책임진 필리포는 장 마리 르펜보다는 딸 마린 르펜을 전면에 내세워 구시대적 이미지를 탈피하는 데 주력해 당의 지지율을 끌어올렸다. 덕분에 그는 빠르게 성장해 2012년에는 당의 부대표가 되었고, '르펜의 오른팔', '당의 최고 브레인' 등으로

6. 독한 맛 외교

명문 국립행정학교를 졸업한 필리포는 내무 공무원을 하다가 2011년 국민전선에 입당해 국민전선을 프랑스 정치의 주류로 진입시키는 데 중요한 역할을 했다.

불리며 각광받았다. 네오나치주의, 동성 혐오, 인종차별 등 대중에게 인기를 얻는 데 방해가 되는 노선을 당에서 제거하는 데에도 힘썼다. 이런 노력은 국민전선을 프랑스 정치의 주류로 진입시키는 데 중요한 역할을 했다.

필리포는 유럽연합EU과 관련해서는 강한 반대 입장을 가지고 있다. 유럽연합 탈퇴, 유로존(유로화를 사용하는 19개국) 탈퇴, 세계화 반대 등을 주장하면서 프랑스 민족주의를 강하게 내세우고 있는 것이다. 2017년 대선 이후 치러진 총선에서 참패한 이후 르펜 대표가 지지 세력을 넓히기 위해 반EU 노선 수정을 시사하자 필리포는 반발했다. 2017년 9월 21일에는 탈당을 해버렸다. 이후 2018년 2월 새로운 우익 정당인 애국당을 창당하고 대표가 되었다.

그가 국민전선을 탈당하고 새로운 길을 가는 데 중요한 계기가 된 사건이 있다. 바로 '쿠스쿠스 게이트'이다. 2017년 9월 13일 필리포는 프랑스 북동부 스트라스부르를 방문해 동료들과 식사를 했다. 장소는 한 북아프리카 음식 전문점이었다. 동료 중 한 명이 "스트라스부르 최고의 쿠스쿠스를 먹었다"는 설명과 함께 사진을 찍어 SNS에 올렸다.

음식의 정치성 보여준 쿠스쿠스 게이트

그런데 쿠스쿠스가 문제였다. 쿠스쿠스는 원래는 북아프리카 음식인데, 프랑스 식민지였던 이 지역의 사람들이 프랑스에 건너오면서 들여온 음식이다. 북아프리카의 프랑스 식민지 가운데 알제리는 8년간의 독립전쟁 끝에 1962년 독립했다. 알제리에 정착해 있던 프랑스 사람들과 유럽으로 이주해 살려는 알제리 사람들이 프랑스로 대거 이주하면서 프랑스에 알제리 문화와 음식은 더 널리 퍼지게 되었다.

이를 계기로 프랑스에 알제리인들이 이전보다 훨씬 많아졌고 쿠스쿠스도 프랑스 내부 깊숙이 파고들어갔다. 현재 인구 6,500만 명 가운데 600만 명 정도가 무슬림으로 유럽에서 가장 큰 무슬림 문화권을 가지고 있는 프랑스에서 쿠스쿠스는 무슬림들이 좋아하는 음식이기도 하지만, 어느새 프랑스 사회 전반으로 스며들어가 일반 프랑스인들도 좋아하는 음식이 되었다.

파리에만도 쿠스쿠스 전문 식당이 여럿이다. 그중에서도 파리 14구에 있는 '아 미 슈맹'이 제일 유명하다. 세계적인 셰프 알랭 뒤카스가 파리에서 가장 맛있는 쿠스쿠스 레스토랑이라고 한 매체에 소개하면서 유명해졌다. 고기는 최고급이면서 신선한 것을 쓰고, 코르시카 섬에서 나는 제철 해산물을 사용해 항상 퀄리티가 보장되는 쿠스쿠스를 만들어내는 것이 이집의 비결이라고 한다.

쿠스쿠스는 빻은 밀을 밑에 깔고 그 위에 양고기와 야채를 듬뿍 올려 쪄내는 요리다. 베르베르인들의 전통 음식인데, 이들이 알제리와 모로코, 튀니지, 리비아 등 북아프리카에 흩어져 살고 있어 이들 나라에서 대중적인 음식으로 널리 알려져 있다. 로마시대 이전부터 북아프리카에 살아온 베르베르인은 페니키아, 로마, 비잔틴, 반달, 아랍, 오스만튀르크, 프랑스 등 수많은 이민족의 지배를 받아오면서도 자신들의 문화를 지켜왔다.

2010년대 '아랍의 봄' 이후 2017년부터 알제리, 모로코 등에서 일어나고 있는 민중운동('히락'이라고 불린다)도 베르베르인의 정체성 찾기를 바탕으로 하고 있다. 600만 프랑스 무슬림 가운데 3분의 1 정도가 베르베르인이다.

쿠스쿠스는 베르베르인들이 주로 라마단(이슬람교의 약 한 달 정도의 금식 기간) 후 가족과 함께 먹던 것인데, 지금은 북아프리카나 프랑스 등의 음식점에서도 많이 파는 음식이 되었다. 1969년부터 42년간 리비아를 통치했던 무아마르 카다피는 양고기 대신 낙타고기로 만든 쿠스쿠스를 좋아했다.

필리포가 쿠스쿠스를 먹었다는 소식에 국민전선 당원들이 들끓었다. 스트라스부르에 갔으면 슈크루트를 먹여야지 웬 쿠스쿠스냐는 원성이었다. 슈크루트는 양배추를 소금에 절여 발효시킨 것으로 독일 음식 사우어크라우트의 프랑스판이다. 독일과 국경을 접하고 있는 스트라스부르의 전통 음식이다.

소시지나 고기, 감자 등과 함께 차려지는 슈크루트 가르니는 스트라스부르 사람들의 소울 푸드이다. "슈크루트의 본고장에 갔으면 그걸 먹어야지 민족주의자 필리포가 알제리 음식을 먹다니 말이 되냐"는 게 국민전선 지지자들의 목소리였다. "반이민을 외치는 당을 배신한 행위이다", "비애국적이다" 등등의 외침이 이어졌다. 물론 협량한 주장이었다. 하지만 정치라는 게 본래 그렇다. 하찮은 이야기를 세게 하고 그걸로 지지자를 모으기도 하고 싫어하는 자를 몰아내기도 하는 게 정치다.

필리포는 맞받아서 강하게 나갔다. 사과나 유감 표명 같은 것은 전혀 하지 않았다. 오히려 트위터를 통해 자신이 갔던 그 식당이 "최고"라면서 가보라고 추천까지 했다. 필리포를 비난하는 측에 대해 "바보 같은 짓이다", "당에게 독이 되는 행동이다"는 자성의 목소리도 있었다. 하지만 대세는 못 되었다.

당 대표 르펜은 필리포의 경제적 민족주의 주장(탈EU, 탈유로존)에 대해 탐탁지 않게 생각하고 있던 차였다. 그러면서 르펜은 경제적 민족주의보다는 반이민 정책에 더 포커스를 집중하려 했다. 그러던 차에 쿠스쿠스 게이트가 발생했다. 그러자 르펜의 지지자들이 발 벗고 나서 필리포를 비난한 것이다.

필리포는 진작부터 '애국자들'이라는 그룹을 만들어 운영하고 있었다. 그런데 쿠스쿠스 게이트가 발생하고, 필리포에 대한 비난의 목소리가 커지자 국민전선 대표 르펜은 '애국자들'을 해체하라고 요구했다. 쿠스쿠스 때문에 궁지에 몰려 있는 것을 계기로 필리포의 힘

빵은 밀을 밑에 깔고 그 위에 양고기와 야채를 듬뿍 올려 쪄내는 쿠스쿠스는
베르베르인들의 전통 음식이다. 쿠스쿠스를 먹었다는 이유로 마린 르펜은
필리포가 맡고 있던 당의 홍보와 전략에 관한 권한을 박탈했다.

을 더 빼려한 것이다. 필리포는 거절했다. 그러자 르펜은 필리포가
맡고 있던 당의 홍보와 전략에 관한 권한을 박탈했다. 여기에 반발해
필리포는 탈당하고 이후 새로운 정당을 만드는 길로 가버린 것이다.

　쿠스쿠스 게이트는 음식 하나가 얼마나 정치적으로 중대한 역
할을 할 수 있는지 잘 보여준다. 어떤 음식을 먹는지는 사람의 정체
성과 연결되어 있다. 어떤 음식을 먹는 것은 그 음식에 얽힌 문화, 생
활양식에 익숙하다는 것이고, 이는 그 문화와 연결된 정치 세력과
가깝다는 의미로 받아들여진다. 달리 말하면, 음식이 사람과 사람 사
이를 경계 짓는 역할을 하는 것이다.

나와 타자를 구분하는 경계의 역할을 하는 음식

터키는 케밥으로 유명하지만, 실제 터키에 가보면 그에 못지않게 서민들의 사랑을 받고 있는 음식이 코코레치다. 길거리 음식인데, 양의 대장을 숯불에 구운 다음에 양파, 마늘, 고추 등과 함께 다져서 빵 사이에 넣어 먹는 음식이다. 나도 앙카라의 뒷골목 포장마차에서 먹어봤는데 아주 맛있었다. 순대를 연상시키는, 진하게 구수한 맛이었다.

유럽연합EU은 이 코코레치로 유럽과 터키를 구분 지으려 한 적이 있다. 동물의 내장으로 만든 음식이라면서 문제를 삼은 것이다. 터키는 1959년 유럽경제공동체EEC에 가입 신청을 한 이후 계속 EU 가입을 위해 노력해왔다. 2002년에는 사형 제도를 폐지하고, 소수민족인 쿠르드족이 자신들의 언어로 방송하는 것도 허용했다.

하지만 아직까지 EU 회원국은 못 되고 있다. 북대서양조약기구NATO에는 1951년 가입했지만, EU로부터는 2004년 겨우 후보국 자격만 얻었을 뿐이다. 민주주의, 법치, 인권 등에서 아직 EU의 기준을 충족시키지 못한다는 이유로 EU는 터키를 받아들이지 않고 있다.

하지만 실제 핵심 이유는 종교다. 이슬람 국가 터키를 수용할 준비가 되어 있지 않은 것이다. 종교와 연결된 문화도 아직은 받아들일 생각이 없는 것으로 보인다. 그중에 음식도 포함되어 있다. 음식은 이렇게 종교와 함께 나와 타자를 구분하는 경계의 역할을 하고 있다.

어떤 음식을 먹느냐와 함께 누구와 식사를 하느냐도 사람의 정체성을 확인하는 데 중요한 의미를 지닌다. 식사를 같이 하는 것은 어떤 음식을 같이 좋아한다는 이야기가 되고, 이는 곧 어떤 문화, 그와 연결된 정치적 노선이나 세력에 친화적임을 의미한다. 그러니 어떤 음식을 누구와 함께 좋아하고 함께 먹는다는 것은 단순한 취향을 넘어서 한없이 정치적인 행위로 해석될 수 있는 것이다.

프랑스 음식은 특히 다문화적이다. 유럽 내의 다양한 문화, 즉 서유럽, 동유럽, 심지어 러시아의 것을 포함하고 있을 뿐만 아니라 식민지로 거느리고 있던 알제리, 모로코, 튀니지 등 북아프리카 국가들의 음식 문화까지 포용하고 있다. 인도가 원조인 커리, 북미에서 먼저 시작한 조개 수프 클램차우더, 북아프리카에서 건너간 쿠스쿠스 등도 프랑스로 들어와 프랑스 사람들이 좋아하는 음식이 되었으면 프랑스 음식으로 볼 수 있다는 것이다.

프랑스 음식 평론가들 가운데 그렇게 얘기하는 사람들이 실제로 많다. 그래서 '이것이 프랑스 음식이다'라고 딱 줄을 긋기가 어렵다. 그런데 정치하는 사람들은 제 맘대로 줄을 긋는다. '쿠스쿠스는 프랑스 음식이 아니고 북아프리카 음식이다'. 이렇게 결론 내고, 그걸 먹는 행위를 '비애국적'이라고 단정해버린다. 단정할 뿐만 아니라 그걸 바탕으로 다른 이를 욕한다. 비외교적이다. 음식은 정치도 외교도 잘 돌아가게 하는 역할을 하는데, 이런 경우는 거꾸로다. 음식 때문에 갈등이 생기고 분열이 확대된다.

쿠스쿠스 게이트는 프랑스 내 민족적 갈등을 부추겼을 뿐만 아니라 북아프리카 국가들과의 관계도 어색하게 했다. 쿠스쿠스 원조

국가들은 쿠스쿠스를 먹었다고 필리포를 비난하는 프랑스 극우 세력의 목소리가 마치 자신들을 비난하는 목소리로 들렸을 것이다. "이민 좀 그만 보내", "이제 쿠스쿠스 먹는 사람들 지겨워." 이런 외침으로 읽혔을 것이다.

극우가 그걸 모를 리 없다. 오히려 알고 그런다고 해야 옳을 것이다. 갈등이 생기고 외교적인 문제가 생길수록 극우를 지지하는 세력은 확장된다고 그들은 여긴다. 그래서 이런 문제를 하나라도 더 만들려 한다.

일본의 우익이 이를 잘 보여준다. 우리와의 영토 문제, 역사 문제, 신사 참배 문제를 계속 만들어낸다. 잊을 만하면 "침략은 없었다", "독도는 일본 땅이다"고 주장한다. 우리의 반발을 유도하는 것이다. 그리고 이를 계기로 일본 내 우익이 반한 목소리를 높이도록 한다. 그러면서 우익을 결집시키려 한다. 그런 힘으로 집권을 연장하려 한다.

프랑스에서 쿠스쿠스 게이트가 새삼스러운 일은 아니다. 2009년에는 패스트푸드 체인점 르퀵이 이슬람 율법에 따라 가공된 할랄 고기만을 사용하겠다고 해서 논란을 일으켰다. 오랫동안 르퀵을 이용해온 사람들에게 이슬람식을 주입하고 강요하겠다는 것이냐는 데서 커진 논란이었다.

2012년에는 파리의 도축장들이 '다비하'라고 불리는 할랄 도축 방식으로 도축을 하고 있다고 해서 또 논란이 되었다. 다비하는 도축할 때 동물의 머리가 메카를 향하도록 한 뒤 "자비롭고 자애로우신 알라의 이름으로"를 외치고, 매우 날카로운 칼로 목을 깊이 쳐 짧은 순간에 숨이 멎도록 한 다음, 거꾸로 매달아 피를 빼고 난 후 손질하는 방식이다. 무슬림들이 프랑스에 무슬림 문화를 억지로 퍼뜨리려 한 것 아니냐 하는 의구심이 퍼지면서 한동안 논쟁거리가 되었다.

2015년에는 프랑스 중동부에 있는 샬롱쉬르손의 시장이 학교 식당에서 돼지고기가 주 메뉴로 나오는 날 유대인이나 무슬림 학생들에게 대체 음식을 제공하는 관행을 중단시켜 또 한 번 논쟁을 불러일으켰다. 30여 년 동안 계속되어오던 관행이었는데, 당시 시장이 이를 중단시켜 종교 탄압 아니냐는 비판이 이어졌다. 극우 세력을 중심으로 한 반대편에서는 돼지고기는 프랑스 음식의 주요 부분이고, 프랑스 음식을 먹는 것은 프랑스인이 되는 데 중요한 절차가 아닐 수 없다고 주장했다.

음식은 죄가 없다

이렇게 프랑스에서 무슬림과 극우 세력 간의 음식을 둘러싼 갈등과 논쟁은 오랫동안 계속되어 왔다. 북아프리카 음식들은 유럽에 진입해 대중들의 입맛을 사로잡는 데 성공했기 때문에 이런 갈등도 생기는 것이지만, 그렇지 못한 경우도 많다. 대표적인 것이 밥이다.

프랑스의 인도차이나 점령 이후 쌀로 지은 밥은 프랑스 문을 오랫동안 두드렸다. 하지만 결국은 프랑스에 자리 잡지 못했다. 고대부터 유럽 문화권에 깊숙이 자리하고 있는 빵 때문이었다. 밥이 자리를 잡으려면 빵을 밀어내야 했는데, 그러기에는 빵의 자리가 너무 견고했다.

대부분의 음식에는 깊은 문화와 역사, 정치 이야기가 들어가 있기 때문에 이런 논쟁이 끊이지 않는 것일 텐데, 쿠스쿠스 말고도 깊은 사연과 역사, 문화적 깊이를 가진 음식은 많다. 커리는 원래 인도 음식이었는데, 영국으로 들어가 대중이 사랑하는 음식이 되었다. 커리를 가루로 만들어 상품화시킨 것도 영국이다. 이런 상품은 일본을 통해 우리나라에까지 왔는데, 그렇게 보면 우리가 즐기는 카레는 인도 음식이라기보다는 영국 음식이라고 해야 옳을 것이다.

식민지 인도에서 영국으로 들어간 음식인 만큼 때에 따라 정치 외교적 논쟁에 휩싸일 가능성은 높다. 인도네시아 전통 음식인 사테(꼬치구이)는 식민지 시절 종주국 네덜란드로 들어가 지금도 인기를 누리고 있는 음식이다. 특히 땅콩버터로 만든 사테 소스는 네덜란드 사람 대부분이 어떤 음식이든 뿌려먹거나 찍어먹는 만능 소스가 되어 있다.

우리의 전통 음식 명란젓은 일본으로 건너가 일본 미식가들 입맛을 자극하고 있다. 이렇게 식민지에서 종주국으로 이동해 그 나라에서 없어서는 안 될 음식으로 자리 잡은 경우를 가리켜 '음식의 역제국주의'라고 한다. 음식은 국력이나 민족성과 상관없이 자연스럽게 그 특색을 바탕으로 사람을 따라 움직인다. 그런데 그걸 두고 민족, 애국 등을 덧씌워 문제를 만들고 싸움을 부추기는 것은 결국 사람이다. 그것도 욕심 많은 정치 세력들이다.

쿠스쿠스 이야기가 나왔으니 프랑스와 북아프리카 사이뿐만 아니라 북아프리카 국가들 사이 쿠스쿠스에 얽힌 알력도 이야기해보자. 모로코와 알제리, 튀니지, 모리타니가 오랜 논의 끝에 공동으

음식이 정치외교적 논쟁에 휩싸이는 경우도 적지 않지만 정치적 입장을 떠나
사랑받는 음식도 많다. 땅콩버터로 만든 인도네시아 전통 음식 사태 소스는
네덜란드 사람 대부분이 어떤 음식이든 뿌려먹거나 찍어먹는 만능 소스가 되어 있다.

로 쿠스쿠스에 대한 유네스코 문화유산 등재를 신청해서 2020년
12월 결국 등재되었다. 북아프리카 국가들의 협력이 쿠스쿠스를 통
해 공고해지는 듯한 모습이었다.

　하지만 이는 오래 가지 못했다. 2021년 12월 모로코가 단독
으로 유네스코 문화유산 등재를 신청했기 때문이다. 모로코는 여러
북아프리카 국가들 가운데서도 자국이 쿠스쿠스의 원조라고 인정
을 받고 싶어 단독으로 신청했다. 당연히 알제리, 튀니지, 모라타니
를 화나게 했다. 쿠스쿠스가 유네스코 문화유산으로 등재되어 있기
때문에 모로코의 신청이 인정될 가능성을 거의 없지만, 이들 나라를
열 받게 한 것은 분명하다.

　그런데 쿠스쿠스 유네스코 문화유산 등재 분쟁은 또다시 음식

의 정치성과 외교성을 여실히 보여준다. 모로코는 알제리와 오랜 갈등 관계에 있다. 모로코 남서쪽에 있는 서사하라(1976년 독립 선언을 했지만 여전히 모로코와 영토 분쟁 중인 미승인 국가)를 두고 1970년대부터 티격태격해왔다. 1960년대에는 스페인 식민지였던 서사하라 독립을 위해 모로코와 알제리가 협력했다.

하지만 1975년 알제리가 모리타니와 서사하라 영토 분할에 합의하면서 모로코와는 관계가 악화되었다. 이후 모로코와 알제리는 때로는 관계가 개선되고 때로는 나빠지는 불안정한 관계를 유지해오고 있다. 서사하라와 관련해서는, 지금도 모로코는 서사하라가 자기 영토라고 주장하고, 알제리는 서사하라의 독립을 지지하고 있다.

2020년에는 모로코가 이스라엘과 외교 관계를 정상화했다. 미국과의 친선 관계를 강화하기 위해서 미국의 요구를 들어준 것이다. 여기에 알제리가 반발했다. 알제리는 팔레스타인을 지원해왔기 때문이다. 이렇게 정치외교적인 문제가 깊이 얽히면서 음식이 국내외적으로 이용되고 있는 것이다.

쿠스쿠스와 필리포 얘기를 하다가 길어졌다. 인접 국가들을 오가는 음식과 음식 문화를 잘 활용하면 국가 사이를 끈끈하게 묶어주는 아교가 될 수 있지만, 정치적으로 외교적으로 이용되는 경우에는 갈등을 조장하고 분쟁을 악화시키는 독초, 독주가 될 수도 있다는 것을 잊어서는 안 된다.

음식은 사람을 인간적으로 만들어준다

그동안 나는 대학에서 국제정치학을 가르치면서, '국제정치학' 하면 현실주의, 자유주의, 구조주의, 구성주의 등 국제정치 이론을 떠올리도록, 그리고 나폴레옹 전쟁 이후 본격 시작되는 외교의 역사를 중요하게 여기도록 학생들에게 주문해왔다.

그러면서도 실제 외교에서는 사소한 것들 또한 중시되기 때문에 이런 것을 깊이 관찰하는 기회를 가져봐야겠다는 생각을 하고 있었다. 그래서 시작한 것이 이 책을 쓰는 작업이었다. 실제 외교 현장에서는 주요 의제의 내용도 중요하지만, 협상의 실재적 부분인 음식, 호텔, 협상장의 모양·배치·장식, 협상 시간 등도 그것 못지않게 중요하다. 때론 이런 것이 제대로 준비가 안 되어 중대 협상이 어그러지는 경우도 있다.

그런 것들 중에서 역시 중요한 것은 음식이 아닐 수 없다. 동서고금을 막론하고 인류에게 먹는 게 얼마나 중요한 것이었나? 하물며 주요 문제를 두고 상대국과 밀고 당기기를 계속해야 하는 상황이라면, '뭘 먹는지'는 결코 하찮은 문제가 될 수 없을 것이다.

실제 책을 쓰기 위해 자료를 수집해가면서 음식의 중요성은 더 실감할 수 있었다. 사회주의국가의 정상들에게도, 자본주의 국가에서 사회민주주의를 표방해 집권한 대통령들에게도 음식이 그렇게 중요한 것이었음을 새삼 알게 되었다. 물론 정상 외교의 장에서도 식탁에 무엇을 올리느냐가 중차대한 일임을 새롭게 인식할 수 있게 되었다.

외교에서 음식의 중요성이 높아지면서 최근에는 '음식 외교학'을 전문적으로 연구하는 학자들도 많아지고 있다. 미국 워싱턴DC에 있는 아메리칸대학의 조한나 멘델슨포먼 교수가 대표적이다.

이들 음식 외교학자들은 음식이 실제 외교와 분쟁 해결의 장에서 어떤 메커니즘으로, 어떤 기능을 하는 것인지, 더 효과적인 외교를 하기 위해서는 언제 어떤 음식을 내놓아야 하는 것인지 등을 깊이 연구한다. 국제정치의 역사에 대한 식견뿐만 아니라 음식에 대한 지식, 인간의 심리에 대한 깊은 인식도 갖추어야 하는 분야가 아닐 수 없다. 이 분야에 대한 연구의 지평이 아주 넓어져서 어려운 협상, 특히 적대국과의 협상이 조금이라도 부드럽게 풀려나가는 데 기여하면 좋겠다는 생각을 해본다.

더욱이 우리는 지금 미국과 중국의 전략 경쟁 틈바구니에서 어려운 외교를 많이 해나가야 하는 상황이다. 그야말로 외교 전쟁을 할 수밖에 없다. 미국은 "한미 동맹을 더 강화하자"고 하고, 중국은 "한미 동맹은 '냉전 시대의 유물'이다, 이제 중국과 경제·안보 협력을 더 확대해야 할 때가 되었다"고 강조한다. 매 협상이 어렵고 힘들지 않을 수 없다. 그럴수록 외교의 장을 부드럽게 만들어나가야 할 필요성은 더 높아진다.

멘델슨포먼이 말했듯이 외교 무대에서 음식은 장애물을 부수는 능력이 있다. 음식은 사람을 인간적으로 만들어주기 때문에 상대를 인간적으로 만들어 대화와 협상이 가능하도록 도와준다. 이런 음식의 기능을 더 효율적으로 이용하기 위해서는 외교 현장에서도 음식에 대한 탐구를 더 해야 할 것 같다.

상대를 진짜 인간적으로 만들기 위해서는, 스토리 있는 음식으로 진한 스토리를 엮어내는 능력을 발휘해야 할 것이다. 음식은 사람을 연결하는 끈이기도 하다. 하나의 음식을 보고 조상이나 이민의 역사를 떠올리면서 유대를 확인하게 해준다. 함께 좋아하는 음식을 발견하면, 금방 공동의 정체성을 인식하게 된다.

필라델피아의 큰 시장에서 치즈 스테이크를 사기 위해 어린 시절 줄을 서본 사람들이라면, 치즈 스테이크 이야기가 나오는 순간 하나임을 확인할 것이다. 서울의 재래시장에서 김치찌개 한 그릇 먹기 위해 오래 기다려본 사람들이라면, 김치찌개라는 말을 듣는 순간 함께 침을 흘리면서 너와 내가 하나임을 느낄 수밖에 없을 것이다.

그렇게 음식은 기억을 떠올려주고 스토리를 연상하게 해준다. 우리의 어려운 외교 상대 북한과 지속적인 관계를 형성하는 데에도 음식을 활용해볼 수 있을 것이다. 북한과 어떤 관계를 형성하는 게 쉬운 일은 아니지만, 음식의 이런 면을 더 활용해보면 좋을 기회를 만들 수도 있을 것이다.

우선 일정한 만남이 약속되어야 하겠지만, 그렇게만 된다면 김정은 국무위원장이 어린 시절 일본인 요리사에게서 받아먹던 초밥,

유학 시절 즐기던 스위스 치즈, 그리고 거기에 얽힌 스토리를 통해 관계를 좀더 이어가게 할 수 있을 것이다. 이어지는 관계와 대화 속에서 새로운 접점이 형성된다면 그보다 더 좋은 게 어디 있겠는가? 그런 계기를 기대해본다. 미국, 중국, 북한뿐만 아니라 우리의 외교 상대는 지구상에 존재하는 200여 개 국가 모두가 아닐 수 없다. 전통적 외교 방식인 '현실주의 외교'는 여전히 버리기 쉽지 않다. 신장하는 우리의 경제력을 바탕으로 동남아, 아프리카, 남미 국가들에게 원조를 제공하고, 우리에게 유리한 국제 환경을 만들어 가는 것도 필요한 외교가 아닐 수 없는 것이다.

하지만 우리가 좀더 중점을 둬야 하는 부분은 우리의 매력을 더 키우고, 이를 통해 자연스럽게 우군을 더 늘려나가는 것이다. 그게 '매력 외교', '소프트파워 외교'다. 다른 말로 하면, '마음 사로잡기 외교Charm Offensive Diplomacy'라고 할 수 있을 것 같다. '마음 사로잡기'는 적시에 최적의 행동으로 자국의 평판을 높이고 상대의 호감도 사면서 상황을 진전시켜 나가는 전략이다. 적시에 최적의 행동을 위해서는 우리가 자랑하는 한국 문화, K-팝, K-드라마, 우리 정서가 담긴 음식 등이 다양하게 활용되어야 할 것이다.

음식을 잘 써서 주변국 외교가 조금이라도 더 원활하게 진행되고, 거기에 쓰이는 음식 가운데 우리 음식이 차지하는 비중이 더 확대되고, 나아가 우리의 좋은 음식이 세계에 알려지면서 우리의 매력이 한층 커지기를 기대해본다.

참고문헌

1. 저서

김용구, 『세계외교사』(서울대학교출판문화원, 2006).

김현수, 『이야기 영국사』(청아출판사, 2004).

남원상, 『지배자의 입맛을 정복하다』(북라이브, 2020).

데이비드 생어, 정혜윤 옮김, 『퍼펙스 웨폰: 핵보다 파괴적인 사이버 무기와 미국의 새로운 전쟁』(미래의 창, 2019).

도현신, 『전쟁이 요리한 음식의 역사』(시대의 창, 2011).

리언 시걸, 구갑우 외 옮김, 『미국은 협력하려 하지 않았다: 북한과 미국의 핵외교』(사회평론, 1999).

마리옹 고드프루아 · 자비에 덱토, 강현정 옮김, 『역사는 식탁에서 이루어진다』(시트롱마카롱, 2018).

맥스웰-스튜어트, P. G., 박기영 옮김, 『교황의 역사』(갑인공방, 2005).

안문석, 『바이든 시대 동북아 삼국지』(전북대학교출판문화원, 2021).

안문석, 『외교의 거장들』(인물과사상사, 2017).

에즈라 보걸, 심규호 · 유소영 옮김, 『덩샤오핑 평전』(민음사, 2014).

왕사오팡, 한인희 옮김, 『중국외교비사 1』(알에이치코리아, 2018).

왕중추, 영준 옮김, 『신이 내린 술 마오타이』(마음의 숲, 2019).

윤덕노, 『과일로 읽는 세계사: 25가지 과일 속에 감춰진 비밀스런 역사』(타인의 사유, 2021).

이중톈, 강경이 옮김, 『제국의 슬픔: 중국 전통사회의 정치와 인성』(에버리치홀딩스, 2007).

장영진, 『세계역사 결정적 비밀 3-1: 외교에 얽힌 일화』(북아띠, 2020).

존 줄리어스 노리치, 남길영 · 임지연 · 유혜인 옮김, 『교황 연대기』(바다출판사, 2014).

질 브라가르 · 크리스티앙 루도, 안선희 옮김, 『대통령의 셰프』(알덴테북스, 2014).

차이쯔창, 이화진 옮김, 『정치인의 식탁: 인물과 음식으로 읽는 식탁 위의 세계사 이야기』(애플북스, 2017).

케네스 퀴노네스, 노순옥 옮김, 『2평 빵집에서 결정된 한반도 운명』(중앙 M&B, 2000).

허구생, 『근대 초기의 영국』(한울아카데미, 2015).

Basu, Shraani, 『Vicrotia & Abdul: The True Story of the Queen's Closest Confidant』(History Publish Group, 2011).

Kalaja, Paula, Ana Maria F. Barcelos, Mari Aro, and Maria Ruohotie-Lyhty, 『Belief, Agency and Identity in Foreign Language Learning and Teaching』(Palgrave Macmillan, 2015).

Parsi, Trita, 『Losing an Enemy: Obama, Iran, and The Triumph of Diplomacy』(Yale University Press, 2017).

Smith, Sally B., 『Elizabeth the Queen: the Life of a Modern Monarch』(Random House, 2012).

Wheeler, Nicholas, 『Trusting Enemies: Interpersonal Relationship in International Conflict』(Oxford University Press, 2018).

2. 논문

구라타 히데야, 「미·중 접근과 군사 정전 체제: 유엔(UN)군사령부의 온존과 북·미 직접 협의 제기의 기원」, 『일본공간』, 제8호(2010), 117~159쪽.
손열, 「미중 데탕트와 일본: 1972년 중일 국교 정상화 교섭의 국제정치」, 『EAINSP Report』, 63(2014), 1~14쪽.
이근욱, 「중거리 탄도 미사일 조약(INF Treaty): 미소 냉전 종식의 상징에서 미중러 전략경쟁의 도화선으로」, 『국제지역연구』, 30권 2호(2012), 1~31쪽.
이기완, 「미일 관계와 동맹의 딜레마(1960~1970): 일본 측 정치 동학을 중심으로」, 『대한정치학회보』, 17집 1호(2009), 73~91쪽.
이성현, 「김정은·시진핑 다섯 차례 정상회담 복기를 통해 본 당대 북중 관계 특징과 한반도 지정학 함의」, 『세종정책브리프』, 2020년 5호, 1~18쪽.
Bolland, Charlotte, 「Italian Material Culture At The Tudor Court, PhD Thesis in the Department of History」, 『Queen Mary』(University of London, 2011).
Hoey, Fintan, 「The Nixon Doctrine and Nakasone Yasuhiro's Unsuccessful Challenge to Japan's Defense Policy, 1969~1971」, 『Journal of American-East Asian Relations』, 19(2019), pp.52~74.
Mitchell, Margaret, 「Works of Art from Rome for Henry VIII: A Study of Anglo-Papal Relations as Reflected in Papal Gifts to the English King」, 『Journal of the Warburg and Courtauld Institutes』, 34(1971), pp.178~203.

3. 기사·문서·연설

강선영, 「배속김치, 어떤 음식일까?」, 『금강일보』, 2019년 2월 28일.
구정은, 「만한전석에서 '엘리제궁 두 끼 식사'까지…국가 만찬의 역사」, 『경향신문』, 2016년 1월 5일
권수현, 「카우보이 덩샤오핑, 삼각모 장쩌민…방미 中 지도자들의 파격」, 『연합뉴스』, 2015년 9월 23일.
권영석, 「中, 트럼프에 어떤 음식 대접했을까?…'베이징 덕' 가능성」, 『연합뉴스』, 2017년 11월 9일.
권영한, 「골프 치다 쓰러진 아버지 부시, '하필 남자가 인공호흡을…'」, 『스포츠조선』, 2007년 3월 14일.
김선미, 「프랑스 음식으로 정상의 취향 저격…'나는 요리하는 외교관'」, 『동아일보』, 2016년 3월 28일.
김성윤, 「외교의 강력한 무기, 음식」, 『조선일보』, 2013년 1월 23일.
김성휘, 「美 오바마-러시아 대통령, 햄버거 정상회담」, 『머니투데이』, 2010년 6월 25일.
김윤주, 「트럼프가 사탕을 건네자…독살 우려한 김정은 주저주저」, 『조선일보』, 2020년 9월 8일.
김지석, 「[역사 속의 인물] 난세의 간옹 탈레랑」, 『매일신문』, 2012년 2월 2일.
김진, 「미테랑 '구토'…우리 국가원수들은 어땠나」, 『중앙일보』, 1993년 9월 15일.
김진, 「佛 극우 신당 '애국당' 탄생…국민전선에 도전장」, 『뉴스1』, 2018년 2월 21일.
김진우, 「이스라엘 총리 초청 만찬서 '신발 디저트' 대접받은 아베」, 『경향신문』, 2018년 5월 8일.

김진호, 「[김진호의 세계읽기] 미국 민주주의 흔드는 '푸틴의 저주'」, 『경향신문』, 2018년 2월 24일.

김한나, 「루스벨트, 처칠, 스탈린이 만들어낸 20세기 세계질서」, 『대학지성 In&Out』, 2020년 4월 26일.

김현기, 「노 딜, 나쁜 딜, 좋은 딜」, 『중앙일보』, 2018년 3월 21일.

노석철, 「[특파원 코너] 한국에 손 내미는 중국」, 『국민일보』, 2020년 8월 19일.

류보람, 「올랑드를 위한 백악관 만찬 메인은 드라이에이징 스테이크」, 『뉴스1』, 2014년 2월 11일.

류제훈, 「미-러 관계 리셋 과시한 햄버거 회담」, 『한겨레』, 2010년 6월 25일.

명욱, 「마오타이酒 담보로 은행 대출도…에르메스와 닮은 마케팅 전술」, 『매일경제』, 2020년 12월 10일.

모종혁, 「중국 명품 술 자존심 무엇이 깎았나」, 『시사저널』, 2012년 3월 12일.

문대현, 「미리 보는 북미 정상 하노이 만찬…핵 담판 포문 개방」, 『뉴스1』, 2019년 2월 27일.

민영규, 「아, 분짜 오바마!…베트남 식당 인기 여전」, 『연합뉴스』, 2018년 3월 14일.

박민희, 「혀끝 위의 중국 맛, 문화, 역사」, 『한겨레』, 2019년 11월 8일.

박병권, 「음식 외교」, 『국민일보』, 2013년 4월 15일.

박병수, 「아프리카서 활개 치는 러시아 용병…배후엔 푸틴의 그림자」, 『한겨레』, 2022년 2월 15일.

박보균, 「비극의 씨앗 얄타회담 현장을 가다」, 『중앙일보』, 2010년 9월 13일.

박보균, "속임수 천재 스탈린이 보여준 공산주의 협상술의 원형」, 『중앙일보』, 2018년 9월 1일.

박성진, 「오바마, 올랑드 환대…미·불 '밀월 관계' 과시」, 『연합뉴스』, 2014년 2월 13일.

박소영, 「전 백악관 요리사 책 펴내…'디저트 외교 25년' 담아」, 『중앙일보』, 2007년 8월 24일.

박수현, 「이스라엘, 아베 총리와 만찬서 '신발 디저트'…'외교 결례' 논란」, 『조선일보』, 2018년 5월 8일.

박승혁, 「[美 대통령들의 '부상 해프닝'] '아차차'…입술 찢기고 넘어지고 졸도까지」, 『조선일보』, 2010년 11월 29일.

박은경, 「중국의 '체리 자유'」, 『경향신문』, 2019년 5월 7일.

박정현, 「핫도그 포크와 나이프로 먹다가 놀림감 된 캐머런 영국 총리」, 『조선일보』, 2015년 4월 8일.

박종성, 「[여적] 탕평채」, 『경향신문』, 2018년 11월 6일.

박준영, 「부시 건강 '일파만파'/미일 관계 대통령선거 등에 큰 영향」, 『중앙일보』, 1992년 1월 9일.

박준영, 「부시 아태 순방 혹 떼러 갔다 혹 붙인 격」, 『중앙일보』, 1992년 1월 11일.

박진배, 「핫도그와 루스벨트」, 『조선일보』, 2020년 6월 11일.

박희권, 「신발의 국제정치적 함의」, 『한국경제』, 2020년 5월 25일.

배인선, 「[차이나리포트] 한중 수교 酒, 덩샤오핑 신발, 부시 자전거…중국 백년 전통 브랜드에 얽힌 이야기」, 『아주경제』, 2017년 4월 20일.

성일광, 「중동 평화 협정의 어제와 오늘: 미국 대통령의 지원과 압박, 외교적 상상력이 성공한 협상의 원동력」, 『월간조선』, 2018년 11월호.

손봉석, 「만찬 메뉴는 등심 스테이크와 배속김치」, 『스포츠경향』, 2019년 2월 28일.

손원천, 「유럽 문화를 지배한 보이지 않는 손 프랑스 요리의 역사」, 『서울신문』, 2012년 5월 26일.

손진석, 「나발니 깨어나자… '푸틴의 셰프'가 칼을 빼들었다」, 『조선일보』, 2020년 9월 26일.

송병건, 「한 상에 모두 차려 먹던 프랑스, 코스 요리 선생님은 러시아」, 『중앙일 보』, 2018년 2월 11일.

송태영, 「케인스 KO 시킨 화이트…달러를 세계 중심에 세우다」, 『한국경제』, 2015년 5월 7일.

심재훈, 「[차이나 통통] 마오타이 한 병에 2억 원…놀라운 바이주 세계」, 『연합뉴스』, 2020년 7월 9일.

안용현, 「[만물상] 자금성의 홍반연」, 『조선일보』, 2017년 11월 10일.

양태삼, 「'와인은 안 돼' 고집에 이란-프랑스 정상 오찬 계획 취소」, 『연합뉴스』, 2015년 11월 11일.

올리비아 리, 「북미 정상의 세기의 런치 누가 어떻게 만들었나」, 『동아일보』, 2018년 6월 21일.

유민호, 「오바마 대통령의 별명이 '오비프'가 된 이유」, 『주간조선』, 2014년 7월 20일.

유성운, 「최고 권력자 눈·귀를 가린 죄…청나라 아편전쟁 치욕의 교훈」, 『중앙일보』, 2019년 1월 21일.

유수연, 「북경오리는 외교의 달인?」, 『컬처타임즈』, 2019년 6월 26일.

유신모, 「INF 폐기한 미국의 의도와 한반도의 운명」, 『경향신문』, 2019년 8월 2일.

유신모, "김일성, 1987년 연방제 통일·중립국 창설 제안했다」, 『경향신문』, 2018년 3월 30일.

유주현, 「'나폴레옹 쥐락펴락한 실세 탈레랑의 매력 보여줄게요'」, 『중앙일보』, 2017년 8월 27일.

윤경호, 「포츠담의 추억」, 『MK뉴스』, 2017년 11월 18일.

윤덕노, 「마오쩌둥과 망고 숭배」, 『국방일보』, 2016년 4월 13일.

윤덕노, 「빵에다 닥스훈트 소시지를 끼워 넣은 음식」, 『국방일보』, 2014년 2월 5일.

윤덕노, 「저우언라이와 북경 오리요리」, 『Business Watch』, 2013년 6월 7일.

윤동영, 「25년 전 오늘 북미 간 첫 양자 합의 발표」, 『연합뉴스』, 2018년 6월 12일.

윤신원, 「오바마가 사랑한 햄버거 '파이브가이즈'의 성공 비결은」, 『아시아경제』, 2019년 7월 5일.

윤지현, 「프랑스 각료들, '캐비어 좌파' 딱지 피하기 부심」, 『연합뉴스』, 2013년 4월 15일.

이기환, 「[여적] 2억 원짜리 마오타이주」, 『경향신문』, 2018년 4월 4일.

이미령, 「자연 그 자체이자 인간의 기술로 만든 최고의 결과물 프랑스 미식 문화(Gastronomic meal of the French)」, 『문화재사랑』, 2015년 12월 2일.

이석구, 「부시 만찬 중 졸도 파문/백악관 대편인 '위장염…방일 일정 예정대로'」, 『중앙일보』, 1992년 1월 9일.

이승환, 「[이 기자의 '두잇'] 中 국빈들을 위한 '댜오위타이' 코스 요리 직접 먹어 보니」, 『뉴스1』, 2019년 4월 6일.

이용재, 「핫도그 먹는 영국 국왕, 미국인 마음 움직였다」, 『한국일보』, 2021년 6월 12일.

이유진, 「난징…중국 근현대사 비극 간직한 육조고도」, 『주간경향』, 2016년 5월 23일.

이철재·박용한, 「다이아면 목숨 건다…어떤 나라든 전쟁터 만든 '푸틴의 셰프'」, 『중앙일보』, 2021년 1월 17일.

이철호, 「이스라엘-요르단 평화 협정 체결」, 『중앙일보』, 1994년 10월 27일.

이태규, 「오바마, 英 총리와 스포츠 외교」, 『한국일보』, 2012년 3월 14일.

이해영, 「북미 정상, 싱가포르 오찬서 접시 깨끗이 비웠다」, 『연합뉴스』, 2018년 9월 12일.

이현우, 「시진핑의 만한전석, 70대 노인 트럼프에게 차려준 속내는?」, 『아시아경제』, 2017년 11월 10일.

이현우, 「19세기 중국을 개항시켰던 스테이크의 외교 역학」, 『아시아경제』, 2017년 11월 10일.

이혜미, 「푸틴 최측근 셰프가 러 '댓글 부대' 후원자」, 『헤럴드경제』, 2017년 10월 18일.

이희용, 「미·중 수교 40년과 무역전쟁 1라운드」, 『연합뉴스』, 2018년 12월 3일.

임병선, 「'푸틴의 셰프' 프리고진, 아프리카 '용병 사업'으로 채굴권 따내」, 『서울신문』, 2019년 11월 14일.

정연교, 「덩샤오핑, 카터와 다섯 차례 해빙 회담」, 『국민일보』, 2013년 6월 7일.

정유미, 「정유미 기자의 대사와의 만찬 (1): 요르단식 식사법 '왼손은 뒷짐, 오른손으로 밥을 말아보세요'」, 『경향신문』, 2018년 3월 21일.

정영현, 「북미 첫 만찬 예정보다 18분 길어져…메뉴까지 신경전」, 『서울경제』, 2019년 2월 28일.

정주호, 「김정은, 북중 정상 만찬 때 2억 원 넘는 마오타이주 접대 받았다」, 『연합뉴스』, 2018년 3월 31일.

정지영, 「알제리 '쿠스쿠스'」, 『한국경제』, 2006년 4월 8일.

정진홍, 「[정진홍의 소프트 파워] 거역할 수 없는 매력」, 『중앙일보』, 2007년 6월 1일.

조남규, 「오바마·메드베데프, 미·러 관계 재설정 정상회의 햄버거 가게서 점심…친구 같은 파격 행보」, 『세계일보』, 2010년 6월 25일.

조세영, 「정상회담도 식후경이다」, 『한겨레』, 2016년 7월 15일.

조현연, 「중국 '인민의 총리' 저우언라이와 이어지다」, 『프레시안』, 2021년 11월 10일.

채인택, 「공포의 용병 조직 '바그네르', 푸틴 대신 전쟁 나서나」, 『시사저널』, 2021년 12월 28일.

채인택, 「[채인택의 글로벌 줌업] 외교에 목마른 시대, 세 치 혀로 나라 살린 외교관 탈레랑을 기억하다」, 『중앙일보』, 2019년 7월 13일.

최수호, 「EU, 세계 분쟁지 누비는 '푸틴 그림자 부대' 제재하기로」, 『연합뉴스』, 2021년 11월 16일.

하선영, 「식도락 오바마를 사로잡은 음식들은…」, 『중앙일보』, 2015년 4월 6일.

하성봉, 「이주의 인물/후세인 전 요르단 국왕: 줄타기 외교의 명인 지다」, 『한겨레21』, 1999년 2월 25일.

한라희, 「시진핑, 김정은에게 4억 원 선물 보따리」, 『헤럴드경제』, 2018년 4월 4일.

홍혜걸, 「부시가 잠깐 졸도했던 이유는…」, 『중앙일보』, 2002년 1월 21일.

Allen, Ira, 「Mikhail Gorbachev served Russian caviar and American pie」, 『UPI』, December 10, 1987.

Beauchamp, Zack, 「Mee the shady Putin crony funding Russia's troll farm and mercenary army」, 『Vox』, February 26, 2018.

Borger, Julian, 「Eighteen days in Vienna: how Iran nuclear deal was done」, 『The Guardian』, July 14, 2015.

Borger, Julian, 「Iran negotiations extended but John Kerry insists talks are not open-ended」, 『The Guardian』, July 9, 2015.

Boustany, Nora, 「Hussein Makes First Visit to Israel, Seals Treaty with Rabin」, 『The Washington Post』, November 11, 1994.

Burros, Marian and Rozanne Gold, 「American Made: New White House Pastry Chef」, 『The New York Times』, September 1, 2004.

Dorell, Oren, 「No wine? No lunch for Iran's president in France」, 『USA Today』, January 28, 2016.

Faiola, Anthony, 「Frannce won't dine with Iran unless wine is served」, 『The Washington Post』, November 10, 2015.

Gargan, Edward, 「Queen Fulfills a Royal Goal: to Visit China」, 『The New York Times』, October 13, 1986.

Gopnik, Adam, 「France, Iran, and the Affair of the Lunch Wine」, 『The New Yorker』, January 29, 2016.

Holtz, Michael, 「Why France demanded to serve wine at meal with Iran's leader」, 『The Christian Science Monitor』, November 12, 2015.

Hunt, Kristin, 「Victoria and Abdul: the Friendship that Scandalized England」, 『Smithonian Magaine』, September 20, 2017.

Jankowski, Nicole, 「How a Destitute, Abandoned Parisian Boy Became the First Celebrity Chef」, 『NPR』, January 12, 2017.

Keel, Toby, 「In prase of Fish and Chips, the ultimate British dish–and our pick of places to try it」, 『Country Life』, January 27, 2019.

Kroet, Cynthia, 「National Front deputy fights back in 'couscous-gate' spat」, 『Politico』, September 18, 2017.

Lakshmanan, Indira, 「If you can't do this deal… go back to Tehran: The inside story of the Obama administration's Iran diplomacy」, 『Politico』, September 26, 2015.

Lawson, Alastair, 「Queen Victoria and Abdul: Diaries reveal secrets」, 「BBC News」, March 14, 2011.

MacFarquhar, Neil, 「Yevgeny Prigozhin, Russian Oligarch Indicted by U.S., Is Known as 'Putin's Cook'」, 「The New York Times」, February 16, 2018.

Marten, Kimberly, 「The GRU, Yevgeny Prigozhin, and Russia's Wagner Group: Malign Russian Actors and Possible U.S. Responses, Testimony before the Committee on Foreign Affairs, Subcommittee on Europe, Eurasia, and the Environment」, 「United States House of Representatives」, July 7, 2020.

Martyris, Nina, 「Queen Victoria's Unlikely Bond With Indian Attendant Made Curry Classy」, 「NPR」, October 29, 2017.

Martyris, Nina, 「Cold War, Hot Tea: Nancy Reagan and Raisa Gorbachev's Sipping Summit」, 「NPR」, March 8, 2016.

McDaniel, Ann, 「25 Years Ago Today, George H. W. Bush Vomited on the Prime Minister of Japan」, 「Newsweek」, January 8, 2017.

McKeever, Amy, 「What Are Conflict Cafes and Can They Actually Change the World?: How food can work as a diplomacy too, from London to Syria to Iran」, 「Eater」, September 23, 2015.

Miles, James, 「Queen Elizabeth meets communist chief」, 「UPI」, October 14, 1986.

Miller, Julie, 「Victoria and Abdul: The Truth about the Queen's Controversial Relationship」, 「Vanity Fair」, September 22, 2017.

Radesh, Sundeep, 「Why Did Benjamin Netanyahu Serve Shinzo Abe Dessert In a Shoe?」, 「International Business Times」, May 8, 2018.

Srinivasan, Kalpana, 「Clinton, Zhu Share Evening of Music」, 「AP」, April 9, 1999.

Stebner, Beth, 「'Six pork chops and half a strawberry cake, that man had a scary appetite': Former White House pastry chef remembers Bill Clinton's fondness for food」, 「Daily Mail」, January 7, 2012.

Tate, Anne, 「A Massive Collection of White House Dessert Molds Is Hitting the Auction Block: Roland Mesnier, pastry chef to five presidents, is parting with his life's work」, 「Washingtonian」, July 19, 2021.

Weinraub, Judith, 「25 Years in the White House」, 「The Washington Post」, June 2, 2004.

Winer, Stuart, 「Japan PM said offended by dessert served in shoe at Netanyahu home」, 「The Times of Israel」, May 7, 2018.

Wines, Michael, 「Bush in Japan: Bush Collapses at State Dinner with the Japanese」, 「The New York Times」, January 9, 1992.

Wright, Robin, 「An Iran Deal, At Last」, 「The New Yorker」, July 14, 2015.

Wright, Robin, 「Tehran's Promise」, 「The New Yorker」, July 20, 2015.

Yang, John, 「Bush Discounts Fears about Collapse」, 「The Washington Post」, January 9, 1992.

식탁 위의 외교

ⓒ 안문석, 2022

초판 1쇄 2022년 11월 21일 찍음
초판 1쇄 2022년 11월 25일 펴냄

지은이 | 안문석
펴낸이 | 강준우

기획·편집 | 박상문, 김슬기
디자인 | 최진영
마케팅 | 이태준
관리 | 최수향
인쇄·제본 | (주)삼신문화

펴낸곳 | 인물과사상사
출판등록 | 제17-204호 1998년 3월 11일

주소 | (04037) 서울시 마포구 양화로7길 6-16 서교제일빌딩 3층
전화 | 02-471-4439
팩스 | 02-474-1413
www.inmul.co.kr | insa@inmul.co.kr

ISBN 978-89-5906-653-7
값 18,500원